**미술 교사, 내일의 수업을 말하다**
# 미술 수업 새로고침

**초판 1쇄**  2024년 7월 15일

**지은이**  임종삼, 김은주, 김효희, 노진영, 박해원, 이다정, 조철수, 홍인선
**펴낸이**  송영석

**개발 총괄**  정덕균
**개발 2실장**  김형국
**기획 및 편집**  김민애, 이진화, 황유진
**마케팅**  이원영, 한종수, 최해리
**도서 관리**  송우석, 박진숙
**표지 디자인**  해냄에듀 디자인 팀
**본문 디자인**  책읽는소리

**펴낸곳**  (주)해냄에듀
**신고번호**  제406-2005-000107
**주소**  서울시 마포구 잔다리로 30 해냄빌딩 3, 4층
**전화**  (02)323-9953
**팩스**  (02)323-9950
**홈페이지**  http://www.hnedu.co.kr

ISBN 978-89-6446-089-4 03600

* 파본은 본사나 구입하신 서점에서 교환하여 드립니다.

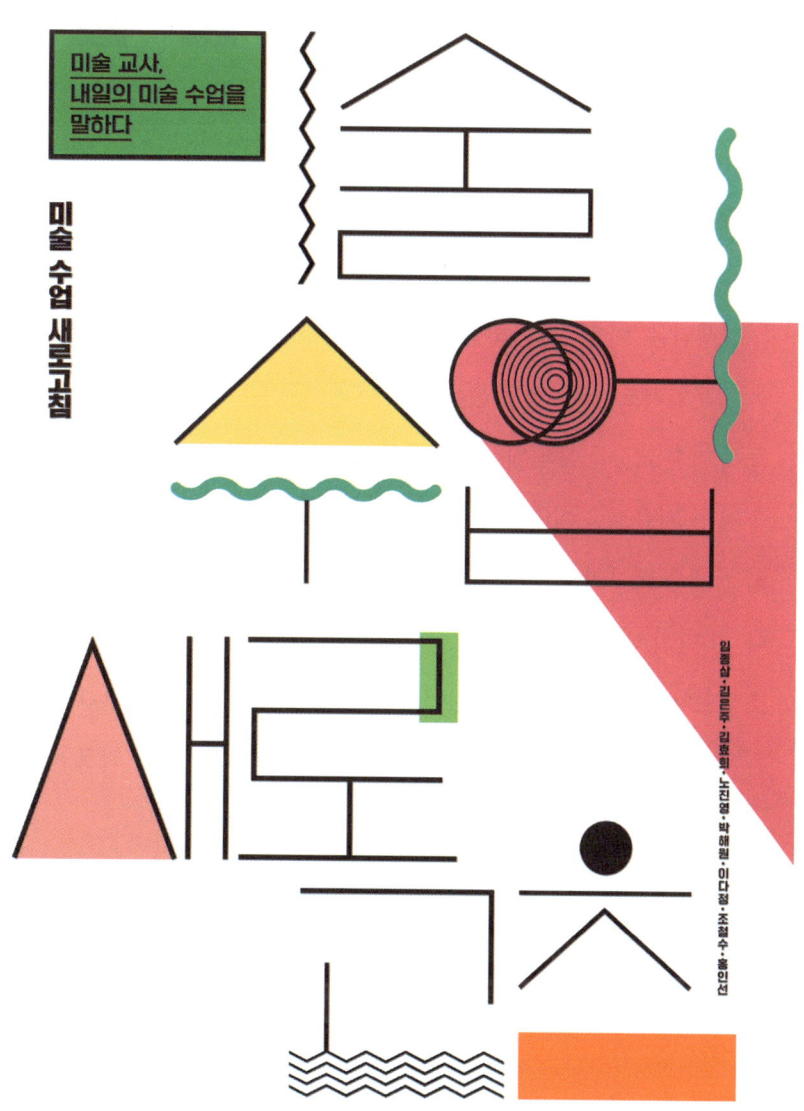

미술 교사, 내일의 미술 수업을 말하다

미술 수업 새로고침

술 업 새로 축

임종삼·김은주·김호희·노진영·박해원·이다정·조철수·홍인선

해냄에듀

들어가는 말

## 내일의 미술 수업 이야기

    선생님은 '미술 시간' 하면 어떤 말이 떠오르시나요? 너무 범위가 넓은 질문인가요? 그러면 질문을 한번 바꿔 보겠습니다. 다른 교과 선생님들이 미술 교사를 부러워한다면 그 이유가 무엇일까요?

    저는 '자유로움'이라는 단어를 떠올려 봅니다. 그 무엇에도 얽매이지 않는 예술 교과의 특성상, 미술 시간에는 어떤 활동을 해도 수업이 됩니다. 한 학기 내내 빈 도화지에 낙서만 하는 것도 그림 수업이 될 수 있고, 조각도와 나무 토막 하나만 있어도 몇 시간 수업을 할 수 있습니다. 미술은 어쩌면 학교 교육 과정에서 무한 자유를 누리는 유일한 과목일지도 모릅니다. 선생님들은 어떻게 생각하시나요?

    돌아보면 과거 우리의 미술 교육은 너무나 자유로웠습니다. 국가 수준의 교육 과정이 개정되어도 미술 수업은 변함이 없었습니다. 교과서는 매번 새롭게 바뀌었지만, 정작 미술실에서는 교과서를 찾아볼 수 없었습니다.

시대가 흐르고 아이들도 달라졌는데 '예술 교육'을 방패 삼았을지도 모를 우리 미술 교사들은 변화에 대한 요구에 얼마나 귀를 기울였을까요? 수준과 단계에 대한 고려 없이 중학교나 고등학교나 똑같이 행해지는 수업, 학교급, 학년별 위계나 연계성을 찾기 힘든 수업, 의미와 맥락 없이 단순한 재미와 놀이만을 추구하는 수업……. 미술은 '자유로운 교과'라는 편견이 이처럼 '방임화'된 수업을 낳았던 건 아닐까요? 그리고 혹시 우리 미술 교사들은 이를 당연하게 여겼던 것은 아닐까요?

오늘의 미술 교사는 내일의 수업을 어떻게 말해야 할까요? 집필진은 지난 수업의 성찰에서 그 답을 찾고자 했습니다. 우리의 수업을 돌아보며 '왜곡된 자유'를 다시 생각했습니다. 미술 시간의 자유는 아이들의 배

들어가는 말 5

움과 성장을 만드는 교수·학습의 자유입니다. 당연한 말이지만 미술실의 주인, 수업의 주인공은 바로 우리 아이들입니다.

그렇다면 이제 아이들이 무한한 상상을 펼칠 수 있도록 미술 수업을 '새로고침'해 보는 것은 어떨까요? 이 책은 미술 수업을 사랑하는 8명의 전·현직 미술 교사가 각자 실천한 수업 사례이지만, 그 속에는 오늘의 미술 수업을 '새로고침'하고 내일의 미술 수업을 새롭게 열어 가려는 다짐과 약속이 담겨 있습니다.

집필진의 이야기는 '유쾌한 이노베이션, 시험과 만나는 첫 미술 시간'으로 시작됩니다. 이 미술 수업은 시험에 대한 우리의 고정관념을 통쾌하게 날려 버리는 평가 혁신입니다. 조금은 낯선 미술 수업 속으로 들어가, 아이들과 교사가 나누는 유쾌한 대화를 즐겨 보세요.

수업 이야기는 '온라인 매체를 이용한 미술사 수업'으로 이어집니다. 방대한 미술의 역사가 구글맵과 만나고, 흥미 넘치는 게임이 되기도 하며, 어깨가 들썩여지는 노래로도 만들어집니다. 역할극에서 메타버스에 이르기까지 지루할 틈이 없는 학생 맞춤형 감상 수업입니다.

다음은 '머물고 소통하고 함께하는 학교 갤러리' 활용 수업. 동시대 작가와 아이들이 직접 만나 작품으로 소통합니다. 생생한 감각의 체험으로 새로운 배움을 만들어 내는 예술 교육의 현장입니다. 선생님을 배움의 갤러리로 초대합니다.

'게임이 미술 수업을 만났을 때' 어떤 일이 일어날까요? 아이들은 자연스럽게 게임에, 아니 미술 수업에 빠져듭니다. 아이들은 자신이 즐기는 게임을 분석하고 비평합니다. 게임을 예술 작품과 접목시키고 새롭게 디자인하기도 합니다.

'미술, 삶과 세계를 마주하다'는 자연과 더불어 사는 세상을 꿈꾸는 수업입니다. 플라스틱 공해와 기후 위기를 다룬 프로젝트로, 아이들의 생태적 감수성을 키우는 녹색 수업입니다. 우리의 미래가 달린 미술 교육이지요.

'도전과 실험을 경험하는 미술 수업'에는 새로운 체험과 발상, 색다른 감상 수업에 대한 교사의 고민과 열정이 가득 담겨 있습니다. 억지로 꾸미지 않는 수업, 날것 그대로의 아이들의 마음이 드러나는 수업입니다. 아이들과 소통하는 미술 수업에 진심인 선생님의 모습에서 내일의 미술 교사상을 엿볼 수 있습니다.

'미술 교사의 로봇 동아리 이야기'는 어떨까요? 막연하게 상상했던 로봇이 미술 동아리 활동에 등장했습니다. 선생님의 정성과 학생들의 배움이 엮어 낸 성장 스토리가 아주 특별합니다.

　마지막은 '학교, 예술가, 지역이 함께하는 미술 수업'입니다. 학교로 온 예술가와 우리 아이들이 만나면 어떤 일이 일어날까요? 학생들이 지역 작가와 대화하며 창의성을 높이고 세상을 다르게 보는 힘을 기르는 수업입니다. 과거와는 달라진 수업 풍경으로 내일의 수업을 그려 보세요.

　좋은 수업이란 무엇일까요? 먼저 수업이 '누구에게 좋은 것인가?', 그리고 '어떤 목표를 위해서 좋은 것인가?' 이 두 가지 질문에 답을 할 수 있어야 합니다. 앞서 밝힌 여덟 가지 수업의 중심에는 우리 아이들이 있습니다. 집필진이 말하는 '내일의 미술 수업'은 아이들을 위한 배움의 활동이고, 성장을 만드는 미술 교육입니다.

　그렇다면 내일의 미술 수업을 어떻게 준비해야 할까요? 『학교 교육

『제4의 길』의 저자로 유명한 세계적인 교육학자 미국의 앤디 하그리브스(Andy Hargreaves)는 "21세기 교사는 자신이 배우지 않았던 방식으로 가르치는 방법을 배우는 것이 중요하다."라고 역설했습니다. 자신이 배운 대로 가르치지 않을 수 있는 능력의 밑바탕에는 교사의 끊임없는 학습 태도가 전제되어 있습니다. 좋은 수업을 연구하고 실천하는 교사들이 가지고 있는 남다른 전문성입니다. 특히 예술 교육, 미술 교과를 지도하는 교사가 갖추어야 할 역량입니다. 하그리브스의 말은 시대의 변화에 가장 민감하고 끊임없이 새로움을 추구하는 미술을 가르치는 교사들에게 매우 의미 있는 메시지가 아닐 수 없습니다.

교사의 존재론적 본질은 가르침의 탁월성이 아니라 배움의 진정성과 지속성에 있다고 합니다. 그래서 교사는 가르치는 사람이 아니라 배우는 사람이라고 말하기도 합니다. 이 책이 '내일의 미술 수업'을 준비하는

선생님에게 새로운 수업의 이정표가 되어 주기를 바랍니다. 이 책의 집필진은 좋은 수업을 소망하는 선생님과 늘 함께하겠습니다. 이 책에 담긴 수업이 궁금하실 때에는 책 속에 기재된 메일로 언제든지 연락 주시기 바랍니다.

    선생님을 응원합니다. 감사합니다.

집필진을 대표하여 임종삼 올림

## 차례

**임종삼**

유쾌한 이노베이션, 시험으로 만나는 첫 미술 시간  14

**박해원**

온라인 매체를 이용한 미술사 수업  64

**김은주**

머물고 소통하고 함께하는 학교 갤러리  104

**홍인선**

게임이 미술 수업을 만났을 때  160

김효희
●
**미술, 삶과 세계를 마주하다** 194

이다정
●
**도전과 실험을 경험하는 미술 수업** 232

조철수
●
**미술 교사의 로봇 동아리 이야기** 268

노진영
●
**학교, 예술가, 지역이 함께하는 미술 수업** 310

유쾌한 이노베이션,
시험으로 만나는
첫 미술 시간

일러두기_ 이 챕터에 등장하는 학생 이름은 모두 가명입니다.

## 임종삼

현재 비전고등학교에서 미술 교사로
근무 중입니다.
수업은 새로운 작품이자 또 다른 예술이라고
생각합니다. 작품 속에 등장하는 주인공은
학생들이고요. 아이들과 함께 수업이라는
작품 속에서 유쾌한 이노베이션을 꿈꾸고 있습니다.
그래서 미술실에서는 낡은 것을 버리고
오래된 것도 멀리합니다. 미술은 달라져야 하고
수업도 변해야 하기 때문입니다.
오늘도 엉뚱한 생각을 하며
낯선 이미지를 그려 보고 있습니다.
새로운 체험, 남다른 표현, 서로 다른 감상 시간을
연구하고 있습니다. 오늘의 아이들과 함께하기 위해
어제와는 다른 미술 교사로 살아가고자
노력하고 있습니다.
jsihm33@gmail.com

## 서영이가 보고 싶다

관상학적으로 위를 향한 두꺼운 눈썹으로 스태미나가 왕성하고 피로를 모르실 것 같다. 매사가 분명하고 확실한 성격이며, 결혼 후 원만한 가정을 꾸리셨을 것이다. 눈을 보아하니 살짝 처진 눈으로 동정심이 많고 대인 관계도 좋으실 것 같다. 입술은 얇은 것으로 보아 야심을 품고 꿈을 이루기 위해 최선을 다하시는 노력파이신 것 같다. 전체적으로 얼굴형은 금(金) 형으로 이목구비와 치아 등이 삐뚤어짐 없이 단정하게 생겨 조화롭고 수려한 맛이 있으시다. 선생님 첫인상은 확실히 기품이 있으시고, 비율도 좋고 훤칠하셔서 하나의 예술 작품을 보는 것 같다.(비전고등학교 2학년 박서영)

교실에서 처음 만난 7반 서영이가 시험지에 그려진 교사의 캐리커처를 보고 답한 내용입니다. 첫 미술 시간, 선생님을 환영한 서영이 센스가 만점이네요. 감탄사가 절로 나는 만점 답안입니다. 지금까지 살아오면서 한 번도 들어 보지 못한 칭찬입니다. 요즘같이 건조한 교실에서 대한민국의 어떤 교사가 첫 시간부터 학생에게 이런 말을 들을 수 있을까요? 교사하길 잘한 것 같습니다. 미술 선생 하길 정말 잘했다는 생각이 드는 날입니다. 서영이가 답한 시험 문제 9번 논술형 문항의 발문은 다음과 같습니다.

【논술형 9】 그림은 비전고 2학년 미술 담당 교사의 사진을 보고 그린 캐리커처이다. 그림 속 실제 모델에 대한 자신의 생각과 느낌을 〈조건〉에 맞게 쓰시오. (20점)

〈 조건 〉
- 모델의 첫인상을 제시할 것
- 실제 모델이 들었을 때 기분 좋은 내용을 제시할 것
- 답안의 내용이 창의적이고 재미가 있을 것

선생님 기분 좋게 하려고 기발한 글솜씨로 포장한 답안치곤 그 내용이 구체적이고 실감 납니다. 왕성한 스태미나가 살짝 걸리긴 하지만, 내 외모와 성격, 가정생활과 대인 관계까지 술술 써 놓은 걸 보니, 서영이의 관상술이 대단한 것 같습니다. 이 정도면 족집게 점쟁이입니다. 돗자리를 깔아도 될 것 같습니다. 답안의 마지막 문장이 끝내줍니다. '비율도 좋고 훤칠해서서 하나의 예술 작품을 보는 것 같다.' 이 한 문장만으로도 20점 만점입니다. 논술형 문제 풀이로 제시된 〈조건〉에 딱 들어맞기 때

문입니다. 대단히 창의적인 답안입니다. 그래서 매년 시험이 끝나고 다음 시간에 친구 시험지를 채점하는 동료 평가 시간이 되면, 9번 논술형 문항의 모범 답안은 서영이 몫입니다. 지금은 학교를 졸업한 서영이가 어디서 무엇을 하며 지낼까요? 서영아, 보고 싶다!

# 시험으로 시작하는 첫 미술 시간

해마다 3월이면 모든 교사는 교실에서 새로운 학생들을 만납니다. 입학식이 끝나고 교실에 들어서면 첫 시간이 시작되지요.

학생들을 어떻게 맞을까?

내 소개는 어떻게 할까?

첫 미술 시간을 재미있게 보낼 수 있는 방법은?

지난 30년간 3월 첫 수업 시간에는 다양한 시도를 해 왔습니다. 나를 거쳐 간 학생들은 모르고 있었겠지만, 교사인 나는 학생들을 상대로 많은 실험을 해 왔지요. 퀴즈를 내고 노래도 불러 보고 퍼포먼스도 해 봤습니다. 무모한 도전으로 민망하고 썰렁한 분위기를 만들기도 했었지요. 많은 도전 끝에 찾아낸 것이 시험입니다. '시험으로 시작하는 첫 미술 시간'은 그렇게 시작되었습니다.

매년 새 학기 첫 미술 시간, 교실에 들어서자마자 학생들에게 어떤 인사말도 없이 조용히 교탁 앞에 섭니다. 이어서 다음과 같이 말하지요.

"지금부터 시험을 보겠습니다. 여러분들의 미술적인 지식과 교양을 평가하는 진짜 시험입니다. 당연히 성적에도 반영되는 중요한 시험입니다."

시험 보기 전에 매번 성적에 반영한다는 말은 잊지 않았지만 사실 한

번도 지켜지지 않았습니다. 한 학기가 지나고 수행 평가 성적이 나왔을 때, 첫 시간 시험 점수가 성적에 어떻게 반영되었는지 묻는 학생은 아직 한 명도 없었습니다. 그동안 미술 성적에 관심을 가진 학생도 별로 보지 못했고요. 미술 교사로서 서운함은 있지만, 성적을 따지는 학생이 없는 것은 고마운 일이기도 합니다.

"그러면 바로 시험지를 나눠 주겠습니다. 각자 필기구와 휴대폰을 준비하세요."

"네? 휴대폰을 준비하라고요? 시험 보는 데 휴대폰이 왜 필요해요?"

"누가 잠깐 교무실 가서 휴대폰 가방을 가져올래요?"

시험 준비물로 휴대폰을 궁금해하는 학생들을 무시한 채 미리 준비해 간 시험지를 차례로 배부합니다. 마치 대학수학능력시험 감독관처럼 무표정한 얼굴로 시험 주의 사항을 안내하지요.

"시험지를 받는 대로 이름을 쓰세요. 시험은 답을 고르는 선다형 문항과 서술형, 논술형 그리고 그림 그리는 문제까지 있습니다. 한 가지 안내 사항이 있습니다. 어려운 문제는 혼자 고민하지 말고 옆 친구와 상의하세요. 함께 이야기를 나누며 답을 찾아보세요. 앞에 있는 휴대폰 가방에서 자기 폰을 가져가서 인터넷으로 검색을 하거나 외부와 통화를 해도 됩니다. 답을 찾을 수 있다면 주저 말고 행동으로 옮기세요. 의자에서 일어나 자리를 이동해도 됩니다. 교실 밖으로 나가도 됩니다. 그러나 지금 앞에 서 있는 선생님에게만은 질문하지 마세요. 여러분들이 알아서 지혜를 모으고 친구들과 협력해서 답을 찾아보세요. 100점을 맞은 사람은 시험지에 나와 있는 그대로 다음 시간에 선물을 줍니다. 지금부터 문제를 풀어 보세요. 끝나는 종이 울리면 시험지를 걷겠습니다."

다음은 시험지 시작 부분에 안내된 내용입니다.

> ※ 먼저 반, 번호, 이름을 정확히 쓰고, 물음에 답하시오.
> ※ 전체 쪽수 : 2쪽
> ※ 문항 수 : 10문항
> ※ 배점(총 100점)
> ※ 답을 모르는 문제는 친구와 상의하거나 교과서를 펼쳐도 되고, 휴대폰 검색, 외부와 통화, 미술실 밖으로 나가서 다른 사람에게 도움을 받아도 됩니다. (교문 밖은 안 돼요~ㅠ)
> ※ 첫 시험 성적 우수 학생 시상
>   - 100점 : 배다리 생태 공원 입장권+비전고 미술 영재 인증(학교생활 기록부 기록)
>     +자유 시간 10분+수행 평가 가산점(+2)
>   - 90점 이상 : 비전이 동반 산책권+자유 시간 5분+수행 평가 가산점(+1)
>   - 80점 이상 : 1차 지필 평가 대비 전 과목 자율 학습권

2016년 중학교 3학년 학생들을 대상으로 시작된 첫 미술 시간의 시험. 그동안 진행한 시험 문제와 학생들의 다양한 반응과 관련된 에피소드를 모두 소개할 수는 없을 것 같습니다. 여기에서는 지난 몇 년간 고등학교 학생들을 대상으로 3월 첫 주에 치러진 시험 문제 10문항에 담긴 출제 의도와 학생 반응, 관련된 이야기 등을 소개하려고 합니다.

먼저 1번 문항을 살펴볼까요?

> 1. 오늘 만난 미술 선생님에 대한 설명으로 가장 적절한 것은? (5점)
>
> ① 인정이 없고 까칠한 성격에 작은 일에도 화를 낸다.
> ② 매우 소심한 성격으로 수업 중 학생들이 떠들면 울기도 한다.
> ③ 노래와 춤에 소질을 타고났고 혼자서 노래방을 자주 간다.
> ④ 국가 교육 공무원 신분으로 날로 먹는 횟집을 싫어한다.
> ⑤ 미술 작품 감상을 즐겨 하고 혼자서 국외 여행을 자주 한다.

첫 미술 시간, 처음 만난 교사를 알아보는 문제입니다. 매년 시험 문제가 수정, 보완되거나 문항 번호가 바뀌어도 빠지지 않고 등장하는 문제이지요. 이 문제의 답을 찾으려고 학생들은 내 얼굴을 빤히 쳐다봅니다. 참지 못하고 질문을 하는 학생들도 있지만 나는 어떠한 질문에도 답을 하지 않습니다. 학생들은 처음 만난 교사에 대한 첫인상과 자신의 느낌으로 답을 찾아야 합니다. 답은 몇 번일까요?

1번 정답을 알아보기 전에 시험이 끝나면 채점은 어떻게 이루어지는지 설명이 필요할 것 같습니다. 첫 시간 시험이 끝나면 시험지를 걷어서 교사가 보관하고 있다가 다음 시간에 다시 돌려줍니다. 수업의 두 번째 시간인 2차시는 친구가 내 시험지를 가지고 점수를 매기는 동료 평가 시간입니다. 수업이 시작되면 전 시간에 답을 달았던 자신의 시험지를 친구와 교환하도록 안내합니다. 같은 반 학생들이 모인 학급이라면, 학번을 기준으로 앞뒤 번호끼리 시험지를 주고받아 채점에 참여합니다. 4~6인용 공통 테이블을 사용하는 미술실이라면 마주 보고 앉은 친구나 어깨짝과 시험지를 교환하기도 합니다. 친구의 시험지를 받게 되면 바로 시험지 상단 왼편 여백에 채점자의 이름을 적을 수 있도록 안내하지요.

"먼저 친구 시험지에 채점자의 이름을 쓰세요. 채점은 공정해야 합니다. 다른 사람이 푼 시험 문제를 올바르게 평가하는 것도 중요한 능력입니다. 친한 친구 사이라도 점수를 올려 주어서는 안 되겠지요? 혹시 미운 친구의 시험지를 가지고 있나요? 그렇다고 친구가 받아야 할 점수를 조금이라도 깎는다면 안 되겠지요. 지금부터 선생님이 화면에 순서대로 띄우는 문제 풀이와 채점 기준에 맞춰 점수를 적어 주세요. 여러분들의 양심을 믿고 채점에 들어가겠습니다. 자! 화면을 보세요."

"1번 문항입니다. 답은 몇 번일까요?"
"⑤번이요."
답이 뻔한 문제라고 생각한 듯 학생들 대부분 ⑤번으로 답합니다.
"아쉽지만 ⑤번은 아닙니다. 선생님은 미술 작품 감상을 너무 좋아하지만 혼자서 해외여행을 간 적이 없습니다. 친구나 가족과 함께 갑니다. 답은 몇 번? ③번? 안타깝네요. 선생님은 노래를 잘하고, 진짜 춤도 잘 추지만(?) 혼자서 노래방을 간 적은 없습니다. 자, 다시 답지를 봅시다. ①번 '인정이 없고 까칠한 성격에 작은 일에도 화를 낸다.'. 선생님은 까칠하지 않습니다. ②번은 '매우 소심한 성격으로 수업 중 학생들이 떠들면 울기도 한다.'. 이런 일은 없을 것 같네요. 이제 하나밖에 안 남았어요. 답은 몇 번?"
"④번이요."

"맞습니다. ④번, '국가 교육 공무원 신분으로 날로 먹는 횟집을 싫어한다.'입니다."

사실 지금까지 100점짜리 시험지는 많지 않았습니다. 오픈 북에 친구와 함께 푸는 시험, 인터넷 검색과 외부로 전화 통화까지 가능한 시험, 동료 평가로 시행되는 시험이지만 100점을 맞기는 쉽지 않습니다. 특히 1번 문제가 킬러 문항입니다. 매년 답을 맞힌 학생이 한 학급에 많아야 4~5명 정도. 오답률이 가장 높은 문항이지요. 오답의 매력도를 너무 높인 출제 교사의 책임이 큽니다. 이런 문제를 1번에 배치한 것은 교사의 평가 전문성 부족일 수 있겠지만 교사 소개로 적절한 문항이라서 첫 문제로 고정되었습니다. 어쨌든 문제 풀이 시간에 학생들의 한숨 섞인 비명이나 탄식을 가장 많이 들을 수 있는 문항이 1번입니다.

"얘들아, 선생님은 공무원이야. 신분이 교육 공무원입니다. 당연히 날로 먹으면 안 되겠지요. 선생님이 처음 교사가 되어 출근한 날, 지금은 돌아가신 아버님이 남긴 유언이 있습니다. '아들아, 이제부터 너는 교육 공무원이다. 앞으로 날로 먹어서는 절대 안 된다. 명심하거라.' 그날 이후로 날로 먹는 횟집을 싫어하게 되었습니다. 여러분들도 앞으로 살아가면서 날로 먹는 일이 없도록 합시다."

재미를 기대했는데, 사실 학생들 표정에 별다른 변화가 없습니다. 선생님이 지금 무슨 말을 하는지 이해 안 간다는 얼굴들이지요. 확실히 이런 말장난은 요즘 세대에 어울리지 않습니다. '나도 나이 많이 들었구나.'

라는 생각을 합니다. 슬슬 1번 문제도 바꿔야 할 것 같습니다.

이제 2번 문제를 들여다볼까요?

2. 2024년 미술 시간을 기대하는 자신의 생각이 담긴 내용으로 아래 빈칸을 채우시오. (5점)

- _____ 와(과) 같은 미술 시간

- 위와 같이 생각한 이유는?

"앞에 있는 화면을 보세요. 채점 기준입니다."

※ 채점 기준
- 오~! 친구 생각이 멋지네, 비유도 좋고, 미술 수업에 대한 기대감이 크고, 자신의 생각을 훌륭하게 표현해 주었네~^^ : 5점
- 그래, 이런 생각도 좋은데… 비유도 적절하고, 이유도 잘 썼네~^^ : 4점
- 친구의 생각과 이유가 공감 가네~^^ : 3점
- 조금 아쉬운 생각이 드네… 그래도 고민한 흔적을 보여 주긴 했네 : 2점
- 문제가 어려웠나, 답을 안 썼네…? 친구가 오늘 어디 아픈가? : 1점

"5점을 준 친구가 있나요? 답을 읽어 줄래요?"

"선물 상자 같은 미술 시간이요."

"선물 상자, 좋습니다. 이유는?"

"선물 상자처럼 어떤 것이 들어 있을지 궁금해지고, 앞으로 미술 시간이 재미있을 것 같기 때문이다."

"누가 답을 썼나요?"

"연주요."

"오! 그래 연주야, 선생님에겐 네가 선물 상자다. 앞으로 기대하겠습니다."

"또 다른 친구?"

"저요."

"그래, 읽어 주세요."

"콘서트 같은 미술 시간. 콘서트에 와 있는 것처럼 즐겁고 활기찬 분위기에서 다 같이 재밌고 기억에 남는 특별한 활동을 하는 미술 시간이 기대된다. 예빈이가 썼어요."

"예빈아, 콘서트 비유 아주 좋습니다. 앞으로 일 년 동안 콘서트 같은 미술 시간을 우리 함께 만들어 봅시다. 한 명만 더 발표해 볼까요. 이 친구 답은 꼭 발표해 보고 싶다? 있나요?"

"저요, 저!"

"그래, 혜영아, 누가 쓴 답이지? 읽어 주세요."

"자민이가 쓴 건데요. '똥' 같은 미술 시간이래요."

일제히 학생들 웃음소리가 들립니다.

"하하, 똥이라…… 재미있네요. 이유가 정말 궁금합니다. 읽어 주세요."

"똥은 우리 모두 매일 만납니다. 우리가 똥을 싸지 않으면 죽죠. 그만큼 앞으로 미술 시간은 내게 있어 매일같이 보고 싶고, 만나지 않으면 죽을 것 같은 시간입니다."

"우아! 자민아, 반전이 대박이다. 똥 같은 미술 시간. 선생님이 꼭 만들어 볼게. 발표한 친구들 모두에게 박수!"

발표한 학생들 외에도 시험지에 적어 준 미술 시간의 기대감은 다음과 같습니다.

햇살 같은 미술 시간, 집 같은 미술 시간, 꿈같은 미술 시간, 도화지 같은 미술 시간, 신데렐라 같은 미술 시간, 만화 같은 미술 시간, 장미 같은 미술 시간, 숲 같은 미술 시간, 녹차 같은 미술 시간, 천국 같은 미술 시간, 음악 같은 미술 시간, 놀이공원 같은 미술 시간, 앵무새 같은 미술 시간, 유튜브 같은 미술 시간, 도서관 같은 미술 시간, 스마트폰 같은 미술 시간 등등.

"여러분이 가지고 있는 미술 시간에 대한 기대감이 대단하네요. 좋습니다. 여러분의 기대를 저버리지 않기 위해 선생님이 많이 노력하겠습니다."

그런데 갑자기 밀려오는 이 부담감은 뭘까요? 학생들의 이 많은 기대를 어떻게 충족시켜 줄지 난감합니다. 한두 달이면 바로 들통나겠지만 그래도 시작은 성공인 셈입니다.

2024년 2번 문항 최고의 답은 소헌이가 쓴 답입니다.

> 2. 2024년 미술 시간을 기대하는 자신의 생각이 담긴 내용으로 아래 빈칸을 채우시오. (5점)
>
> ○ ___원주율(π)___ 와(과) 같은 미술 시간
>
> ○ 위와 같이 생각한 이유는?
> 원주율은 순환하지 않는 무한소수이다. 미술이란 아무리 배워도 끝이 없는 분야라고 생각하고, 과거 원주율의 값을 구하려한 수학자들이 그러했듯 그것을 차차 배우고 익혀나가는 시간을 원하기 때문이다.

'원주율 같은 미술 시간'이라니, 단연 돋보였고 신박했습니다. 첫 시간부터 미술과 수학이 만났습니다. 우리가 찾는 창의·융합형 인재의 답입니다. 소헌이가 쓴 답안을 수업 전에 미리 스캔하여 화면에 띄우면 학생들 모두 "우아!" 하며 감탄사를 쏟아냅니다. 이렇게 첫 시간부터 소헌이는 내게로 들어왔습니다. 소헌아! 선생님 안에 너 있다.

# 첫 시간에 하고 싶은 이야기

이제 3번 문항을 살펴볼까요?

---

3. 스페인의 현대 미술가 피카소가 환생하여 지금 내 앞에 앉아 있다. 가장 먼저 묻고 싶은 질문은? (5점)

- 질문 _____

---

※ **채점 기준**
- 오! 질문이 아주 훌륭하다! 피카소가 깜짝 놀라겠는데~ : 5점
- 그래, 이런 질문도 좋다. 피카소 어떤 답변을 할지 궁금해지네~ : 4점
- 친구야! 질문이 조금 평범하지 않을까? : 3점
- 질문을 만들기는 했는데, 글쎄, 피카소가 어떻게 생각할까? : 2점
- 질문이 없네, 피카소를 싫어하나……. 그럴 수 있지. : 1점

학생들은 피카소를 얼마나 알고 있을까요?

알고 있다면 그 내용은 무엇일까요?

학생들이 만든 질문으로 미술 문화 이해 능력을 대충은 짐작할 수 있지 않을까요?

물론 피카소를 모른다고 해서 미술에 대한 교양이 부족한 것은 아닙니다. 다만 미술 하면 흔히 떠올리는 현대 미술가인 피카소에 관한 학생들의 반응이 궁금했습니다. 여기에 더해 첫 시간에 학생들에게 해야 할

이야기가 있어 준비한 문항입니다.

"친구가 질문한 내용, 누가 발표 좀 해 줄까요?"

"선생님, 여기요."

고맙게도 성범이가 읽어 주었습니다.

"그림을 왜 그리시나요?"

성범이 앞에 앉아 있는 혁준이가 만든 질문이었습니다.

"혁준아, 혹시 피카소가 어떻게 답했을 것 같나요?"

"…… 돈 벌려고 그런대요."

"하하! 그랬군요? 피카소가 솔직하게 말했네. 좋습니다. 여러분, 피카소는 살아생전 정말 돈을 많이 벌었습니다. 작품으로요. 미술의 역사에서는 아주 드문 일입니다. 피카소는 28세부터 그림으로 세상에 이름을 알리기 시작했고, 38세에는 이미 부자가 되었다고 합니다. 65세 무렵에는 모두가 부러워하는 백만장자 미술가로 불렸다고 하네요. 혁준이가 중요한 질문을 했습니다. 자, 다른 친구 질문? 5점을 준 친구 질문, 누가 발표해 줄까요?"

연주가 손을 들었습니다.

"다양한 각도에서 본 것을 하나의 그림에 표현한 이유가 무엇인가요?"

그래, 이겁니다! 3번 문제를 만들 때부터 내심 기대했던 질문이지요.

"오! 누가 만든 질문인가요?"

"채은이가요."

"채은아, 이 질문을 피카소에게 한 이유가 뭔가요?"

"피카소가 입체파 화가라서요."

"오! 그래, 친구들을 위해서 입체파 그림을 조금만 설명해 줄래?"

"여러 방향에서 본 모양을 합쳐서 그리는 거요."

"그렇습니다. 채은이는 미술에 관심 많은 친구네요. 그림은 분명 2차원의 평면인데 여러 방향에서 본 사물의 모습을 한 화면에 담아냈기 때문에 '입체'라는 말이 붙었습니다. 영어 단어로 '큐브(Cube)', 여기에 주의나 주장을 뜻하는 영어 접미사인 '이즘(ism)'이 붙어서 '큐비즘(Cubism)'이 된 것입니다. 피카소는 입체파 미술을 대표하는 화가입니다."

사실 피카소가 수업에 등장하면 학생들과 나눌 이야기가 너무 많습니다. 파란만장한 삶과 사랑 이야기도 빠질 수 없고, 끊임없는 변화를 추구한 수많은 작품 감상도 필요할 것 같습니다. 여기에 천문학적인 가격에 낙찰되고 있는 경매 작품까지 언급하려면 별도의 시간이 필요하지요. 그렇기에 피카소를 이렇게 간단히 끝낼 수는 없었습니다. 누가 뭐래도 현대 미술의 시작이자 중심에 선 미술가로 그 이유를 알아볼 필요가 있기 때문입니다. 문제 풀이로 준비한 PPT 파일에 삽입된 피카소 그림을 스크린에 띄웠습니다.

"얘들아, 화면을 보세요. 피카소가 1937년에 사랑하는 연인을 그린 그림입니다. 제목은 「우는 여인」으로, 눈물을 펑펑 쏟으며 울고 있는 여자의 일그러진 모습입니다. 입체파 그림을 조금 더 공부해 봅시다. 이 그림에서 어느 부분이 입체주의 방식으로 표현되었나요? 그림을 잘 살펴보세요. 바로 여기, 그림 속 여자의 눈동자는 정면인데, 코와 입술, 치아는

「우는 여인」, 피카소, 1937년

옆에서 본 모양이네요. 피카소는 두 방향에서 바라본 여자의 모습을 한 화면에 동시에 그려 낸 것입니다. 그렇다면 피카소는 사랑하는 사람의 모습을 왜 이렇게 기괴한 모습으로 그렸을까요? 채은이가 피카소에게 한 질문입니다. 누가 대답해 볼까요?"

"인물을 새롭게 그리려고요."

교사 앞에 앉아 있던 민지가 빠르게 답했습니다.

"그래, 민지! 대답 잘했어요! 이 그림은 다른 화가들이 그린 인물화와는 전혀 다른 새로운 초상화지요. 이런 모습의 인물화가 피카소 이전에는 없었습니다. 좋습니다. 그런데 중요한 것은 인물을 새롭게 그린 이유가 뭘까요? 여러 방향에서 본 모습을 그림 한 장에 합쳐서 입체적으로 표현한 이유? 이 부분을 생각해 보세요."

"사람의 모습이 입체니까요."

질문을 만든 채은이가 답을 했습니다. 채은이는 이미 입체파 그림을 알고 있었기에 '다양한 각도에서 본 것을 하나의 그림에 표현한 이유'와 같은 질문을 한 것입니다.

"채은이가 중요한 답을 주었네요. 그렇지요. 그림 속 인물은 현실에서 3D(Three Dimensions)로 존재하지요. 그래서 피카소는 모델의 현실 속 진짜 모습을 그려 낸 것입니다."

사실 모든 반에서 이런 장면이 만들어지지는 않습니다. 3번 문항에서 입체파와 관련된 질문이 나오지 않는 학급이면 교사가 학생들에게 관련된 질문을 던지기도 했습니다.

"얘들아! 중요한 이야기가 남아 있습니다. 우리가 인물화를 그릴 때는 정면이든 측면이든 한 방향에서 보게 됩니다. 당연히 모델의 한쪽 면만을 관찰하여 그리게 됩니다. 이것은 르네상스 시대부터 내려온 전통적인 원근법입니다. 모든 그림이 가지고 있는 당연한 회화적 표현 방법입니다. 그렇다면 그림을 다시 봅시다. 피카소는 우는 여인의 모습을 어떤 방법으로 그렸나요? 관찰해서 그렸나요? 아니면 생각해서 그렸나요?"

"생각해서 그린 거요."

학생들과 함께 이야기를 나누는 시간도 좋지만, 질문에 답을 하지 못하는 시간이 길어지면 교사의 유도 질문으로 마무리를 합니다.

"그렇습니다. 바로 피카소는 평소 자신이 생각하고 있는 모델의 모습을 그려 낸 것입니다. 화가가 느끼고 있는 인물의 진짜 모습, 이 모습을 그려 낸 것입니다. 그래서 피카소는 '나는 보이는 대로 그리는 것이 아니라, 생각하는 대로 그린다.'라는 명언을 남겼습니다. 이후 피카소는 평생 생각하는 대로 작품을 만드는 도전의 삶을 살았습니다. 앞으로 일 년간 선생님과 함께하는 미술 시간에 여러분들이 잊지 말아야 할 것이 있습니다. 미술 시간에 무엇을 하든지 자신의 생각과 느낌을 솔직하게 표현하는 것입니다. 미술 시간에 가장 중요한 것은 여러분들 각자의 생각과 느낌입니다. 이것이 피카소가 우리에게 알려 준 배움입니다."

3번 문제 풀이 시간이 길었네요. 그래도 피카소를 등장시켜 첫 시간에 하고 싶었던 이야기를 풀어낼 수 있었습니다. 모방과 재현적 표현에만 익숙한 우리 학생들에게 피카소 그림만큼 적절한 수업 소재는 없을 겁니다.

이제 4번 문항으로 넘어가 볼까요?

---

4. 미술가의 작품 창작이나 전시 행위로 볼 수 없는 것은? (5점)

① 사과를 다 먹고 남겨진 꼭지를 전시했다.
② 남성용 소변기를 미술관에 작품으로 출품했다.
③ 자신의 대변을 캔에 담아 밀봉하여 전시했다.
④ 구슬로 장식한 물고기를 비닐봉지에 담아 전시했다.
⑤ 다른 사람이 그린 그림에 자기 사인을 해서 전시했다.

---

"답은 몇 번일까요?"

"⑤번이요."

"그렇습니다. 당연하지요. 다른 사람 그림에 자기 사인을 해서 발표하는 미술가는 없겠지요. 이건 반칙이고 부정행위가 됩니다."

사실 4번 문제는 미술의 다양성, 특히 새로운 미술을 조금 알려 주고 싶어서 만든 문제입니다. 특히 현대 미술을 접하기 어려운 학생들을 위한 맛보기 시간인 셈이지요.

"얘들아, 이 문제는 답을 맞히는 것이 중요한 게 아니에요. 잠깐 현대 미술을 이해하고 감상하는 시간을 갖겠습니다. 앞에 선생님이 준비한 화면을 보세요."

매년 고정된 4번 문항은 출제 준비와 문제 풀이에 가장 많은 정성을 들이고 있습니다.

"①번 답지 작품입니다. 영국 출신의 현대 미술가 케빈 터크의 작품입니다. 먹다 남은 사과 꼭지를 작품으로 전시했지요. 친숙하지만 낯선 모

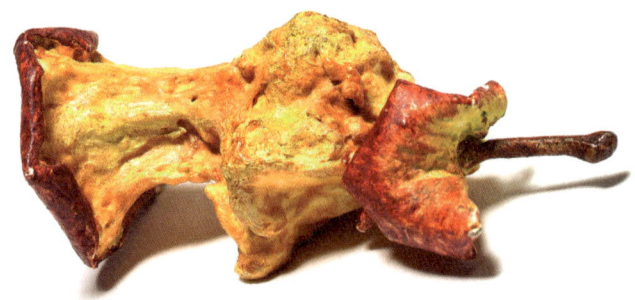

「실낙원」, 케빈 터크, 2006년

습입니다. 그런데 더 이상한 점이 있습니다. 미술관에서 열린 작품 전시 기간 내내 말라비틀어진 이 사과 꼭지가 시들지 않았습니다. 모양도 색도 원본 그대로 전혀 변하지 않습니다. 어떻게 이럴 수가 있지요? 비밀이 뭘까요?"

그동안 시험을 치른 학생들에게 같은 질문을 했지만, 바로 답을 말한 학생은 없었습니다.

"먹다 남겨진 사과 꼭지의 색과 모양이 변하지 않는다. 그럼 뭘까요?"

침묵이 길어집니다.

"작품으로 만들어진 사과 꼭지가……. 얘들아, 혹시 이거 가짜가 아닐까?"

"만든 건가요?"

"그렇습니다. 이 작품은 케빈 터크가 청동으로 사과 꼭지를 만들고, 그 위에 색을 칠해서 완성한 입체 작품입니다. 조각이요."

미술실 여기저기서 학생들이 짧은 감탄사로 반응합니다.

"기발하지 않나요? 우리가 알고 있는 조각 작품의 소재는 대부분 인물인데 작가는 누구도 주목하지 않는 사소한 사물을 조각으로 만들었네요. 사실 명작의 시작은 대부분 일상입니다. 주변의 하찮은 것들을 관찰하고 표현하는 것은 좋은 미술 공부가 됩니다. 케빈 터크는 여기까지 하겠습니다. ②번 답지로 넘어가겠습니다."

스크린 화면에 뒤샹의 작품을 띄웠습니다.

"이거 누구 작품인가요? 미술가의 이름은? 작품 제목은?"

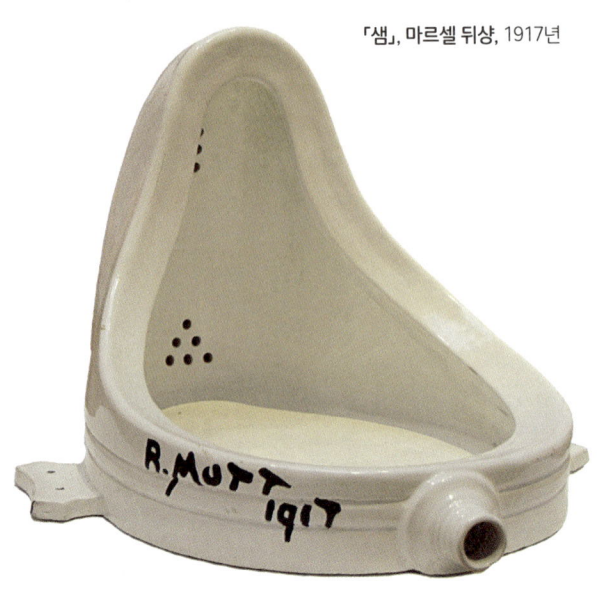

「샘」, 마르셀 뒤샹, 1917년

"아, 이거 중학교 때 선생님이 보여 주셨는데. 뭐지?"

학생들은 뒤샹의 이 작품을 본 적이 있다는 표정을 보이지만, 작가 이름이나 작품 제목을 알고 있는 학생은 거의 없었습니다. 한 학년 전체를 통틀어 답을 한 학생이 한두 명, 많아야 서너 명 정도였지요.

"그래, 애들아. 전에 미술 시간에 보기는 했지만 작가 이름이나 제목을 기억하기는 쉽지 않지요. 이 작품은 프랑스의 현대 미술가 마르셀 뒤샹이 1917년에 발표한 「샘」이라는 작품입니다. 작품에 등장한 물건은 무엇인가요? 여학생들은 잘 모르겠지만 남성용 소변기입니다. 뒤샹은 당시에 공장에서 만들어진 소변기를 좌대에 올려놓고 'R. Mutt 1917'이라고 사인을 한 것이 전부였습니다. 이 사인조차도 소변기 제조업자의 이름을

38 미술 수업 새로고침

갖다 붙인 것입니다. 당연히 예술품으로서의 가치를 인정할 수 없다는 이유로 미술관에서 거부하여 전시조차 되지 않았습니다. 지금은 사진만 남아 있는 작품입니다. 그런데 2004년 영국에서 500명의 미술 전문가들에게 20세기 가장 영향력 있는 미술 작품을 선정하는 설문 조사를 했습니다. 설문 결과 이 작품이 1위로 선정되었고요. 그 유명한 피카소나 미국을 대표하는 현대 미술가인 앤디 워홀도 아닌 뒤샹의 이 작품이 말입니다. 여기서 질문 하나 하겠습니다. 방금 선생님이 '20세기 가장 영향력 있는 미술 작품'이라고 했습니다. 그렇다면 그 영향력이 무엇일까요? 이 작품이 왜 그렇게 대단하고 유명한가요?"

사실 이 질문에서도 교사가 원하는 답을 학생들에게서 듣기 위해서는 교사와 학생들 간의 상호 작용으로 짧지 않은 시간이 필요합니다. 학기 중이었다면 학생의 답변에 힌트를 주면서 연결 짓기로 풀어 가는 시간을 가지겠지만, 지금은 제한된 문제 풀이 시간으로 그 과정을 즐길 수 없었지요. 아쉽지만 교사 중심의 설명으로 마무리했습니다.

"여러분, 뒤샹이 이 소변기를 작품 전시용 좌대에 올려놓는 순간, 어떤 일이 벌어질까요? 이때부터 '소변기'는 더 이상 소변기가 아니고 예술 작품이 된 것입니다. 남자 화장실에 있어야 할 평범한 물건이 예술 작품으로 바뀐 것이지요."

작품 속 중요한 비밀을 너희들에게 알려 준다는 기분으로 약간은 들떠 말하지만, 학생들은 '이게 왜 예술 작품이야?'라는 표정들입니다.

"그래, 이해가 안 될 겁니다. 예술 작품 하면 뭔가 특별하고 아름다워야 하는데, 더러운 소변기 하나 갖다 놓고 포장한다고 생각할 것 같네요. 그런데 여기에 힌트가 들어 있습니다. 가만히 생각해 보면 똑같은 물건인데 화장실에 있으면 소변기가 되고, 미술관 좌대 위에 올려져 있으면 작품인가요? 그렇다면 '무엇이 예술이고 예술이 아닌 것은 무엇인가?' 이런 의문이 생기겠지요. 그렇습니다. 뒤샹은 바로 이 질문에 새로운 답을 내놓은 것입니다. '예술 작품은 조형적으로 아름다워야 한다.', '작품은 반드시 작가가 만들어야 한다.'와 같은 창작의 고정관념을 깨뜨렸습니다. 그래서 뒤샹 이후로 손으로 직접 그리거나 만들지 않아도 된다는 생각을 가진 미술가들이 대거 등장합니다. 작가가 일상의 물건을 선택하는 행위만으로도 작품이 된다는 것이지요. 혁신적인 발상의 전환입니다. 이것이 아까 설문에 나온 20세기 미술에 끼친 가장 큰 영향력입니다. 교과서에 나오는 현대 미술은 여기에서 시작되었습니다. 마르셀 뒤샹의 작품을 이해하는 가장 중요한 개념입니다."

이와 같은 수업 장면은 사실 바람직하지 않습니다. 마르셀 뒤샹에 관한 대부분을 교사가 설명하고, 학생들은 듣기만 했거든요. 미술에서 이건 정말 중요하므로 끝까지 알려 주어야 한다는 욕심이 가득했지요. 학생들이 끼어들 틈을 주지 않고 자문하고 자답했습니다. 교사도 학생들도 재미없는 시간이 되어 버렸네요. 사실 100년 전 프랑스에서 만들어진 변기가 지금 학생들의 삶과 무슨 관련이 있겠습니까? 변기가 갑자기 예술 작품이 된다고 해서 학생들 생각이 달라질까요? 뒤샹이 보여 준 '혁신적인 발상'도 학생들의 공감을 사기에는 부족했을 것 같습니다. AI가 더 새

「Artist's Shit」, 피에로 만초니, 1961년

롭고, 사람을 닮아 가는 휴먼 로봇이 학생들에게는 더 매력적일지도 모르겠습니다. 학생 참여형 감상 수업, 정말 어렵습니다.

이제 ③번 답지 풀이로 넘어가 볼까요?

피에로 만초니의 작품, 「Artist's Shit」를 화면에 띄웠습니다.

"이게 뭔가요? 예술가의 'Shit', 영어 단어 Shit가 무슨 뜻인가요?"

"똥이요."

이 정도 영어 단어는 고등학생들에게 껌입니다.

"네, 작품 제목이 「예술가의 똥」이네요. 캔에 쓰진 내용을 볼까요? 우리말로 옮겨 보면 '예술가의 똥. 정량 30그램, 신선 보관됨. 생산 밀봉 일자 1961년 5월' 이렇게 되어 있네요. 이 작품, 어떤가요?"

뒤샹의 변기보다 학생들 반응이 훨씬 좋았습니다. 뭔가 호기심 가득한 표정을 지어 보이는 학생들이 여럿 보였거든요. 뒤샹이 망친 수업을 만

초니가 등장하여 단번에 살려 냈습니다.

"선생님, 정말 똥이 들어 있나요?"

"그래요, 여러분들이 가장 궁금해하는 질문일 것 같네요."

③번 답지 풀이 시간만 되면 학생들이 빠지지 않고 묻는 질문입니다.

"어떻게 해야 캔에 들어 있는 내용물을 알 수 있을까요? 참고로 만초니는 1961년 이 작품을 발표하면서 크기와 디자인이 똑같은 90개의 통조림으로 만들어 전시했습니다. 그래서 지금 세계 곳곳에 90개의 작품이 존재합니다. 그렇다면 얘들아! 이 통조림 깡통 속 내용물의 정체를 어떻게 해야 알 수 있을까요?"

"병원에 가서 엑스레이로 찍어 보면 되지 않을까요?"

"좋은 대답입니다. 그런데 선생님이 알고 있기로는 엑스선은 철을 통과하지 못한다고 합니다. 안타깝게도 이 작품은 철로 만들어진 통조림 포장용 캔입니다. 어떻게 해야 할까요? 방법은 딱 하나, 통조림 캔을 오픈하는 겁니다. 그런데 작품을 가지고 있는 사람은 열어 보지 않겠지요. 왜 그럴까요?"

"작품이 망가지니까요."

"그렇습니다. 누가 고가의 유명 미술 작품을 망가뜨리려고 하겠습니까. 지금 이 작품의 가격이 몇 억 원을 넘는다고 합니다. 가장 최근의 가격은 2016년 8월 이탈리아 밀라노 경매에 나온 작품입니다. 깡통 하나가 27만 5천 유로, 우리나라 돈으로 3억 6,400만 원에 거래가 되었다고 합니다. 같은 무게의 금값보다 몇백 배가 더 비싸졌습니다. 그러니 누가 깡통을 열어 보겠습니까?"

학생들은 모두 그럴 것 같다는 표정을 보여 주었습니다. 문제 풀이 시간에서 학생들이 교사의 설명에 가장 몰입하는 장면이지요.

"그런데 말입니다. 하하, 정말 궁금해서 도저히 참을 수 없었던 사람들이 있었습니다. 드디어 90개의 캔 중 하나를 소유하고 있던 이탈리아 미술가 단체에서 캔을 오픈했습니다. 여러분, 무엇이 들어 있을까요?"

학생들은 '아무것도 없어요.', '진짜 똥이요.' '돌이 아닐까요?', '화가의 얼굴 사진' 등 다양한 답으로 여러 반응을 보였습니다.

"화면을 보세요. 오픈된 캔을 찍은 사진입니다. 이게 뭐죠? 모양이 똑같은 또 다른 캔이 들어 있네요. 참으로 황당합니다. 여러분, 작가의 발상이 너무 기발하지 않나요? 만초니는 분명 누군가 이 깡통을 열어 볼 것이라고 예상했었나 봅니다. 그래서 캔 속에 또 다른 캔을 넣어서 사람들을 더 궁금하게 만들었네요. 결국 뚜껑을 오픈했던 단체는 두 번째 캔을 더 이상 열어 보지 않기로 하면서 이 작품의 내용물에 대한 진실은 지금까지 풀리지 않고 있습니다. 재미있는 작품입니다. 답지 ③번 설명은 여기까지입니다. 답지 ④번 작품을 보겠습니다."

④번 답지로 제시한 '구슬로 장식한 물고기를 비닐봉지에 담아 전시했다.'는 한국 현대 미술을 대표하는 작가의 작품입니다. 1997년 미국의 뉴욕 현대 미술관(MOMA)에서 화려한 구슬로 장식한 생선이 썩어 가는 과정을 보여 준 작품으로, 작품 제목인 「화엄」의 뜻과 작품에 담긴 의미, 미술관에 풍긴 악취로 전시작이 철거되는 과정 등을 설명했지요. 한국

페미니즘 미술을 대표하는 현대 미술가로 간단하게 소개했지만, 학생들에게는 낯설고 어려운 작품으로 다가갔을 것입니다.

사실 4번 문제는 에피소드가 가장 많은 문항입니다. 이 문제의 답을 찾기 위해 학생들은 다양한 시도를 했습니다. 중학생들이 가장 적극적이었지요. 교실 문을 열고 나가 교무실에서 쉬고 있는 선생님에게 묻는가 하면, 교장실 문을 열고 들어간 학생들도 있었습니다. (진짜!) 유명 미술 대학 과 사무실에 전화를 걸기도 했고, 낮잠 자는 엄마를 깨워 화상 전화를 시도한 학생도 있었지요. 심지어 국민 신문고에 전화를 걸어 교사를 당황하게 한 학생도 있었습니다. 못 말리는 중학생들입니다.

5번 문제는 해마다 답지에 등장하는 이름을 고민하게 만드는 문항입니다. 학생들 눈높이에 맞게 유명 연예인이나 대중 스타의 이름을 빌려 쓰고 있는데요. 오답에 등장한 이름이 학생들에게 오해의 소지를 줄 수 있다는 생각 때문입니다. 집필 원고에서도 부담감을 느껴 시험 원안지와는 다르게 이름 끝 글자를 생략했습니다. 당연히 정답은 ④번입니다.

이 문항의 문제 풀이 시간마다 학생들에게 힘주어 말했습니다. "미술은 정말 가수 생활에도 도움이 된다. 여러분들이 무슨 직업을 갖든 그 직업 속에는 미술이 들어 있다."라고 강조했지요. 미술이 어떤 역량을 키워 무슨 직업에 어떻게 영향을 미치는지와 같은 자세한 설명은 할 수 없었지만, 우리 삶에서 미술적인 요소를 제거하면 인간적인 것은 아무것도 남는 게 없다는 정도로 마무리했습니다.

5. 다음은 2024년 2학년 미술 첫 시간에 선생님이 학생들에게 당부하는 내용 중 일부이다.

> 앞으로 여러분과 일 년을 함께할 미술 시간이 즐겁고 행복해지기 위해서는 무엇이 필요할까요? 먼저 선생님이 많은 노력을 하겠습니다. 여러분들이 미술로 자신의 생각과 느낌을 마음껏 표현하고, 친구들과 함께 소통할 수 있는 수업을 준비하겠습니다. 미술 시간을 통해 다양한 배움을 얻어 여러분들의 진로와 삶에 도움이 되도록 하겠습니다.
> 그러나 선생님 혼자만의 노력과 준비로는 부족합니다. 여러분들의 적극적인 참여와 정성도 매우 필요합니다. 그림을 못 그려도 괜찮습니다. 만들기를 못해도 좋습니다. 미술에 소질 없다고 두려워할 필요가 없습니다. 미술 점수도 걱정하지 마세요. 중요한 것은 주어진 시간에 최선을 다하고 적극적으로 자신을 표현하려는 모습입니다. 즐겁고 신나는 미술 시간, 함께 만들어 갑시다.

미술 시간을 생각하는 마음가짐으로 가장 올바른 사람은? (5점)

① 영○ : 내가 무슨 미술을 하겠어? 진짜 그림 못 그리는데. 나는 트로트 가수가 꿈인데 미술을 잘해서 뭐 하려고.
② 말○ : 야!^^ 첫 시간부터 재미있는데? 선생님도 착해 보이시고, 슬슬 놀아 가면서 침착맨이나 봐야겠다.
③ 유○ : 나는 성적이 좋으니까 미술도 문제없어. 선생님도 잘 아실 테니, 수행 평가 점수도 당연히 잘 나올 거야.
④ 해○ : 미술은 앞으로 가수 생활하는 데도 도움이 될 거야. 그림은 못 그려도 내 생각과 느낌을 솔직하게 표현하면 되겠지.
⑤ 아○ : 미술 시간은 휴대폰이나 하면서 편하게 보내도 괜찮을 거야. 수행 평가도 대충해서 작품을 내기만 하면 점수는 주던데?

　6번 문제는 첫 시간 학생들에게 당부해야 할 내용을 담을 수 있어 매년 출제 문항으로 제시하고 있습니다. 많이 알려진 문제라고 생각했지만 의외로 학생들은 어려워했습니다. 휴대폰으로 인터넷 검색하여 먼저 해결한 친구가 주변 친구들에게 도움을 주면서 대부분 직선 4개를 사용하

6. 다음 9개의 점을 4개의 직선만으로 모두 연결하시오. (단 〈조건〉을 모두 만족해야 함) (10점)

―――――― 〈 조건 〉 ――――――
- 9개의 점이 모두 4개의 직선으로 연결되어야 함.
- 직선 4개는 모두 끊어지지 않고 계속 이어져야 함.
- 한 번 지나간 점은 다시 지나갈 수 없음.

• • •

• • •

• • •

여 9개의 점을 연결한 그림을 그려 냈지만, 일부 학생들은 〈조건〉에 맞지 않는 그림을 보여 줬습니다.

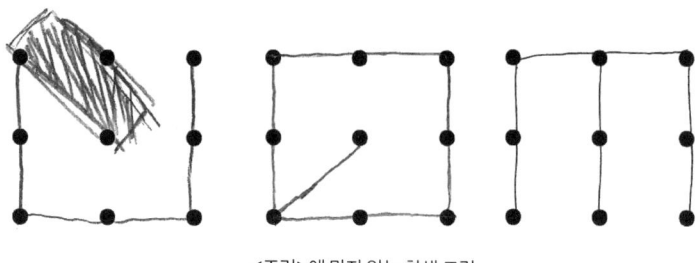

<조건>에 맞지 않는 학생 그림

칠판에 분필로 점 9개를 표시하고, 직선 4개로 연결하는 과정을 빨간색 분필 선으로 보여 주며 문항 출제 의도를 설명했습니다.

"자, 칠판을 보세요. 여기 표시된 점 9개를 선생님과 함께 직선 4개로 연결해 보겠습니다. 선의 시작은 왼쪽 맨 아래 점입니다. 출발합니다. 왼쪽으로 45도 각도로 기운 사선으로 정가운데 점을 지나 오른쪽 맨 위 점까지 세 점을 연결합니다. 이어서 두 번째 직선은 펜을 떼지 말고 그대로 수직선으로 맨 아래 세 번째 점까지 연결합니다. 여기가 중요합니다. 맨 아래 점 위를 지나서 사각의 틀 밖으로 나가야 합니다. 이렇게 여기까지요. 이제 세 번째 선입니다. 이쯤에서 다시 왼쪽으로 방향으로 바꿔 아래 중간의 점을 지나 왼쪽 가운데 있는 점까지 두 점을 연결합니다. 그리고

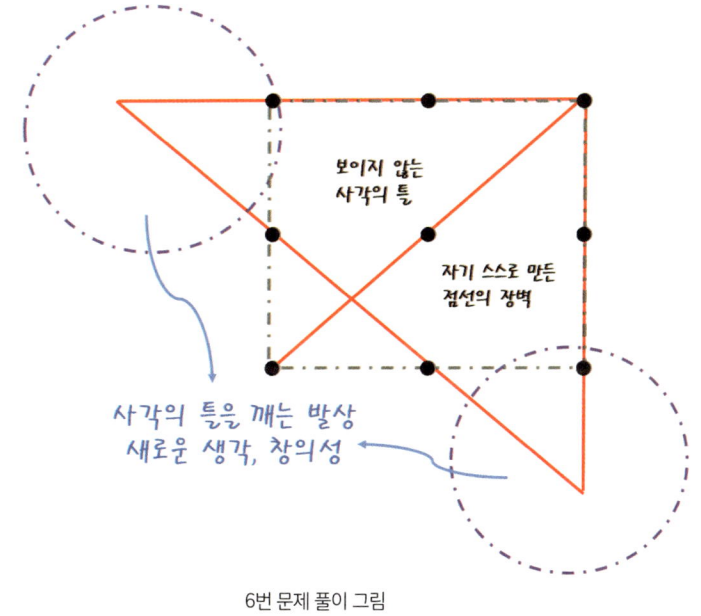

6번 문제 풀이 그림

그대로 틀 밖까지 사선을 연장합니다. 이쯤에서 방향을 오른쪽 반대 방향으로 바꿔 수평선으로 나머지 세 점을 연결합니다. 이렇게 4개의 직선으로 9개의 점이 연결되었네요. 물론 시작을 다른 점에서 해도 이런 그림이 나오면 정답 그림입니다. 채점하세요."

채점 후 설명을 마무리합니다.

"애들아, 점선으로 표시된 이 사각의 틀은 시험지 그림에는 없습니다. 문제를 풀면서 자신이 스스로 그려 놓은 금지된 선입니다. 누가 강요하지 않은 고정관념입니다. 이 틀 속에서는 직선 4개로 9개의 점을 연결할 수 없습니다. 보이지 않는 사각의 틀, 자신이 만들어 놓은 장벽을 깨뜨려야 답을 찾을 수 있습니다. 앞으로 미술 시간에는 선생님이 미리 제시한 조건 외에는 넘지 말아야 선이 없습니다. '선생님, 이렇게 해도 돼요?'와 같은 질문은 하지 마세요. 선생님 눈치 살피지 말고 이렇게 저렇게 마구마구 실험하세요. '이러면 안 될 것 같은데……' 하며 자신을 의심하지 말고 용기를 갖고 도전하세요. 주저하지 말고, 망설이지도 말고 해 보는 겁니다. 하다가 실패해도 하지 않는 것보다는 더 많은 배움을 얻을 수 있습니다. 경계의 선을 넘어야 새로운 성장을 경험할 수 있습니다. 즐겁고 신나는 미술 시간은 틀을 깨는 생각과 남다른 행동에서 만들어집니다. 앞으로 기대하겠습니다."

# 창의력이 힘이다

7. '미술 창작'으로 자신만의 4행시를 지어 보면? (5점)

미 :
술 :
창 :
작 :

※ 채점 기준
- 아주 창의적이고 대단히 신박한 4행시네~^^ : 5점
- 오! 괜찮은데, 좋았어~^^ : 4점
- 고민하고 많이 노력했네^^ : 3점
- 고생했어, 친구야! : 2점
- (작성 안 함) 생각이 안 났나 보네. 괜찮아~^^ : 1점

"5점 맞은 4행시, 누가 읽어 줄까?"

"네, 여기요. 효주가 쓴 것 추천합니다."

"좋습니다. 선생님이 운을 띄워 보겠습니다."

"미!"

"미술 시험 문제가 재미있다."

"술!"

"술술 풀리는 게 정말 신기하다."

"창!"

"창의적인 답을 찾게 하는 이런……."

"작!"

"작품 같은 시험지를 만들어 주신 선생님이 대단하신 것 같다."

"와! 이런 4행시 처음 들어 봅니다. 효주 짱! 멋지게 표현했네요. 훌륭합니다. 박수!"

이렇게 8반 효주도 첫 시간부터 눈에 들어왔습니다. 이외에도 '미술이라는 것이 꼭 술술 풀려나가는 창의적이고 거창한 그 무엇이 아니어도 작품들이 쌓여서 만들어지는 단단한 탑과 같다.'라는 모범적인 이야기로 주목을 받은 학생들이 여럿 있었습니다. 그러나 '미친놈아 술 좀 그만 마셔 창피하게 진짜 작작 좀 해라', '미술은 술 마시고 창작하면 작품이 잘 나온다.'와 같이 술과 관련된 주제가 많았습니다. '미술'의 '술'자로 자연스럽게 술을 떠올리는 학생들입니다. 그렇다고 4행시로 '갑분싸'가 될 수는 없었습니다. 4행시도 시(詩)이므로, 엄연한 문학 창작의 세계에서 꼰대의 잣대로 평가하면 곤란하겠지요. 오늘은 첫 미술 시간이니 유쾌하게 끝내기로 했습니다.

8. 다음 〈조건〉에 맞게 시험 문제 하나를 만드시오. (20점)

〈 조건 〉
- 미술과 관련된 문제를 만들어 제시할 것
- 문제 형식은 선다형(4지 또는 5지), 단답형, 서술형, 논술형 중 선택하여 제시할 것
- 문제 형식이나 답안 등이 창의적이고 기발할 것

※ 채점 기준
- 오! 짧은 시간에 이런 기발한 문제를 만들다니…. 놀랍다 친구야~^^ : 20점
- 그래, 이런 미술 문제도 좋은데~^^ : 18점
- 친구야, 문제가 좀 평범하지 않을까? : 16점
- 문제를 만들기는 했는데…. 글쎄? 고민되네. : 14점
- 문제가 없네? 시험 문제를 만든다는 것이 어려운 일이지. (작성 안 함) : 12점

    8번 문제는 2024년 새롭게 출제한 문항입니다. 해마다 한두 문제는 바꿔야 한다는 부담과 고민 끝에 만들어진 문항이지요. '그동안 교사가 만든 문제만 풀었다면, 이제는 너희들도 한번 문제를 만들어 봐라. 그래야 공부가 된다.'라는 생각에서 만든 것입니다. '문제 형식이나 답안 등이 창의적이고 기발할 것'이라는 조건으로 자못 기대가 적지 않았습니다. 학생들이 어떤 문제를 만들까요? 적어도 몇 문제는 내년에 첫 시험 문제로 써먹을 수 있을지도 모릅니다. 한두 문제만 건져도 성공입니다. 학생들의 반응이 몹시 궁금했습니다.

    그런데 이게 웬일이죠? 이건 아닌데, 하는 생각이 먼저 들었습니다. 실망도 컸습니다. 그나마 선다형 문항으로의 형식과 내용을 갖춘 문제가 태린이와 도영이가 만든 문제입니다. 동료 평가에서 태린이는 16점, 도

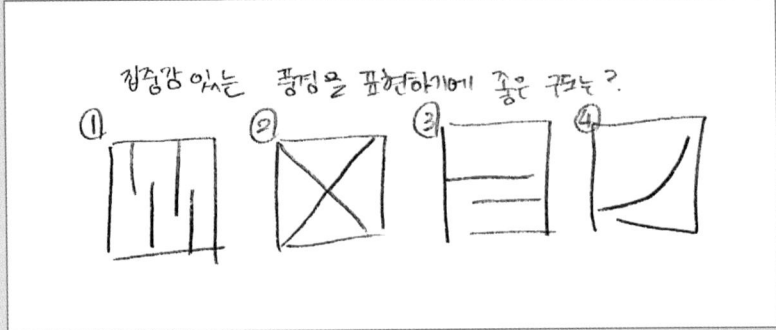

「8번 문제」, 김태린(학생 작품), 2024년

「8번 문제」, 이도영(학생 작품), 2024년

영이는 18점을 받았습니다. 20점을 받은 예린이가 만든 문제는 '「이삭 줍는 여인들」이라는 작품에 등장하는 인물의 수는?'으로 발문을 제시했습니다. 하지만 출제 교사의 관점에서 20점은 아니었지요. 서술형 문제로는 '「진주 귀걸이를 한 소녀」를 그린 작가의 이름을 쓰시오.', '「시녀들」을 그린 작가는?'과 같이 미술사에 등장하는 화가의 이름을 단답형으로 묻는 정도였습니다.

8번 문항이 어려운 문제가 될 수도 있겠다는 예상은 했지만, 학생들이 만든 문제는 너무도 평범했습니다. 아니, 대부분은 그 이하였지요. 〈조건〉을 만족하는 '기발한 문제', '놀라운 학생'을 찾을 수 없었습니다.

사실 짧은 시험 시간에 어떻게 학생들이 교사의 기대에 부응하는 문제를 만들 수 있겠습니까? '시험 시간에 문제를 만들라니, 이런 문제가 어딨어?' 한 번도 경험해 보지 못한 질문을 받은 겁니다. 그래도 준비된 설명으로 마무리는 해야겠지요?

"애들아, 이제부터 문제를 만들어야 한다. 남이 만든 문제에서 답만 찾지 말고, 내가 문제를 만드는 연습을 해야 한다. 문제를 만드는 것도 창작이고 표현 활동이다. 무엇보다 중요한 것은 문제를 만들어 봐야 내가 모르는 것을 알게 된다. 답보다 중요한 것은 문제를 찾아내는 것이다. 그래야 공부가 된다. 앞으로 여러분들이 무슨 과목을 공부하든 어떤 분야에서 어떤 일을 하든 좋은 문제를 만들면 자연히 그 답도 알게 된다. 오늘부터 문제를 많이 만들어라."

그리고 출제 교사인 나도 문제를 찾아야 했습니다.

'이 문제는 무엇이 문제인가?'

'어떻게 해야 학생들이 미술 수업에서 좋은 문제를 만들 수 있을까?'

새롭게 출제한 8번 문제는 문제가 많은 문제입니다.

다음은 서두에 소개한 9번 논술형 평가 문항의 코로나 이전 버전입니다. 그런데 발문과 함께 제시한 그림이 달라졌습니다. 앞서 소개한 문항과 이 문제 속에 등장하는 그림은 모두 본 교사의 얼굴을 보고 그린 캐리커처입니다. 이 모습이 코로나 팬데믹 이전 필자의 본 모습이지요. 발문에 나오는 '비전동 아줌마'는 아내라는 점도 미리 밝혀 둡니다. 실제로 아내가 재미 삼아 그린 그림을 시험 문제에 활용했습니다.

그림 속 이미지 그대로 당시에는 머리숱이 적은 곱슬머리였습니다. 코로나 팬데믹으로 원격 수업이 시작되면서 헤어스타일에 큰 변화를 주었지요. 앞서 소개한 문항 속 그림이 새롭게 바뀐 얼굴, 털모자(?)를 착용한 모습입니다. 학생들을 위한 화상 수업을 준비하면서 소박하게 장만한 맞춤 가발이지요. (계획에 없던 가밍아웃~^^) 4년이 지난 지금 주변 사람들 대부분이 모르는 비밀입니다. 특히 학생들은 아무도 모릅니다. 이 책을 보고 우리 미술 선생님 머리가 가발이란 것을 알게 된다면 이건 낭패입니다. 그런 일이 없기를 바라지만, 혹시라도 알게 된다면 화끈하게 털모자를 벗어 주는 수업 이벤트도 준비해야 할 것 같습니다. 이 또한 유쾌한 이노베이션!

평가 요소는 교사의 '첫인상'입니다. 첫인상은 말 그대로 그 사람을 처음 볼 때 느껴지는 이미지입니다. 사람은 0.3초라는 짧은 시간에도 호감,

9. [논술형] 그림은 평택시 비전동에 사는 아줌마가 재미 삼아 그린 '임 씨의 얼굴'이다. 그림 속 실제 모델에 대한 자신의 생각과 느낌을 〈조건〉에 맞게 쓰시오. (20점)

〈 조건 〉
- 모델의 첫인상을 제시할 것
- 실제 모델이 들었을 때 기분 좋은 내용을 제시할 것
- 답안의 내용이 창의적이고 재미가 있을 것

※ 채점 기준
- 아우! 이런 글을 쓰다니, 아주 창의적이고 정말 재미있네. 선생님 찐 감동~^^ : 20점
- 좋아, 좋아! 선생님 첫인상을 재미있는 글로 잘 표현했네~ 베리굿~^^ : 18점
- 좋습니다. 이 정도면 선생님을 향한 기분 좋은 첫인상 글이네요. 쌩유~^^ : 16점
- 그래, 선생님 첫인상을 표현한 글에 생각과 느낌을 많이 담아냈네. 감사~^^ : 14점
- 고민 많았나 보네. 이런 글을 처음 쓰려니 매우 어렵지요. 좋습니다. : 12점
- 선생님 첫인상이 마음에 안 들었나 보네. 첫인상 글이 없네요. 미안~ : 10점

비호감으로 첫인상을 판단한다고 알려져 있습니다. 학생들은 엉뚱한 이 시험지를 받아든 순간 교사의 첫인상을 판단했을 것 같습니다. 9번 문제를 만나면서 그 생각과 느낌을 표현해 보자는 의도를 담아낸 문항이지요. 시험지에 담긴 10개 문항 중 학생들의 반응이 가장 기대되고 기다려지는 문항이기도 합니다. 답안으로 수많은 명문(?)이 쏟아졌습니다. 그중 앞서 소개한 서영이 답안이 단연 최고였지만, 이에 못지않은 수준을 가진 답안도 매년 노트북에 차곡차곡 쌓이고 있습니다.

> 축구 하기 좋은 이마, 시선 강탈 눈썹, 순한 눈매, 복이 많이 들어올 것 같은 거대한 코, 앵두보다 더 앵두 같은 색이 없어 보여도 촉촉해 보이는 생기 있는 입술, 웃는 듯 웃지 않는 묘한 표정, 동물들이 뛰어놀 것 같은 평화로운 숲과 흡사한 머리카락을 가진 것 같다. (중학교 3학년 정다은)

짧은 문제 풀이 시간에 이런 글을 써내다니. 놀라웠습니다. 가장 창의적이고 재치 넘치는 답안입니다. 이 글만으로도 학생의 정서와 성향은 짐작되었습니다. 이후로 진행된 수업에서 다은이가 수업 시간마다 보여주는 과정과 결과는 뛰어났습니다. 어떤 표현, 무슨 활동을 하든 남달랐지요. 언어적 감각에 시각적 소통 능력까지 갖춘 보기 드문 학생이었습니다. 2022 개정 교육 과정 미술 교과 역량인 심미적 감성 역량, 창의·융합 역량, 시각적 소통 역량, 정체성 역량, 공동체 역량을 모두 갖춘 독보적인 인재였지요.

교육청에서 열린 미술 대회가 끝나고 중국집에서 다은이와 함께 자장면에 탕수육까지 함께 먹었던 기억이 생생합니다. 고등학교에 들어가면 다시 선생님을 찾아오겠다고 굳은 약속까지 했는데, 지금까지 연락이 없네요. 지금은 어디에서 무엇을 하며 지낼까요? 다은아! 네 소식이 궁금하구나!

미술실을 가던 도중 어떤 멋들어진 중년의 신사가 내게 말을 걸어오셨다. 혹시 9반이면 교실 수업이라고. 나는 그분을 처음 본 순간 깨달았다. 입꼬리 속에 은은히 배어 있는 미소, 호랑이를 연상케 하는 기품 있는 눈썹, 안경 너머로 보이는 예리한 눈매와 지난 세월이 담긴 태평양 같은 그분의 마음만큼 넓은 이마. 이런 분이 나의 1년을 책임지실 미술 선생님이라니, 하나님께 감사, 압도적인 감사를 보낼 뿐이다. (고등학교 2학년 한여름)

여름이와 같은 학생들을 만난 내가 감사할 따름입니다. 그래서 시험지를 걷어서 학생들이 써 준 답안을 읽을 때면 다짐합니다. '그래, 다시 시작이다. 올해는 작년보다 더 나은 미술 시간을 만들어 보자. 어제보다 새롭고 내일이 더 기다려지는 미술 시간. 학생들의 기대를 저버릴 수는 없지.' 각오하고 결심합니다.

그런데 민망하게도 이게 마음처럼 되지 않습니다. 한 학기가 지나고 돌아보면 수업의 만족도가 떨어집니다. 모든 수업이 끝나는 12월이 되면 후회막심입니다. 학년 말이 되면 학생들에게 성장 보고서를 받는데,

교사인 나도 수업 성찰 보고서가 필요했지요. 학생들에게 미안했습니다. 그리고 다시 3월 첫 시간 시험 문제를 만듭니다. 양심 불량처럼 느껴지는데, 이래도 되는 건지 잘 모르겠습니다.

어느덧 마지막 문제입니다. 실기형 문제로 학생들의 창의력을 그림으로 살펴보는 형태입니다. 모든 출제 문제가 그렇듯 학생들이 어떤 생각과 느낌을 갖고 있는지 기대하게 됩니다. 그래도 명색이 미술 시간인데, 직접 그림을 그려 보는 시험 문제 하나 정도는 있어야 되지 않겠습니까?

10. [실기형] 1~9번까지 문제를 풀이한 자신의 생각이나 느낌이 담긴 그림을 〈조건〉에 맞게 그리시오.(20점)

〈 조건 〉
- 시험 문제로 시작한 첫 미술 창작 시간을 어떻게 생각하나요? 그 생각이나 느낌을 그림으로 그리시오.
- 그림의 형식이나 도구, 표현 방법은 제한이 없습니다. 아래 빈 공간에 자유롭게 그리시오.
- 그림 완성 후 제목과 그림을 설명하는 내용을 그림 밑에 간단히 제시하시오.

※ 채점 기준
- 오! 시험 문제를 모두 풀고 이런 생각을 한다니, 그림이 아주 독창적이네. 퍼펙트~^^ : 20점
- 그래, 시험 문제를 풀고 나서 이런 생각을 했구나. 그림이 재미있네, 좋았어~^^ : 18점
- 좋아! 이런 생각을 할 수 있겠네, 그림도 괜찮은데. 수고 많았어~^^ : 16점
- 그림에 나타난 생각과 느낌을 이해해. 고민도 많았나 보네. 좋아^^ : 14점
- 생각이나 느낌을 그림으로 표현하기가 쉽지 않지. 이해해. : 12점
- (글과 그림이 없음) 그림 그리기가 매우 어려웠나 보네. 괜찮아, 다음부터 잘해 보자. : 10점

이런 수업은 18년 살면서 처음이라 어지러웠다

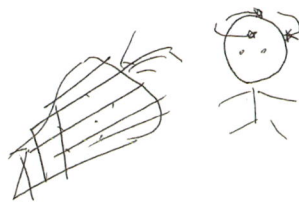

「어지러워」, 이지섭(학생 작품), 2024년

「행복한 눈물」, 박서진(학생 작품), 2023년

「수능보다 어려운 시험」, 진솔(학생 작품), 2023년

「미술 시험」, 장희윤(학생 작품), 2024년

## 시험을 끝내며

오십 대의 늙수그레한 남교사가 교실에 들어서자마자 밑도 끝도 없이 내민 시험지에 중·고등학생들이 보인 반응은 비슷했습니다.

'이건 뭐지?'

'첫 시간부터 무슨 시험?'

'지금 장난하나?'

약간의 긴장과 불만, 불평 섞인 몇 마디가 들려옵니다. 황당한 표정과 불만이 묻어 있던 얼굴은 곧 시험 문제를 읽으면서 미소로 바뀌었고, 간간이 낄낄거리는 웃음소리가 들리지요. 거기까지는 중·고등학생 모두 같았습니다. 그런데 학교를 옮기고 만난 고등학교 학생들은 조용했습니다. 예상 밖의 반응에 당황한 것은 오히려 교사인 나였지요. 이게 아닌데, 하는 생각도 들었습니다.

시험 중에 답을 찾아 교실 뒷문을 열고 나간 학생들은 모두 중학생들이었습니다. 엄마에게 전화를 걸어 답을 물어본 친구도 중학생이었고, 미술 대학과 관공서 전화번호를 과감하게 누른 학생들도 모두 중학생들이었지요. 친구들과 삼삼오오 모여 서로의 답을 확인하고 물어보는 장면도 중학교 교실이 압도적이었습니다. 고등학교 교실에서도 드물게 발견되긴 했지만, 그조차도 교사인 내 눈치를 보며 조심스럽게 자리를 이

동했습니다. 고등학생들은 대부분 자기 자리에 앉아 혼자서 답을 찾고 있었습니다. 비전 있는 비전고등학교 첫 미술 수업은 그렇게 정숙했습니다. 예상은 빗나갔고 재미가 없었지요. 한편으로는 서운하기까지 했습니다.

"답을 찾을 수 있다면 수단과 방법을 가리지 말고 행동으로 옮기세요. 자리를 이동해도 됩니다. 교실 밖으로 나가도 됩니다."

시험 보는 요령을 듣고도 교사의 눈치를 살피며 조심스러워하는 고등학생들. 바로 이 모습이 우리 교육의 현주소입니다. 질문을 두려워하는 학생들, 도움받기를 주저하는 학생들, 호기심을 잃어 가며 새로움에 도전하지 않는 학생들이 지금 우리 주변과 학교에 넘쳐 나고 있습니다.

이들에게 밖은 절대 나가지 말라고 누가 가르치고 있는 걸까요?

조용히 교실에만 앉아 있으면 답은 찾을 수 있다고 누가 말하고 있나요?

친구의 도움을 외면하며 어려운 문제를 혼자서 풀어 가는 교실 문화를 누가 만들어 가고 있을까요?

학교만 오면 교사의 눈치를 살펴야 하는 이 소심함을 왜 고등학생들이 갖고 있을까요?

첫 미술 시간을 재미있게 보내는 방법을 고민하다 시작한 시험이지만 시험이 아닌 시험을 학생들에게 보이고 싶었습니다. 시험에 대한 공포, 학생들 머릿속에 돌처럼 박혀 있는 그 두려움과 걱정을 하지 않아도 되는 시험, 친구들과 함께 답을 찾고 모르는 문제는 다른 사람의 도움을 받아 해결하는 신나는 시험도 있다는 것을 알려 주고 싶었습니다. 학교 시험은 친구와의 무한 경쟁이고 그래서 서열과 등급을 나누고, 일등이 모든 것을 가져가면 나머지는 루저가 되는 슬픈 현실을 잠시나마 잊게 해 주고 싶었습니다. 시험이 끝나고 문제 풀이 시간에 학생들에게 당부합니다.

"너희들은 앞으로 살아가면서 수많은 문제를 만날 것이다. 어려운 문제는 혼자서 해결하려 하지 말고 함께 풀고 서로 도우며 살아가는 방법을 배워야 한다. 미술에서 강조하는 '조화의 아름다움'도 그것이란다. 제발 주눅 들지 말고, 하고 싶은 것이 있으면 도전해라! 앞으로 미술 시간에는 남 눈치 보지 말고, 앉아만 있지 말고 움직여야 한다. 실패해도 좋다. 실험해라! 모험을 즐겨야 한다."

'유쾌한 이노베이션, 시험으로 만나는 첫 미술 시간'은 그렇게 마무리되었습니다.

# 온라인 매체를 이용한 미술사 수업

## 박해원

현재 한국조형예술고등학교에서
수석 교사로 근무 중입니다.
30년 이상 미술 교육 현장에서 ICT를
미술 수업에 도입하는 등 시대 변화에 맞춰
교육 방식을 끊임없이 혁신하며
학생 중심의 창의적 수업 설계와
미술 감상 교육에 힘써왔습니다.
최근에는 인공 지능과 메타버스를 활용한
GBL(게임 기반 학습)과 CBL(도전 기반 학습)을 통해
미술 감상 수업에서 학습자의 주도성을
키우는 데 관심을 가지고 연구를 이어 가고 있습니다.
격변하는 시대 속에서 미술 교육을
어떻게 혁신해 나갈지 늘 고민하고 있습니다.
학생들의 꿈과 창의성을 북돋우며
미술 교육의 새로운 지평을 열어 가고자 합니다.
eduart@naver.com

## 미술사는 암기 과목일까요?

"이 그림은 누가 그린 걸까? 이 작품의 제목이 뭐더라……."

대부분의 학생들이 미술사 수업 시간에 이런 생각을 합니다. 작품 제목과 작가 이름을 외우는 데 지친 나머지 본래 수업의 의미를 놓치고 있었죠. 저 또한 학생들이 흥미를 잃어 가는 모습을 지켜보며 안타까움을 느끼곤 했습니다.

미술사 수업의 목적은 단순히 작품 제목과 작가를 암기하는 게 아닙니다. 작품 하나하나에 담겨 있는 시대정신과 미술가들의 창의성을 이해하는 게 더 중요합니다. 작품을 통해 당시 사람들이 사는 모습을 엿볼 수 있듯, 미술사는 시대의 산증인이자 거울이라 할 수 있습니다.

하지만 학교 현장에서는 여전히 지식 전달 위주의 수업 방식이 이어지고 있습니다. 일방적으로 작품 설명을 들으며 학생들은 곧 흥미를 잃고 맙니다. 또 시험을 대비해 주요 내용만 암기하다 보니, 기억이 오래가지 못하죠. 이렇게 되면 미술사 수업은 지루한 암기 공부로 전락합니다.

저는 학생들이 더 이상 미술사 수업 시간을 지루하게 느끼지 않기를 바랐습니다. 그래서 에듀테크와 새로운 교수법을 도입해 보기로 했습니다.

먼저 게임 기반 학습(GBL: Game Based Learning의 약자로, 기존 게임의 흥미와 재미 요소를 최대한 살려 학습 내용을 게임에 적용하는 방식이다. GBL

수업의 장점은 무엇보다 학생들의 학습 동기를 자극하고 복잡한 학습 내용을 보다 흥미롭게 제시할 수 있다는 점이다.)을 적용해 보았어요. H5P(HTML5 Package의 약자이다. H5P는 교사가 프로그래밍 기술 없이도 상호 작용이 가능한 프레젠테이션, 비디오, 질문, 퀴즈, 퍼즐, 게임 등과 같은 대화형 콘텐츠를 쉽게 만들 수 있다.) 도구로 미술사 메모리 게임을 만들고, 메타버스에서 박물관 방 탈출 게임을 진행했죠. 학생들은 초기에 게임 방식이 생소해 어려워했지만, 조금씩 흥미를 붙이더니 금세 몰입하는 모습을 보였습니다. 작품 앞에서 해맑게 웃기도 하고, 퀴즈를 풀 때면 진지해지기도 했죠.

또 다른 방식으로 도전 기반 학습(CBL: Challenge Based Learning의 약자로, 실제 문제 상황을 파악하고 해결 방안을 제시하며 프로젝트를 진행하는 과정을 통해 학생들이 적극적으로 참여하고 협력하며 배우는 방식이다.)도 시도해 보았습니다. 코로나19로 박물관 관람이 어려울 때, 학생들이 메타버스에서 직접 미술관을 만들어 전시회를 열었습니다. 또 미술사 주요 사건을 재연하는 역할극 수업도 했습니다. 학생들이 직접 AI 도구를 활용해 작품 시나리오를 만들고, 미술가 역할을 맡아 연기했습니다.

이렇게 다양한 수업 방식을 적용하자, 학생들의 반응이 달라졌습니다.

"예전엔 미술 시간이 지겨웠는데, 메타버스 수업은 정말 재밌어요."
"게임하듯 배우니 어렵지 않고 시간 가는 줄도 몰랐어요."
"직접 연기를 해 보니 예술가의 마음을 조금은 이해할 수 있을 것 같아요."

학생들의 생기 있는 모습을 볼 때면 제 가슴이 벅차오릅니다. 우리는 미술사 수업을 통해 단순 암기가 아닌, 예술 작품이 간직한 아름다움과 가치를 체험하고 있었습니다.

이제는 학생 스스로 궁금해하며 배우는 수업이 이뤄지고 있습니다. 지금부터 소개하는 저의 미술사 수업 이야기를 통해 미술사 수업이 지식 암기를 넘어 창의성과 감수성을 기르는 의미 있는 시간이 되길 기대해 봅니다.

## 구글맵을 활용한 미술사 여행

 2004년 여름, 제게는 잊을 수 없는 여행이 있었습니다. 아테네 올림픽이 열리던 때라 일부러 유럽 답사 일정을 잡았죠. 터키의 한 작은 도시에서 소피아 성당을 만났을 때, 제 가슴은 벅차오르는 설렘으로 가득했습니다. 그동안 성당 사진 몇 장으로만 가르치던 비잔틴 건축의 진수를 실제로 눈앞에서 본 것입니다.

 경이로운 감동 그다음에 찾아온 것은 자기반성이었습니다.

 '미술사 수업 시간, 학생들에게 작품 작가와 양식 이름만 주야장천 외우라고 했던 건 아닐까?'

 '그저 고작 사진 한 장으로 예술의 의미를 설명할 수 있었을까?'

 그때의 경험은 제 수업 방식에 대한 반성의 기회가 되었습니다.

 다행히 요즘은 구글맵과 같은 기술 덕분에 시공간의 제약 없이 다양한 작품을 감상할 수 있습니다. 책에서만 보던 작품을 360° VR 기능으로 실제 현장에 있는 것처럼 생생한 경험을 할 수 있게 된 것이죠.

 저는 이 기술을 활용해 〈구글맵 미술사 여행〉을 해 보기로 했습니다. 먼저 모둠별로 여행 주제를 선정하게 했습니다. 예를 들면 '한국 미술 문화 여행' 같은 식입니다. 그리고 구글맵의 '내 지도 만들기' 기능으로 여행 지도를 만든 후, 학생들에게 공유했습니다.

지도에 문화재 설명을 등록하는 장면

학생들은 저마다 이 지도에 접속한 다음, 가고 싶은 미술 문화 유적들을 찾아 위치를 표시한 뒤 설명과 사진을 곁들였습니다. 서로 고민하며 협력하는 모습이 참 인상적이었지요.

완성된 지도에서는 구글맵의 스트리트 뷰 기능을 활용해 작품들을 360° VR로 감상할 수 있었습니다. 마치 현장에 있는 것 같은 실감 나는 경험에 학생들 모두 탄성을 질렀습니다.

"와, 저 지금 진짜 여행 중이에요!"

"현장에서 직접 보는 것 같아요."

"기회가 되면 꼭 가 보고 싶어요."

학생들의 반응을 보며 저 또한 벅찬 감동을 받았습니다. 구글맵 한 번 클릭으로 세계 곳곳의 문화유산들을 둘러보며 문화의 숨결을 느낄 수

미술 문화재를 360° VR로 살펴보는 장면

있었으니 말입니다. 작품 하나하나에 얽힌 이야기를 듣고 있노라면, 단순한 미술사 수업을 넘어 역사 기행에 나선 듯한 생생한 기분이 들었습니다.

정보 기술의 이런 혜택 덕분에 미술 교육의 지평이 넓어졌습니다. 그림과 설명만으로는 한계가 있던 과거와 달리, 학생들은 생동감 있는 경험으로 예술 세계에 풍덩 빠져들 수 있게 되었습니다. 첨단 기술과 교육이 만나 더욱 알찬 배움의 시간이 시작된 것입니다.

## 노래로 익히는 미술사

"레오나르도 다빈치, 모나리자 그렸지."

화창한 오후, 복도를 지나가던 중 이런 노랫소리가 들렸습니다. 미술실에서 흘러나오는 학생들의 즐거운 합창 소리였습니다. 문을 열고 들어가 보니 학생들 모두 신바람 나게 노래를 부르며 작품 사진들을 보고 있었습니다.

"노래 부르며 공부하니 너무 재밌어요."

"드디어 작품 이름들을 다 외웠어요."

학생들의 활기찬 모습에서 저는 어릴 적 가요나 창작 동요를 부르던 순수한 기쁨을 느꼈습니다. 바로 제가 고안한 〈미술사 노래 만들기〉 수업 때문이었죠.

사실 작품명과 작가를 외우는 일은 미술사 수업에서 가장 힘든 관문입니다. 학생들이 암기하기 힘들어하는 모습을 지켜보며 저 역시 안타까움을 느꼈죠. 그런데 영화 〈기생충〉에서 '제시카 송'을 부르는 장면을 보고 무릎을 탁 쳤습니다. 가사를 바꾸면 미술사 지식도 쉽게 노래로 익힐 수 있겠다는 생각이 들었거든요.

학생들에게 가사 활동지를 나눠 주고, 노래 '한국을 빛낸 100명의 위인들'의 가락에 맞춰 미술사 노랫말을 만들게 했습니다.

노랫말 개사를 위한 활동지

"선생님, 노래 가사를 바꾸는 게 쉬울 줄 알았는데……."

"시대의 특징을 요약해서 가사를 쓰려고 하니 너무 힘들어요."

"그래도 이렇게 가사를 바꾸다 보니 배운 내용이 잘 정리되는 것 같아 좋아요."

학생들은 서로 자기가 쓴 것을 보여 주며 웃었습니다. 하지만 이내 가사를 잘 적어 나가지 못하는 친구들도 하나둘 보이기 시작했습니다. 막상 가사를 쓰려고 하니 시대를 대표하는 문화적 특징과 작품들을 연결해 함축적으로 표현하는 것이 그리 쉽지 않음을 깨달은 것이죠. 이런 학생들에게는 연대표를 참고해 보라고 권유했습니다. 종종 투덜거리다가도 노래 가사를 적다 보니 그동안 배운 내용이 다시 떠올라 정리가 잘 되었다고 하네요.

노래 가사를 다 적은 학생들은 자신이 만든 노랫말에 어울리는 작품 사진과 이미지로 뮤직비디오를 편집하라고 했습니다.

시중에 나와 있는 동영상 편집 프로그램 중 초보자들이 무료로 간단하고 빠르게 편집할 수 있는 것을 찾아보니 클립챔프(Clipchamp), 캡컷(CapCut), 오픈샷(Openshot), 아비데먹스(Avidemux), 윅스(Wix) 등이 있었습니다. 동영상 편집 프로그램을 다룰 줄 아는 학생들은 자신이 원하는 프로그램을 자유롭게 선택하여 편집하라고 했죠.

동영상 편집 프로그램을 잘 다루는 학생들은 거리낌 없이 작업을 이어 나갔습니다. 프로그램을 실행한 후 먼저 노래 음원 파일을 라이브러리에 추가하고 오디오 트랙에 옮겨 놓더군요. 음원을 오디오 트랙에 배치하고 나서는 텍스트 도구를 클릭하여 음악에 맞게 자신이 만든 노랫말 가사를 자막으로 입력하기 시작했습니다. 작업을 하면서 수시로 음악과 자막이 맞는지 확인하며 진지하게 작업하는 모습이 마치 뮤직비디오 감독 같았습니다. 노래와 가사의 시간이 잘 맞지 않아 힘들어하는 친구가 있으면 시간대를 알려 주면서 서로 문제를 해결해 나가기도 했습니다. 협력하는 모습이 정말 아름다웠습니다.

영상 편집 프로그램에 익숙하지 않은 친구들에게는 어떤 방법을 가르쳐 주어야 할까요? 이럴 땐 파워포인트를 활용해서 영상을 편집할 수 있도록 템플릿 파일을 만들어 제공해 주기도 했습니다. 미리 만들어진 슬라이드에 자기가 쓴 노래 가사로 바꾸어 입력하고, 슬라이드의 배경 화면 이미지를 가사에 맞는 이미지로 교체만 하면 되기 때문에 프로그램을 잘 다루지 못하는 학생들도 쉽게 작업할 수 있었습니다.

학생들은 작업을 시작하면서 금세 절로 흥얼거리며 입으로 노랫말을 되풀이했습니다. 자막에 맞는 작품 사진을 찾아 넣으며 동영상을 꾸몄죠. 어떤 학생은 시키지도 않았는데 자신의 목소리로 직접 노래를 불러 영상을 제작하는 적극적인 모습을 보이기도 했습니다. 그렇게 재미와 함께 자연스레 미술사 지식을 익혀 나갔습니다.

완성된 영상을 보며 학생들은 벅찬 자부심을 느꼈나 봅니다. 일부 학부모님은 이렇게 스스로 배우는 모습을 오랜만에 보게 되었다며, 감사를 표했습니다.

제 입가에도 미소가 저절로 번졌습니다. 학생들이 저마다의 창의력으로 예술을 노래하고, 그 과정에서 지식까지 머리에 쏙 들어가게 된 것을

파워포인트로 제작한 뮤직비디오 템플릿 프레젠테이션

미술사 노래 뮤직비디오
(학생 작품)

QR 코드를 찍으면 학생 작품을 확인할 수 있습니다.

보면서 말이죠. 이렇게 수업의 묘미를 느끼니 교사로서 큰 보람을 느낄 수 있었습니다.

  앞으로도 계속 이런 활기차고 창의적인 수업 방식을 고민해 나가려 합니다. 암기가 아닌 체험으로 미술사를 배우며, 학생들 스스로 예술의 길을 열어 갈 수 있기를 바라고 있습니다.

## 기억력을 높이는 미술사 메모리 카드

"다빈치가 그린 작품이 뭐더라?"

"레오나르도 다빈치! 모나리자였죠?"

교실에 미술 작품 이름과 화가들의 이름이 툭툭 튀어나오더니, 어느새 책상 위 카드가 조용히 사라지고 있었습니다. 학생들은 메모리 카드 게임에 푹 빠져들고 있었습니다.

사실 작품명과 작가를 외우는 일은 미술사 수업에서 늘 큰 고민거리였습니다. 암기에 대한 부담감 때문에 흥미가 꺾이는 학생들이 많았거든요. 그래서 고민 끝에 카드 게임을 도입해 보기로 했습니다.

처음에는 손으로 직접 카드 세트를 만들었습니다. 한 쌍은 작품명, 한 쌍은 사진으로 구성했죠. 모둠별로 카드를 나눠 주고 책상에 카드가 보이지 않도록 뒤집어 놓게 한 다음 게임 규칙을 설명했습니다.

[규칙]
① 카드는 한 번에 2장씩 뒤집는다.
② 카드를 뒤집어서 서로 짝이 맞으면 가져가고, 틀리면 다시 그 자리에 놓는다.

학생들은 친구가 잘못 뒤집은 카드를 기억하며, 서로 카드를 많이 모으기 위해 집중하는 모습을 보이기 시작했습니다. 그렇게 카드를 모아 가며

모둠별로 미술사 메모리 카드 게임을 하는 장면    미술사 메모리 카드 게임 학생 소감문

미술사 메모리 카드 게임 활동지

즐겁게 게임을 하는 학생들의 모습을 지켜보니 뿌듯했습니다.

카드 게임이 끝나면 자신이 가져온 카드를 친구들에게 설명하고 같이 활동지에 기록하게 했습니다. 그리고 다른 모둠과 카드를 바꾸어 게임을 계속 진행하게 했지요. 모든 게임이 끝나고 나면 활동지에 활동 소감을 작성해 보도록 했습니다.

"서로 자기가 가져간 카드를 설명하며 작품 소개하다 보니 암기도 되고 재밌었어요."

"예술 작품 한 장 한 장이 제 머릿속에 박히는 것 같아요."

메모리 게임은 학생들의 기억력 향상은 물론 작품과 작가 이름을 기억하는 데 큰 도움이 되었습니다. 학생들이 게임을 하며 즐겁게 학습하는 모습을 보면서 게임 환경을 더 넓혀야겠다는 생각이 들었습니다.

그래서 '루미(Lumi: https://app.lumi.education H5P 문서 기반으로 다양한 퍼즐과 게임을 무료로 만들 수 있는 플랫폼이다. 자세한 사용법은 해당 웹사이트에서 제공하는 도움말과 예제를 참고하면 된다.)'라는 웹 애플리케이션을 이용해 디지털 메모리 카드 게임을 만들어 보았습니다. 그 덕분에 학생들이 컴퓨터나 스마트폰을 이용해 언제 어디서나 손쉽게 게임을 할 수 있게 되었죠. 인도 미술사, 중국 미술사, 한국 미술사 등 다양한 주제의 카드 게임을 만들어 주니 학생들의 반응이 뜨거웠습니다.

"세계 미술관 투어 중이에요!"

인도 미술사 메모리 카드 게임 화면

"작품을 눈으로 익히다 보니 궁금한 점도 생기네요."

활기차게 질문을 던지며 게임을 하는 학생들의 모습에서 저는 자부심을 느꼈습니다. 메모리 게임이라는 재미있는 방식을 통해 지식도 자연스레 머릿속에 쌓여 갔기 때문입니다.

앞으로도 계속해서 다양한 활동으로 미술사 수업을 이어 나갈 계획입니다. 암기와 공부의 고충을 깨부수어, 지식이 저절로 쌓이는 수업이 되도록 말이지요. 모두가 즐겁게 배우며 기억할 수 있는 시간이 되길 바라고 있습니다.

# 메타버스로 <예술가의 방> 만들기

코로나19로 온라인 수업이 불가피해지면서 나는 메타버스라는 신기술을 활용해 <예술가의 방>을 만들어 보기로 마음먹었습니다.

<예술가의 방> 만들기 수업은 자신이 좋아하는 예술가를 선정해 작가의 생애와 작품 세계를 알아보고, 자신이 상상하는 예술가의 방을 창의적으로 꾸며 보는 활동입니다. 예술가에 대한 이해를 높이기 위함이 목적이었지요.

코로나19 이전에도 <예술가의 방> 꾸미기 수업을 진행한 적이 있습니다. 그때는 미술실에서 우드록을 비롯한 여러 가지 재료를 이용해 직접 만들어 보게 했습니다. 학생들의 만족도는 비교적 높았으나 쓰레기가 많이 배출되는 문제점이 있었습니다.

메타버스 공간에서 <예술가의 방>을 꾸미는 활동은 환경 문제를 단번에 해결해 주었습니다. 쓰레기가 나올까 걱정할 필요도 없을 뿐만 아니라, 학생들이 상상하는 것을 자유롭게 표현하고 서로 소통까지 할 수 있었으니 말입니다.

메타버스는 3차원 가상 공간에서 아바타로 활동할 수 있는 신개념 플랫폼입니다. 시중에 나와 있는 3D 기반의 메타버스 플랫폼으로 아트스텝스(Artsteps), 모질라 허브(Mozilla Hub), 스페이셜(Spatial) 등 여러 가지가 있습니다. 화려한 그래픽으로 눈길을 사로잡기는 했지만, 대부분 몇 개의 정해진 템플릿 공간 속에서 사용자가 사진과 같은 오브제를 배치하는 단순한 형식의 기능을 제공한다는 점이 아쉬웠습니다. 공간의 구조를 사용자가 원하는 대로 변경하려면 3D 모델링에 관한 전문적인 지식이 있어야 가능하다는 것이 단점이었습니다.

"손쉽게 사용할 수 있으면서도 공간을 창의적으로 꾸밀 수 있는 플랫폼은 없을까?"

그러다 우연히 '스팟(https://spotvirtual.com/)'이라는 플랫폼을 알게 되었습니다. 그래픽은 다소 단순해 보였지만 초보자도 공간 구조를 비교적 쉽게 바꿀 수 있고, 다양한 오브제로 공간을 꾸밀 수 있었습니다. 학생들이 예술가의 방을 창의적으로 꾸미는 데 안성맞춤이라는 생각이 들어 이 플랫폼을 수업에 활용하기로 했습니다.

수업을 준비하기 위해 먼저 스팟 홈페이지에 접속해 교사 계정을 만들었습니다. 학생들도 각자 자신의 스팟 계정을 만들고, 저를 관리자로 초대하게 했죠. 그래야 제가 학생들 공간을 자유롭게 들락거리며 학생들의 활동 상황을 점검하고 피드백을 줄 수 있거든요.

학생들에게 스팟의 기본 사용법을 설명해 주고 프로그램 다루는 법을 익히도록 했습니다. 프로그램 사용에 익숙하지 않은 학생들을 위해 설명 영상을 제작해 유튜브에도 올려 주었습니다.

지금도 유튜브 검색창에서 '스팟 사용법'을 검색해 보면 '에듀아트 TV' 채널에서 제가 탑

'스팟 사용법' 유튜브

아를의 노란 집을 참고해서
만든 '고흐의 방' (학생 작품)

초현실주의 오브제로 꾸민
'마그리트의 방' (학생 작품)

재해 놓은 영상을 확인할 수 있습니다.

 스팟에 대한 기본적인 사용법을 익힌 학생들은 본격적으로 작업에 들어갔습니다. 각자 좋아하는 예술가 한 명을 정해서 그 화가의 작품 세계와 개성이 잘 드러나도록 메타버스 공간에 방을 꾸미기 시작했습니다.

 처음에는 어떻게 해야 할지 몰라 힘들어하는 학생들도 있었으나 시간이 갈수록 점점 메타버스에서 공간 구성하는 재미를 알아 갔습니다. 친구에게 서로 물어보고, 그래도 모르면 제 도움을 받으며 작업이 꾸준히 진행되었죠.

 완성된 방들을 둘러보니 개성 가득한 아름답고 창의적인 결과물들이 펼쳐져 있어서 깜짝 놀랐습니다.

다음 단계는 친구들을 초대해서 공간들을 구경하고 소통하는 시간이었습니다. 학생들은 서로의 방 주소를 공유하고, 실제로 아바타를 움직여 방문했습니다. 그리고 작품 해설을 하며 대화를 나누었죠. 온라인이지만 실제 전시관을 방불케 하는 생동감 넘치는 분위기였습니다.

마지막으로 학생들은 이 활동 경험을 정리하여 보고서를 작성해 제출했습니다.

메타버스는 아직 미완의 기술이지만, 이처럼 교육 현장에 새로운 활력을 불어넣어 줄 수 있다는 것을 실감했습니다. 기술 발전에 발맞춰 학생들에게 새로운 배움의 기회를 열어 준 것 같아 뿌듯합니다.

Book Creator를 이용해 작성한 학생 활동 보고서

# 방 탈출 게임을 활용한 온라인 미술사 박물관

메모리 카드 게임 수업을 통해 얻은 GBL의 효과와 메타버스라는 가상 세계 기술을 이용한 수업 경험을 바탕으로 자신감을 얻은 저는, 직접 메타버스 공간에 미술사 박물관을 만들어 메타버스 게임 기반 수업으로 확대해 보고 싶다는 생각이 들었습니다.

메타버스 미술사 박물관을 만들기 위한 플랫폼을 찾아보다 '코스페이시스 에듀(Cospaces Edu)'라는 플랫폼을 알게 되었습니다.

'코스페이시스 에듀'는 플랫폼 자체 라이브러리에서 다양한 캐릭터와 오브제를 제공하고 있어 초보자도 비교적 쉽게 건물이나 지형 등을 만들 수 있고, 블록 기반 코딩을 활용해 게임까지 제작할 수 있었습니다.

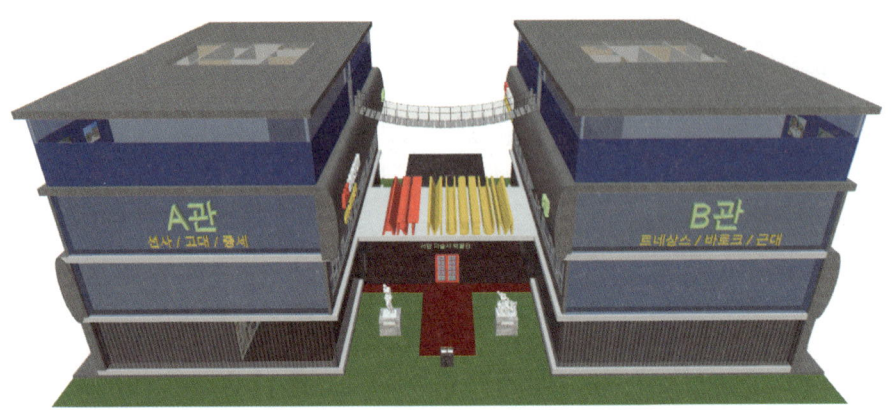

미술사 박물관 전경

그야말로 미술사 박물관을 만들기에 딱 적합한 플랫폼이었죠.

플랫폼 사용법을 어느 정도 익힌 후 제가 구상했던 실제 박물관과 같은 가상의 미술관을 만들어 보았습니다.

서양 미술사 박물관은 크게 3개의 건물로 이루어져 있습니다. 가운데 중앙 현관 입구에는 3D로 제작된 '밀로의 비너스'와 '라오콘 군상' 조각상이 현관 좌우에 설치되어 있으며, 작품의 제목 표지판을 클릭하면 작품 설명을 확인할 수 있습니다.

현관문을 클릭하여 안으로 들어가면 박물관 안내원이 전시 관람 방법에 관해 설명하고 있으며, 영상관 안으로 들어가 TV 영상 플레이 버튼을 누르면 서양 미술의 전반적인 흐름을 간단하게 이해할 수 있도록 동영상을 설치해 놓았습니다. 또 히스토리 퍼즐 패널을 클릭하면 H5P로 제작된 미술사 연대표, 회화의 역사, 조각의 역사, 건축의 역사 등 4종의 퍼즐 게임을 즐길 수 있습니다.

작품을 관람할 수 있는 전시관은 A관에 10개, B관에 8개 등 총 18개로 구성했습니다. A관에서는 선사관, 메소포타미아관, 이집트관, 에게관, 그리스관, 로마관, 초기 기독교관, 비잔틴관, 로마네스크관, 고딕관을 관람할 수 있으며, B관에서는 초기 르네상스관, 전성기 르네상스관, 북유럽 르네상스관, 매너리즘관, 바로크관, 로코코관, 근대 미술 1관, 근대 미술 2관을 관람할 수 있습니다.

각 건물의 4층에는 'OX 퀴즈 미로 탈출' 게임장을 만들어 미로 탈출에 성공하면 구름다리를 통해 A관에서 B관으로 건너갈 수 있습니다.

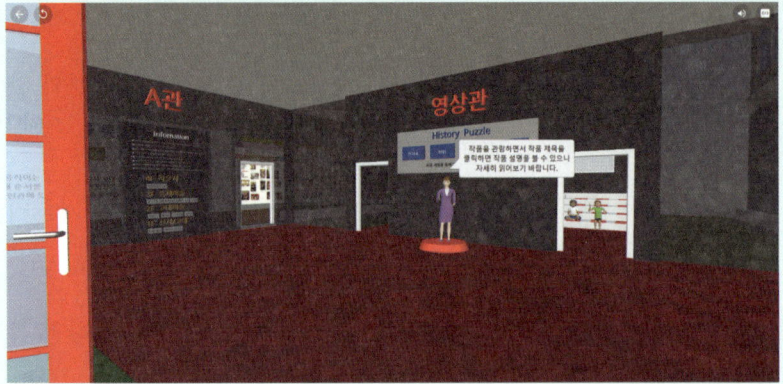

중앙현관 로비

영상관 내부의 모습

회화의 역사 퍼즐 게임

전시관은 A관 입구에 설치된 '시대의 벽' 게임을 통과해야만 입장이 가능합니다. 20초 이내에 앞으로 움직이는 시대의 벽을 시대 순서에 맞게 클릭하면 벽이 사라지는 게임이지요. 벽을 잘못 누르거나 시간이 초과하면 처음부터 다시 시작해야 합니다. 전시관 입장을 위해 게임을 반복적으로 하다 보면 저절로 시대 순서를 외울 수 있도록 한 것입니다.

실제 박물관과 비슷한 환경을 메타버스에 구현하는 것만으로도 학생들의 호기심과 흥미를 충분히 이끌어 낼 수 있을 듯했습니다. 하지만 저는 거기에서 그치지 않고 다양한 게임 요소도 추가했습니다. 가장 중점을 둔 것이 바로 '방 탈출 게임'이었습니다.

전시관 관람을 마치고 나가려면 출입문이 잠겨 있어 퀴즈를 풀어야만 탈출할 수 있도록 설계했습니다. 퀴즈 문제는 모두 전시된 작품 내용과 관련된 것들이었고, 문제를 풀 때마다 더 자세한 작품 설명이 제공됩니다. 문제를 틀리면 처음부터 다시 문제를 풀어야 하기에 학생들은 어쩔

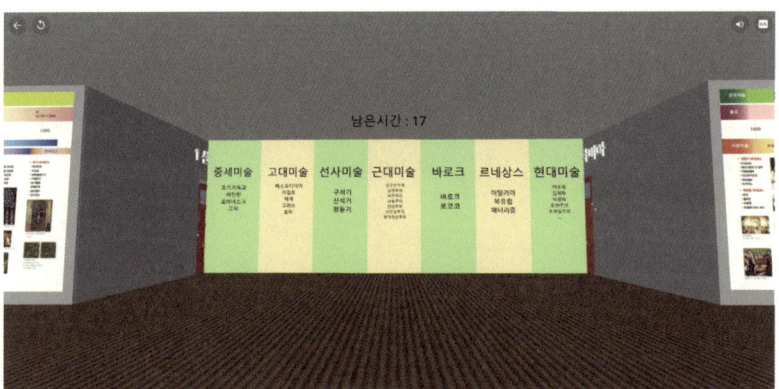

'시대의 벽' 통과 게임

작품 설명 창

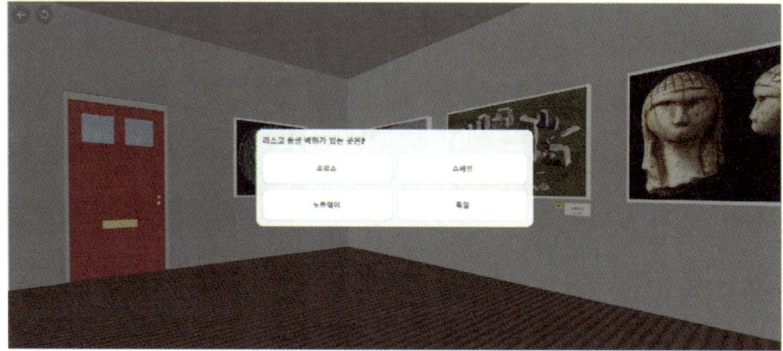

'방 탈출 퀴즈' 게임

수 없이 작품 내용을 꼼꼼히 살펴봐야만 합니다. 이렇게 반복 학습이 이루어지면서 자연스레 암기되는 원리이지요.

드디어 미술사 수업 시간이 되어 메타버스 박물관을 학생들에게 소개했습니다. 처음에는 어리둥절해하기도 했지만, 학생들은 호기심을 갖고 금세 메타버스 세계에 푹 빠져들었습니다. 자신이 직접 메타버스 공간을 이동해 가며 박물관을 탐험한다는 것 자체가 학생들의 흥미를 크게 자극한 것 같았습니다.

방 탈출 게임이 진행되면서 학생들은 열중하는 모습을 보였습니다. 틀린 문제를 반복하며 작품 설명을 다시 보고, 서서히 내용을 익혀 나갔지요. 전시관을 모두 관람하고 나면 작품 하나하나를 기억하고 있을 만큼 게임에 푹 빠졌습니다.

"선생님, 방 탈출 퀴즈 게임 너무 재미있어요!"
"처음엔 너무 자주 틀려서 짜증이 났는데 틀린 퀴즈의 작품 설명을 다시 보면서 게임을 했더니 어느새 알고 있더라고요."

메타버스 게임 활용 수업은 기대 이상으로 성과가 있었습니다. 학생들이 스스로 체험하고 배우는 과정에서 높은 흥미와 자기 주도성을 발휘한 것입니다. 메타버스라는 새로운 기술 덕분에 고전적인 암기 방식에서 벗어나 재미있게 학습할 수 있었습니다.

이번 수업을 통해 저는 많은 것을 배웠습니다. 새로운 기술과 트렌드를 교육에 적절히 활용한다면 학생들의 흥미와 몰입도를 크게 높일 수 있다는 것을 알게 되었지요. 수업 내용과 방식에 변화를 주면서도, 여전히 효과적인 학습이 이뤄지도록 해야겠다는 각오도 새롭게 다졌습니다.

학생들 모두가 메타버스 박물관 관람 소감을 작성했는데, 대다수가 매우 만족스러웠다고 했습니다. 배움의 즐거움을 발견했다는 학생들의 말에 저 또한 기분이 좋았죠. 앞으로도 이런 식의 메타버스 활용 체험형 수업을 지속해 나갈 생각입니다.

　기술 발전 덕분에 교육 현장에서도 새로운 변화의 바람이 불고 있습니다. 메타버스라는 혁신적 기술을 교실에 잘 융합시켜 학생들에게 보다 효과적이고 흥미로운 배움의 기회를 제공하는 것, 그것이 오늘날 교사들이 가져야 할 새로운 시각이라고 봅니다.

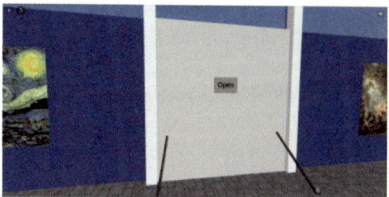

학습 커뮤니티에 제출한 학생 소감문

## 역할극으로 배우는 미술사

"얘들아, 팝아트 하면 생각나는 화가에는 누가 있지?"

"앤디 워홀이요."

"오, 잘 알고 있구나."

"그럼 팝아트는 어떻게 유행하게 되었을까?"

"……."

학생들은 그동안 미술사 공부를 해 온 터라 화가의 이름이나 미술 사조의 명칭에 대해서는 비교적 잘 알고 있었지만, 정작 새로운 미술 양식이 어떻게 등장하게 되었는지 그 배경에 대해서는 잘 몰랐습니다.

"학생들이 새로운 미술이 나타나게 된 배경을 시대적, 역사적, 사회 문화적으로 연결 지어 쉽고 재미있게 이해하려면 어떤 방법이 좋을까?"

그러던 중 문득 제 머릿속에 '역할극'이라는 생각이 스쳐 지나갔습니다.

학생들이 직접 시대 상황에 맞는 예술가가 되어 연기해 본다면 작품 세계를 쉽고 재미있게 이해할 수 있을 듯했습니다. 그래서 역할극을 활용한 미술사 수업을 꾸며 보기로 마음먹었습니다.

"그런데 학생들이 역할극 대본을 쉽게 쓸 수 있을까?"

"짧은 미술 수업 시간 안에 시나리오 작성 방법을 어떻게 알려 주지?"

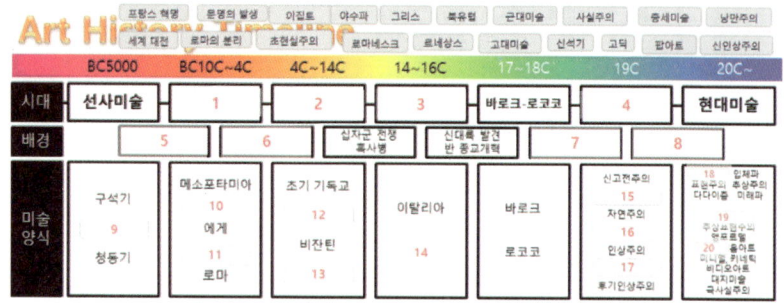

서양 미술사 연대표 퍼즐 e-활동지(https://app.lumi.education/run/bsHJ1C)

역할극 대본 작성의 어려움이란 걸림돌이 수업을 가로막았습니다. 새로운 미술 사조가 탄생한 역사적 배경을 바탕으로 인물들의 대사와 사건 전개를 구성하기란 너무나 만만치 않은 작업이었죠. 자칫 글쓰기 수업만으로 끝날 수도 있고 말입니다.

그런데 최근 인공 지능 기술의 비약적 발전으로 생성형 AI 도구를 활용할 수 있다는 사실을 알게 되었습니다. 조건만 잘 제시하면 적절한 시나리오를 능숙하게 구성해 낸다고 하니, 이걸 활용해 보기로 했습니다.

먼저 학생들이 서양 미술사의 전체적인 흐름을 파악할 수 있도록 했습니다. 제가 만든 미술사 연대표 퍼즐 게임을 통해 미술의 변천 과정을 연대기 순으로 살펴보았습니다.

그리고 역할극 활동에 대한 호기심을 유도하고 학생들의 자기 주도성을 높이기 위해 메타버스 공간에서 스스로 모둠을 구성하도록 했습니다. 학생들은 메타버스 교실에 접속해서 각자의 아바타로 친구들과 즐겁게 소통하며 모둠을 구성해 나가기 시작했습니다. 한 모둠에 너무 많은 사

메타버스 교실에 접속하여
활동하는 장면

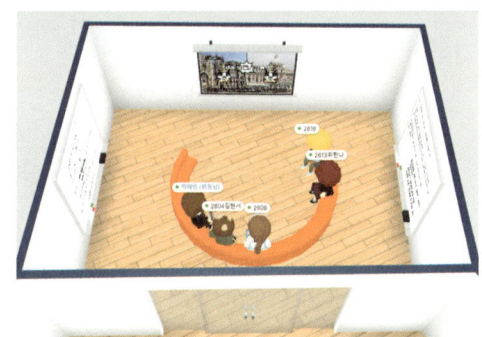

모둠별로 영상을 시청하는 장면

람이 모이면 가위바위보로 결정해서 인원을 나누더군요.

이어서 중세 시대에서 근·현대에 이르기까지 시대마다 미술에 영향을 미친 역사적 사건들이 무엇이었는지 알아보았습니다. 프랑스 혁명, 산업 혁명, 두 차례의 세계 대전 등 새로운 미술 문화가 등장하게 된 사회 문화적 배경에 주목했습니다.

메타버스 교실에서 모둠별로 역사적 사건에 관한 영상을 시청할 수 있도록 미리 준비해 두었습니다. 추첨을 통해 영상관을 배정받은 학생들이 친구들과 함께 영상관으로 이동하여 준비된 영상을 시청한 후 이야기를 나누었습니다.

"30년 전쟁이 북유럽 르네상스 미술과 관련이 있는 줄은 몰랐어요."
"프랑스 혁명이 신고전주의 미술을 탄생시켰다는 것을 이제 알겠어요."
"도미에 그림이 왜 암울하게 느껴졌는지 알 것 같아요."
"산업 혁명이 꼭 좋은 것만은 아니었네요."

이렇게 학생들은 영상을 시청하면서 새로 알게 된 내용을 서로 이야기하며 학습 게시판에 글을 남겼습니다.

미술사 역할극 수업을 성공적으로 이끌기 위해 저는 CBL(Challenge-Based Learning), 즉 도전 기반 학습 모형을 적용하기로 했습니다. CBL 수업 과정은 [참여 : Engage]-[조사 : Investigate]-[실행 : Act]의 3단계로 진행됩니다.

첫 번째 [참여] 단계는 학생들이 해결해야 할 대주제인 빅아이디어(The Big Idea)를 선정하고, 핵심 질문과 도전 과제를 도출하는 과정입니다. '미술사 역할극'에서 빅아이디어는 학생들이 시청한 역사적 사건으로 인해 새롭게 탄생한 '미술 양식'을 의미합니다.

그래서 저는 협업 기능을 제공하는 구글 문서를 이용해 모둠별로 활동지 서식을 나누어 주었습니다. 모둠원들과 토의를 통해 어떤 미술 양식을 대주제로 삼아 미술사 역할극을 할 것인지, 다음 예시와 같이 핵심 질문과 도전 과제를 작성하게 하였지요.

| | |
|---|---|
| 역사적 사건 | 프랑스 대혁명 |
| The Big Idea | 신고전주의 미술 |
| 핵심 질문 | '프랑스 대혁명'이라는 역사적 사건이 '신고전주의'라는 새로운 미술이 탄생하는 데 어떤 영향을 미치게 되었는지, 사회 문화적 맥락에서 이해하기 쉬운 미술사 역할극을 어떻게 만들 수 있을까? |
| 도전 과제 | 프랑스 혁명으로 인해 신고전주의 미술이 탄생하게 되는 과정을 보여 주는 미술사 역할극 대본을 만들어 연기하라! |

두 번째 [조사] 단계는 도전 과제를 해결하기 위해 구체적인 조사와 탐구를 진행하는 과정입니다. 조사 활동을 진행하기 위해서는 먼저, 핵심 질문을 아래의 예시와 같이 잘게 쪼개는 작업이 필요합니다.

| | |
|---|---|
| 핵심 질문 쪼개기 | ① 프랑스 대혁명의 원인은 무엇일까?<br>② 프랑스 대혁명 이후 사회 분위기는 어떻게 변했을까?<br>③ 신고전주의 미술 양식을 탄생시킨 화가들에는 누가 있을까?<br>④ 신고전주의를 대표하는 미술 작품의 공통점은 무엇일까?<br>⑤ 신고전주의 화가들은 작품 속에서 무엇을 표현하고자 했을까? |

이처럼 학생들은 핵심 질문을 잘게 쪼개서 유목화한 다음, 각 질문을 누가 조사하고 탐구할 것인지 정하고 난 뒤, 각자 주어진 질문을 탐구하기 시작했습니다.

그리고 탐구 결과를 바탕으로 역할극 대본은 누가 만들 것인지, 역할극 소품으로 사용할 가면은 누가 제작할 건지, 또 역할극 배경 화면 PPT는 누가 만들지 서로 역할을 분담하며 도전 과제 해결 방안을 찾아 나갔습니다.

역할극 수업 성공을 위한 여러 가지 도전 과제 중 가장 중요한 것은 무엇보다 역할극 대본 작성이라고 할 수 있습니다. 드디어 생성형 AI 도구를 이용한 역할극 대본 시나리오를 작성할 시간이 되었습니다.

먼저 자기 모둠에서 수행할 역할극의 대본을 얻기 위해 인공 지능에게 질문을 어떻게 하면 좋을지 이야기를 나누어 보도록 했습니다.

"신고전주의 미술사 역할극 대본을 만들어 줘."

처음에는 기대에 찬 눈빛으로 간단하게 질문을 시작했으나 자신들이 원하는 역할극 대본이 쉽게 만들어지지 않자 다소 실망하는 모습을 보이기 시작했습니다.

"얘들아, 이렇게 질문을 해 보면 어떨까? 인공 지능에 먼저 역할을 부여해 봐. 그리고 너희들의 무엇을 원하는지 질문을 좀 더 구체적으로 해 봐."

> 너는 지금부터 시나리오 작가가 되어 역할극 대본 작성을 도와줘야 해.
> 아래의 역사적 사건으로 인해 새로운 미술 양식이 발생하게 되는 과정을 보여 주는 5분짜리 짧은 역할극을 위한 대본을 작성하고 싶어.
> 아래의 조건에 맞게 역할극 시나리오를 작성해 줘.
> - 역사적 사건 : 산업 혁명
> - 미술 양식 : 사실주의
> - 등장인물 : 4명(이 중 1명은 쿠르베로 설정해 줘.)

AI가 역할극 대본을 순식간에 만들어 주었습니다. 이렇게 AI 덕분에 시나리오 대본 작성의 큰 걸림돌을 해결할 수 있었습니다.

그런데 인공 지능이 생성해 준 대본이 이상했는지, 학생들이 이런 질문을 던졌습니다.

"선생님, 산업 혁명의 결과로 모네가 도시 노동자들의 모습을 그렸다고 하는데, 이게 맞나요?"

"증기 기관차를 발명한 와트와 사실주의 화가 쿠르베가 동시대 인물인가요?"

"여러분, 인공 지능은 대본을 쉽게 만들어 주기도 하지만 역사적 사실과 맞지 않는 이야기를 그럴듯하게 꾸며서 거짓말을 하기도 해요. 그래서 반드시 대본의 내용이 역사적 사실과 맞는지, 오류가 없는지 확인해 봐야 합니다."

학생들은 이상한 부분이 없는지 대본을 다시 꼼꼼하게 살피며 이야기를 나누기 시작했습니다.

"야, 그러면 와트를 죽은 혼령으로 수정하면 어떨까?"

"그래, 그러면 동시대 인물이 아니더라도 될 것 같아."

이처럼 인공 지능이 만들어 준 대본에는 역사적 사실과 다른 내용들도 있어서 학생들이 내용을 꼼꼼히 확인하고 보완하는 작업이 필요했습니다. 잘못된 부분을 찾아 수정하기도 하고, 부족하다고 생각하는 부분은 자료 조사를 통해 내용을 추가하기도 했죠.

세 번째 [실행] 단계는 역할극을 준비하고 발표하는 과정입니다. 칠판이 있는 교실 앞쪽에 공간을 마련하고, 무대의 배경을 PPT 화면으로 띄워 놓은 다음, 화가 얼굴로 만든 가면으로 얼굴을 가린 상태에서 연기를 하도록 지시했습니다. 가면으로 얼굴을 가린 이유는 학생들이 좀 더

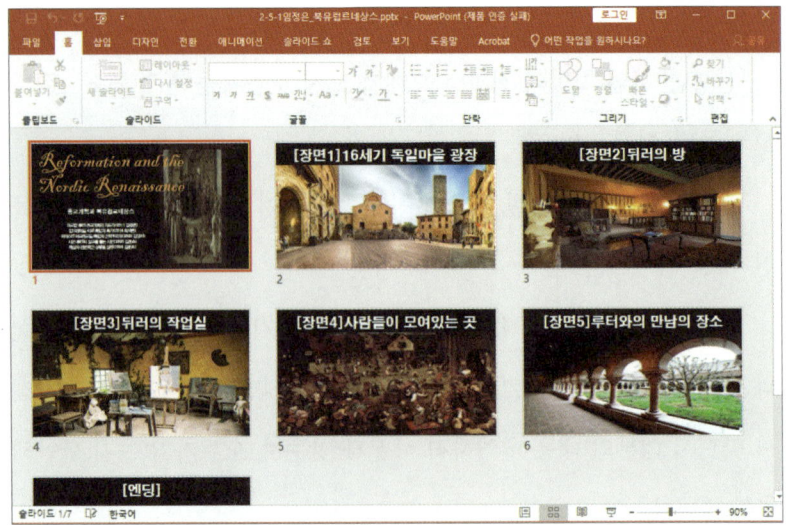

PPT로 제작한 무대 배경 화면 예시

자신감을 가지고 연기할 수 있겠다는 생각이 들었기 때문입니다. 그리고 자기가 연기할 화가의 얼굴로 가면을 만들다 보면 화가에 대해 더 깊이 알 수 있을 것 같았습니다.

등장인물 캐릭터 가면 제작 예시

드디어 발표 시간이 다가왔습니다.

책상을 모두 교실 뒤로 옮기고 칠판을 향해 의자를 반원형으로 배치하도록 했습니다. 발표 무대를 설치한 다음, 학생들을 모두 자리에 앉히고 발표 방법과 유의할 점을 설명했습니다.

① 발표 순서는 추첨을 통해서 정한다.
② 자기 순서가 되면 앞으로 나와 먼저 자기가 맡은 배역을 소개하고, 역할극 주제를 간단하게 설명한 후 연기를 시작한다.
③ 대사를 할 때는 관객들에게 목소리가 잘 전달될 수 있도록 평소보다 목소리를 크게 해서 말한다.
④ 제자리에서 움직이지 않고 대사를 읽듯이 연기하는 방법은 바람직하지 않다.
⑤ 연기할 때 행동이나 몸짓이 잘 보이도록 조금 더 과장된 제스처를 취해도 좋다.

발표가 시작되자 긴장해서인지 실수하는 학생들이 나오기 시작했습니다. 대사를 하다가 웃음을 참지 못한 학생도 있었고, 자기 대사를 잊어버려 가면 뒤에 적어 놓은 대사를 보고 읽는 학생도 있었습니다. 교실은 어느새 연기를 하는 학생이나, 이를 지켜보는 관객 모두 웃음바다를 이루며 즐거움을 만끽하고 있었습니다.

연습 시간이 충분하지 않아 즉석에서 바로 연기를 하는 모둠도 있었으나 수업 효과는 기대 이상이었습니다. 비록 서투른 연기였지만 실패를 통해 얻는 배움의 효과 또한 무시할 수 없었기 때문이죠. 재미있게 역할극을 펼치는 와중에 시대 상황과 미술 양식에 관한 지식들이 고스란히 전달되고 있었습니다.

역할극 발표를 마친 모둠에게 좋은 점은 칭찬해 주고 아쉬운 점은 더 잘할 수 있도록 격려해 주면서 발표를 계속 이어 나갔습니다.

　모든 모둠의 발표를 마치고 난 다음, 각자 자기가 연기한 캐릭터 가면으로 자기 얼굴의 일부분을 가린 채 셀카 사진을 찍고, 화가의 역을 연기하며 배우고 느낀 점을 보고서에 적어 보면서 성찰의 시간을 갖게 하였습니다.

　학생들이 작성한 보고서를 통해 학생들의 미술사에 대한 깊이 있는 이해와 해석을 엿볼 수 있었습니다. 그동안 암기만 하던 작가와 작품들에 생동감 넘치는 표정과 해석을 포함한 것입니다.

　살아 있는 미술사 수업, 그 현장에서 느낄 수 있었습니다. 생성형 AI의 도움으로 불가능해 보이던 역할극 수업을 재미있는 체험 학습으로 바꿀

■ **등장인물 사진** (캐릭터 가면을 들고 있는 셀카 사진을 첨부하고 인물 연기에 대한 소감을 기록)

| 캐릭터 명(배역) | 캐릭터 사진 | 인물을 연기하면서 느낀점 |
|---|---|---|
| 얀 반 에이크<br>(2216 정O희) | | 얀 반 에이크를 연기하면서 그 화가가 르네상스 시기를 살아가며 품었던 신념과 시대상을 반영한 작품 속 의미에 대해 더욱 깊이 있게 몰입할 수 있었다. 특히 얀 반 에이크의 작품인 아르놀피니 부부의 초상에 대한 내용을 직접 찾아보면서 종교적 주제에서 벗어나 더욱 다양한 소재로 그림을 그릴 수 있다는 시대적 변화를 효과적으로 담아낸 탁월한 그림이라는 생각을 하였다. 그 점에서 아르놀피니 부부의 초상화 속 소재들의 상징이 더욱 인상깊게 느껴졌고 내가 받은 인상을 연극에서 두드러지게 표현하기 위해 최선을 다했다. 그러한 노력의 과정이 기억에 남았고 직접 조사해보며 얀 반 에이크가 지금도 훌륭한 르네상스 화가로서 존경받는 이유를 알게 된 것 같아 뿌듯했다. |

학생 소감문

수 있었습니다. 학생들의 눈빛에서 인공 지능 시대 교육의 변화와 발전 가능성을 보았습니다. 세상은 변화하고, 교실도 변화합니다. 그 중심에 인공 지능 기술이 있다는 사실을 인지하고 미술 수업의 혁신을 위해 끝없는 노력이 필요해 보입니다.

머물고
소통하고
함께하는
학교 갤러리

## 김은주

현재 인천과학예술영재학교에서
미술 교사로 근무 중입니다.
예술이 삶을 의미 있고 풍요롭게 한다는
믿음을 바탕으로 미술 교육에 대해 고민하며,
학생들이 살고 있는 동시대 현대 미술의
다양한 메시지와 매체, 도구 활용, 표현 방법이
수업에 확장될 수 있도록 학교 갤러리를
활용한 미술 수업을 연구합니다.
다양한 예술가와
협업하는 창작 수업을 통해
학생들이 창작자뿐 아니라 예술 소비자로
성장하는 예술 수업에 대해 관심을 가지고
수업을 진행중입니다.
eunju25kr@hanmail.net

# 우리가 기억하는 예술가들(서양, 죽은, 남자)

> 내가 알고 있는 예술가의 이름을 나열해 보자. (모든 시대, 모든 문화권, 모든 성별 및 연령)

고등학교 1학년 첫 미술 시간, 저는 이렇게 질문을 던집니다. 이 질문 이외에 최근 1년간 미술관을 간 횟수, 미술은 누가 만들고 어디에 있는지 등 학생들의 미술에 대한 경험과 생각을 듣는 시간을 마련합니다. 미술 교사라면 대부분 수업 첫 만남 때 학생들이 미술에 대해 어떻게 생각하는지 확인하는 시간을 가질 것입니다. 저 역시 미술에 대한 흥미와 인식의 정도를 확인하는 과정을 위해 학생들에게 질문하고 미술에 대해 이야기해 보는 시간을 무엇보다 중요하게 생각하고 있습니다.

아래 내용은 학생들이 질문에 응답한 일부입니다. 전체 답변을 다 보

---

빈센트 반 고흐, 피카소, 레오나르도 다 빈치

앤디워홀, 키스해링, 박수근, 백남준, amazarashi, 히라노 코우타

미켈란젤로, 다빈치, 라파엘로, 반 고흐, 고갱, 모네, 르누아르, 드가, 세잔, 렘브란트, 밀레, 조르주 쇠라, 피카소, 뭉크, 몬드리안, 뒤샹, 워홀,

레오나르도 다빈치, 미켈란젤로, 라파엘로

고흐, 피카소, 다빈치

백남준, 피카소, 고갱, 고흐, 달리, 라파엘로, 미켈란젤로, 다빈치, 모네, 앤디 워홀, 몬드리안, 뒤샹, 뭉크, 보티첼리, 안견, 들라크루아, 김홍도

학생들의 답변

여 주진 못하지만 한 학년 80명 기준으로 비슷한 양상이 나타났습니다.

"얘들아? 너희가 알고 있는 작가들의 특징을 한번 찾아볼까?"
"대부분 외국 사람이에요."
"그래? 그리고 또 있니?"
"외국 사람 중에서도 남자예요."
"교과서에서 나온 작가들이에요."
"죽은 사람들이에요."

'죽은 사람들이에요.'라는 말에 다들 크게 웃었습니다. 그러나 학생들과 나눈 대화는 웃고 넘어갈 일만은 아니었습니다. 대부분 이미 세상에서 존재하지 않는 죽은 예술가이며 서양(유럽) 문화권이며 남성 예술가라는 점이 학생들이 지금 미술을 인식하는 한계점으로 보였습니다. 물론 그 와중에 일부 학생들은 박수근, 백남준, 안견, 김홍도 등 우리나라 예술가를 언급하거나 프리다 칼로나 신사임당을 말하기도 했습니다. 경험과 학습의 차이에서 학생들이 언급하는 예술가의 수는 차이가 있었습니다. 그러나 가장 눈여겨보았던 것은 동시대, 자신과 같은 시대를 살아가고 있는 작가에 대해 언급한 학생은 거의 없다는 사실입니다.

　1만 시간의 법칙, 또는 10년을 같은 일에 종사하면 전문가가 된다는 말이 있습니다. 21년 차에 접어든 필자이지만 미술 교사로서 가지는 전문성에 항상 의문이 듭니다. '내가 잘 가르치고 있는 것인가?', '미술은 어떤 것이고 어떻게 가르쳐야 하는 것인가?'라고 스스로 질문하는 시간이 오히려 신규 때보다 많아졌습니다.

오늘날 미술은 갈수록 내용적, 형식적으로 다양화되고 다변화되고 있습니다. 이론적 위계가 사라지며 학문과 장르의 구분도 모호해지고 있으며, 이제 틀 지어진 이미지가 아닌 '문화적' 패러다임으로 발전해 가고 있습니다. 최근에는 디지털 기반, AI 등 듣기만 해도 복잡하고 난해한 요소들로 인해 예술의 영역이 무한대로 확장되고 있으며, 인공 지능 예술이 나오면서 예술의 가치에 대한 논의가 더욱 활발히 진행되고 있습니다.

그러나 다양해지고 확장되어 가는 미술에 비해 학교 교육에서는 내용 면에서나 형식적인 면에서 시대와 동떨어진 교육을 한다는 비판을 받고 있습니다. 저 역시 애써 외면하려 하지만 그 비판의 중심에서 자유로울 수 없었습니다. 앞에서 확인한 것과 같이 대부분의 학생들은 이미 지나간 예술의 역사에 머물러 있으며, 그마저도 모르는 경우가 많습니다. 특히 동시대를 살아가는 예술가의 창작품을 만나기에는 기회나 조건이 여의치 않다는 것을 알고 있습니다.

과거 예술과 동시대 예술 중 어떠한 것이 더 중요하냐의 문제가 아닙니다. 필자는 치우쳐진 예술 교육의 시대성에 더 주목했습니다. 또한 동시대의 예술가가 자신의 시대를 어떻게 직시하고 있는지, 작품을 통해 어떻게 표현했는지 이해한다는 것은 같은 시대를 살아가고 있는 학생들이 자신의 삶을 이해하고 이를 예술로 표현할 수 있는 것이라고 판단했습니다. 또한 '무엇이 문제인가'에 집중하기보다는 '그럼 무엇을 해야 할까'에 집중하기로 했습니다. '어떻게 하면 결핍된 부분을 조금이나마 보충할 수 있을까'를 화두로 삼았습니다.

  2019년도 대학원을 마치고 학교로 돌아왔을 당시, 학교 이름 속 '예술'이라는 이름에 걸맞게 학교에 작은 전시장이 생겼습니다. 건물과 건물 사이의 통로(bridge)에 5개의 패널이 사선으로 놓여 있는 공간은 'BODA 갤러리'라는 어여쁜 이름도 가지고 있었습니다. 당시 학교는 개교한 지 얼마 안 되었고, 그 공간은 간간이 작품을 전시하는 공간으로 활용되었

다고 합니다. 그 공간에서 필자는 고민을 해결해 줄 실마리를 찾을 수 있었습니다.

학생들이 동시대의 작가와 작품을 만날 시간과 여유가 없다면 작가를 학교에 초대해 전시를 하면 어떨까?
전시하는 것에 그치지 말고 감상을 직접 교과 수업과 연계하면 어떨까?
감상에만 그치지 말고 전시 작품을 감상한 뒤, 전시 작가와 협업하여 학생들에게 예술가의 창작 과정을 경험하게 하는 건 어떨까?
나아가 창작 과정에서 나온 결과물을 작가들과 같이 협업 전시로 만들어 보면 어떨까?

학교 갤러리 전시와 전시를 활용한 미술 교육은 그렇게 시작하게 되었습니다.

# 머물기-바라보기

**슬로우 아트**

　미술 교사라면 당연하다고 생각할 것입니다. 원작을 만나는 것만큼 감상에서 중요한 것이 없다는 것을……. 미술 교사를 시작하고 5년~10년까지는 작품 감상을 위한 최소한의 방법으로 방학 기간에 감상 과제를 내곤 했습니다. 물론 학생들이 작품을 감상하고 나오는 시간이 화장실 다녀오는 시간보다 짧을 수 있다는 것을 모를 리 없었지요. 그래도 학생들이 작품을 직접 대면하는 경험을 갖게 하려고 궁여지책의 방법을 쓸 수밖에 없었습니다. 그마저도 중학교에서 고등학교로 온 후로는 입시에 쫓기는 학생들에게 미술 방학 과제를 낼 엄두조차 하지 못했습니다.

　학교의 작은 갤러리 공간은 이러한 문제점을 해결하는 첫 출발점이었습니다. 오가는 곳에 작품이 있으면, 학생들이 자연스럽게 관람하게 되지 않을까 하는 소박한 마음이었죠. 하지만 그 역시 너무 큰 바람이었습니다. 그래서 시작했습니다. '보지 않으면 보게 하라!' 그러나 보게 했더니 또 하나의 문제가 생기더군요.

　우리는 미술관이나 갤러리를 방문했을 때 작품 앞에서 얼마나 머물까요? 놀랍게도 미술관에서 관람객들이 한 작품을 감상하는 데에 걸리는 시간은 짧게는 0.2초, 평균적으로도 17초에 그친다고 합니다. 이건 학생들의 이야기가 아닙니다. 대부분의 관람객은 작품을 진득하니 보지 않습니다. 2001년 부부 교육학자인 제프리 스미스와 리사 스미스가 뉴욕의 메트로폴리탄 미술관에서 6점의 걸작을 대상으로 한 '관람객 감상 실태' 조사에 따르면, 작품 한 점당 감상 시간은 평균 17초였다고 합니다. SNS의 숏폼 영상조차 1분인데, 다양한 의미를 지닌 미술 작품을 그렇게 짧은 시간 동안 이해한다는 건 불가능하지 않을까요?

그래서 교과 활동에서 주안점으로 삼는 것은 오랫동안 볼 수 있는 환경을 조성하는 것이었습니다. 이를 위해 미술 교과 시간에 감상 활동을 넣고 직접 학생들을 갤러리로 데려갔습니다. 학생들이 오랜 시간 편하게 작품을 감상할 수 있도록 의자를 놓아두고 1시간 동안 작품을 마주하고 있도록 했습니다. 이것은 '슬로우 아트 운동'(Slow Art Movement)과 맥을 같이합니다.

슬로우 아트 운동은 미국의 컨설팅 회사 '크리에이티브 굿'(Creative Good)의 CEO 필 테리가 2008년 고안한 미술 감상 방법입니다. 테리는 뉴욕의 유태인 박물관에서 한스 호프만(1880~1966)과 잭슨 폴록(1912~1956)의 추상화 두 점을 몇 시간 동안 넋이 빠진 듯 보다가 이 운동을 생각해 냈다고 합니다. 미술 감상이 지닌 가치를 사람들이 충분히 느끼길 바라는 마음에서 2009년 뜻을 같이하는 16곳의 미술관과 함께 '슬로우 아트 데이'(Slow Art Day)를 공식적으로 출범시켰습니다. 매년 4월에 개최되며, 이 행사에 참여한 관람객들은 자원봉사자의 인솔 아래 다섯 점의 작품을 한 점당 10분 이상씩 모두 한 시간가량 감상합니다. 감상을 마친 관람객들은 점심을 함께하며 감상한 내용을 주고받는다고 합니다.

여기에서 중요한 점 중 하나가 미술관 쪽에서 사전에 작품에 대한 배경지식이나 정보를 전혀 주지 않는다는 것입니다. 작품의 어떠한 정보 없이 오직 일대일로 작품을 마주하여 자신의 감각으로만 작품을 느낍니다. 이러한 몰입을 통한 감상은 자신만의 시각과 관점을 바탕으로 한 주체적인 체험이며, 창의적인 해석과 연상으로 이어질 수 있습니다. 더불어 다른 감상자와의 토론은 영감과 아이디어로 확장되기도 합니다. 2023년까지 국제적으로 1,500개 이상의 박물관과 갤러리가 참여하였고, 우리나라에서는 2023년 백남준 아트 센터가 국내에서 유일하게 참여하고 있다고 합니다.

감상의 가치를 중시하고 몰입의 태도를 통해 주관적인 감상으로 이어지는 활동, 서로의 감상에 대한 이야기를 나누는 토론과 소통, 예술에 대한 관점을 넓히고 창의적인 아이디어를 확장할 수 있는 감상 활동은 미술 교사라면 학교의 감상 수업에서 학생들에게 마련해 주고 싶은 중요한 활동과 요소입니다. 슬로우 아트의 '느림의 미학', '느림의 예술'을 실천하기 위해 미술 교사는 무엇을 해야 할까요? 저는 학교 안에서 진득하니 한 작품을 바라보는 시간을 확보하는 것, 그에 따른 제반 장소를 갖추어 학생들에게 제공하는 것이 의미 있는 수업 방법의 하나라고 생각했습니다.

**수업 후 학생 일일장**

미술을 바라보는 시각이 생겼습니다. 예전에는 그림을 볼 때, '예쁘네' 하고 빠르게 보고 넘어갔더라면, 이제 작품 앞에서 오랫동안 생각하며 분석 및 감상하는 능력이 키워진 것 같습니다. 천천히 가는 법도 함께 배운 듯합니다. (강○○)

2023년 11월 민재영 작가 전시 <내일이 오기 전 Before Tomorrow Comes> 감상 수업 활동

### 감상 수업 계획하기

교사가 되기 전 필자가 작품을 마주하고 감상하는 행위는 극히 개인적인 경험이었습니다. 그러다 보니 교사가 되어 공식적으로 감상을 학생들에게 가르치면서, 감상이 가장 어려운 수업으로 느껴졌습니다. 직접적으로 작품을 마주하기도 힘들 뿐더러 어떻게 작품과 만나게 하는 것이 좋을지 잘 몰랐기 때문이었습니다. 그때 흔히 이런 말을 자주 하곤 했습니다.

"얘들아, 이 작품은 어떠니? 자유롭게 말해 보렴. 작품 감상은 보고 느낀 점을 자유롭게 이야기하는 거야."

틀린 말은 아닙니다. 저 역시 오랫동안 그렇게 이해했고 그런 마음으로 작품을 마주했으니까요. 자유롭게 말하는 것 이상도 이하도 아닌 해석을 주고받았지요. 그런데 미술은 정답이 없다는 점들이 오히려 감상에 부정적인 영향을 미치는 듯했습니다. 오랜 시간 '보는' 연습을 해 왔음에도 작품을 감상하는 것에 대해 스스로 되짚어 본 기억이 없었습니다.

제가 찾은 첫 번째 감상 방법은 미술 교육에서 제시하고 있는 펠드먼의 비평 4단계였습니다. 오랜 기간 감상 수업을 이러한 형식으로 진행했습니다. 그러나 미술적 가치와 비평을 염두에 둔 펠드먼의 비평 4단계는 학생들이 작품을 자유롭게 만나고 자신만의 해석을 하기에는 형식적 틀의 한계가 있었습니다.

우선은 서술 단계에서 작품의 객관적 진술이 나옵니다. 작가명, 제목, 제작 연도, 작품명과 외형적 설명을 씁니다. 그러나 객관적 진술 이전에 객관적으로 보기에 대한 불충분한 설명은 학생들에게 깊이 있는 보기를 유도하지 못했습니다. 분석 단계에서는 고전이나 근대까지의 예술을 분석하는 것에는 큰 어려움이 없으나 동시대 미술에서 기법, 양식, 조형 요소와 원리는 적용이 불가능한 경우가 많으며, 미술의 이론적 배경에 따라 분석 차이가 많이 났습니다.

해석하기는 작품의 숨은 의미와 작가가 말하려는 의도를 파악하는 것으로 다양한 정보를 통해 작품을 해석하는 단계입니다. 이때 정보를 얻는 것이 해석의 기반이 된다기보다는 오히려 해석을 한정 짓는 경우가 발생합니다. 그리고 미적 가치나 객관적 기준이라는 다소 전문적인 용어들이 학생들에게 감상을 더 어렵게 하는 부분이었습니다. 감상 활동을 통해 전문적인 비평가의 소양을 키우는 것도 중요하지만, 학생들에게 보는 즐거움과 더불어 작품에서 자신의 삶을 찾아보며 친근함을 느끼게 하고 싶었습니다.

다음에 제시하는 표에서 왼쪽은 펠드먼의 비평 4단계이고 오른쪽은 필자가 학생들에게 맞게 재구성한 감상의 단계입니다. 펠드먼의 비평에서 분석한 내용을 바탕으로 학생들이 좀 더 쉽게 접근할 수 있도록 설계하여 감상 수업에 적용해 보았습니다. 감상 단계에서 진행하는 여러 단계를, 작품을 감상하기 전 학생들에게 설명하고 이해할 수 있는 수업을 1~6차시 진행했습니다. 그중 관찰 수업에 대해 1~4차시 수업을 소개하고자 합니다.

| 펠드먼의 비평 4단계 | 재구성 |
|---|---|
| **서술** : 작가가 무엇을 만들고자 했는지에 대해 설명하는 단계입니다. 작품에서 직접적으로 볼 수 있는 외형적 요소를 체계적으로 묘사합니다.<br><br>⇩<br><br>**분석** : 작품의 원리에 대해 분석하는 단계입니다. 작품을 세밀히 관찰하여 기법과 양식, 조형 요소와 원리 등 세부 사항의 특징들을 분석합니다.<br><br>⇩ | **관찰하기** : 보는 것과 보이는 것<br>**관찰-설명** : 듣고-그리기<br>블라인드 컨투어 드로잉으로 관찰 훈련하기<br><br>⇩ |
| **해석** : 작품에 숨어 있는 의미와 작가가 말하려는 의도를 파악하는 단계입니다. 기술과 분석으로부터 얻은 정보를 통해 작품의 의미를 발견하고 해석합니다.<br><br>⇩ | **의미 해석하기** : 작품에 숨어 있는 의미와 작가가 말하려는 의도를 관찰을 토대로 생각해 보기<br><br>⇩<br><br>**맥락 이해하기** : 작가에 대한 사전 조사와 주변의 정보로 해석하기<br><br>⇩ |
| **평가** : 다양한 역사적, 미적 가치를 바탕으로 작품에 대해 평가하는 단계입니다. 작품의 질과 성과에 대해 판단합니다. | **경험과 연결하기** : 자신의 경험에 비추어 작품과 나의 연결고리 찾아 작품에 대해 해석하기<br><br>⇩<br><br>**평가하기** : 위의 단계를 토대로 종합적으로 평가하기<br><br>⇩<br><br>**질문하기**: 작가 혹은 작품의 궁금증 질문하기<br>※ 감상문의 제목 정하기 : 감상문의 전체 내용의 키워드를 이용해 제목 정하기 |

펠드먼의 비평 4단계와 학생들에게 맞게 재구성한 감상 수업 단계

## [보는 것과 보이는 것] 시선의 전환으로 관찰하기

"왓슨, 자네는 눈으로 보긴 해도 관찰을 하지 않아. 보는 것과 관찰하는 것은 전혀 다르지. 예를 들어 자네는 홀에서 이 방으로 올라오는 계단을 허구한 날 봤어."

"그랬지."

"몇 번이나?"

"음. 수백 번."

"그렇다면 계단이 몇 개지?"

"몇 개? 그거야 모르지."

"바로 그거야! 자네는 관찰을 하지 않았어. 하지만 눈으로 보긴 했지. 내 말의 요지는 바로 그거야. 난 계단이 17개라는 걸 알고 있어. 나는 눈으로 보면서 동시에 관찰을 하거든."

코난 도일의 추리 소설 『보헤미아의 스캔들』에서 탐정 셜록 홈스와 왓슨의 대화입니다. 셜록 홈스는 타의 추종을 불허하는 관찰력의 대가로, 보는 것과 관찰의 차이점를 잘 알고 이를 이용해 미스터리한 사건을 풀어 갑니다. 보는 것과 보이는 것은 전혀 다른 사고 작용입니다. 셜록 홈스의 일화가 아니라고 해도 『생각의 탄생』의 공동 저자 미셸 루트번스타인과 로버트 루트번스타인은 "모든 지식은 관찰에서부터 시작된다."고 언급하기도 했습니다.

작품 감상의 첫 출발에서 가장 중요한 부분은 보는 것과 보이는 것의

<보이지 않는 고릴라 실험> 동영상

차이에서 출발합니다. 감상 활동 시작 전 학생들에게 어떻게 보아야 하는지 인식시키고 주의 깊게 관찰하는 것을 연습시킬 방법을 찾기로 합니다.

학생들에게 동영상 한 편을 보여 주었습니다.

"자, 이제부터 동영상 속 흰색 셔츠 팀의 패스 횟수를 세어 봐요. …… 패스를 몇 번 했을까요?"

"12번요."

"16번요."

"맞아요! 16번."

"혹시 영상 중간에 이상한 걸 본 사람 있나요?"

"고릴라를 봤어요."

"고릴라 복장을 한 사람이 가슴을 치고 지나갔어요."

"난 못 봤는데?"

"저도 못 봤어요."

놀랍게도 3분의 1의 학생 혹은 학생 절반 정도는 고릴라를 보지 못했다고 말했습니다. 오히려 고릴라가 등장하지 않았다고 우기기까지 했습니다. 〈보이지 않는 고릴라〉의 실험으로 불리는 이 영상은 '인간은 보고 싶은 것만 본다.'라는 것을 증명하는 실험으로 유명합니다.

"얘들아, 이건 '인간이 스스로 본다.'라고 생각하지만 보고 싶은 것만 본다는 걸 말해 주는 영상이야. 우리는 이걸 'inattentional blindness'이라고도 하고 '무주의 맹시'라고 불러. 혹시 평소 나와 타인이 똑같은 현상을 봤는데 다르다는 생각을 한 적이 있니?"

"수업 시간에 잠깐 화장실에 갔다가 다시 자리에 가서 앉아 있었어요. 선생님이랑 눈도 마주쳤는데, 저를 보셨거든요. 그런데 수업 마지막에 저 보고 언제 왔냐고 하시는 거예요. 저랑 분명히 눈도 마주쳤는데요."

"저도 엄마가 심부름 시켜서 냉장고에서 뭔가 가져오라고 했는데 도저히 못 찾겠더라고요. 나중에 엄마가 가서 열어서 보여 줬는데, 글쎄 바로 냉장고 앞쪽에 있었어요. 엄마는 이해가 안 간다고 하시면서 그걸 어떻게 못 보냐고 혼냈어요. 그런데 전 진짜 안 보였어요."

학생들이 연이어 자신이 겪은 보는 것과 보이는 것의 차이를 말했습니다.

"이렇듯 본다는 것과 보이는 것은 차이가 있어. 그럼 우리가 얼마나 잘 보고 정확하게 보는지 한번 알아볼까?"

[관찰-설명] 듣기-그리기

[활동 순서]
1. 그림을 A 학생에게 준다.
2. A 학생은 그림을 관찰 후 친구들과 마주 보며 설명한다.
3. 나머지 친구들은 그 설명을 듣고 그림을 그린다.
4. 그림을 공개하고 서로 그린 그림을 비교하고 그 차이에 대해 이야기한다.

「초상화」, 마그리트, 1935년

마그리트의 「초상화」에 대한 설명을 듣고 그린 학생 결과물

마그리트 작품 「초상화」를 학생 한 명에게 관찰하게 한 후 그 사실을 나머지 친구들에게 설명한 뒤, 이 설명을 들은 친구들이 그림을 그리도록 했습니다. 모두 그림을 공개하는 순간 분위기는 어수선해졌습니다. 설명을 듣고 그린 학생들의 결과물은 작품과 차이가 많았습니다. 학생들마다 차이도 컸고요. 설명을 못 알아들은 걸까요? 아니면 설명을 잘못한 걸까요? 재미있는 것은 관찰자 학생은 자신이 본 것에 대해 자세히 설명하기보다는 자신이 아는 대로 설명한다는 사실입니다.

> **첫 번째 관찰 설명**
> 왼쪽 위에 유리컵, 그 아래에 눈이 팬케이크에 있고 팬케이크가 접시 위에 있어. 그 오른쪽에 포크, 칼이 있고 그 위에는 와인 병이 하나 있고, 이 모든 것은 둥근 테이블 위에 있어.

설명과 그림의 차이를 학생들과 하나하나 살펴보았습니다.

"잘못된 관찰이 뭘까?"

"둥근 테이블이요. 둥근 건 아닌 것 같아요. 그리고 저건 팬케이크가 맞나요?"

이런저런 이야기들을 나눈 후, 각자 최대한 마그리트의 그림을 객관적으로 관찰하고 전달할 수 있도록 한 번 더 천천히 적어 보도록 했습니다.

"다른 문명의 사람 또는 그림 속 사물을 전혀 모르는 사람들에게 너희가 이걸 설명해야 한다고 생각하고 최대한 객관적으로 관찰하고 글로 적어 보자."

### 두 번째 관찰 설명

비율이 A4 용지 정도 되는 크기에 세로로 놓여 있는 종이가 있다. 위에서 4분의 1 내려와서 가로로 선이 나뉘며 위는 회색이고 아래는 갈색으로 채워져 있다. 마치 갈색 테이블을 절단한 느낌이다. 오른쪽 아래에 가로 길이의 약 절반을 지름으로 가지는 접시가 놓여 있는데 둥근 모양의 접시는 위에서 내려다본 형태이며 그 위에는 둥글고 테두리가 하얗고 황토색으로 채워진 얇은 햄 같은 게 접시를 가득 채우고 있고 그 한가운데에는 뜨고 있는 진한 갈색의 눈이 있다. 접시의 왼쪽으로는 접시의 지름과 비슷한 길이이고 4개의 갈고리로 나뉜 은색 포크와 나무 손잡이를 가진 나이프가 있다. 그 위로는 올리브색 와인 병 형태의 주둥이가 긴 병이 종이 맨 위 끝까지 올라와 있고 병뚜껑 없이 병 안에는 액체가 채워져 있는데 짙은 색으로 꼭 와인 같다. 그 액체는 거의 병 안을 다 채우고 있고 그 바로 왼쪽에 투명한 빈 유리컵이 있는데, 크기는 와인 병의 1/2 정도이고 원뿔을 뒤집어 놓은 형태이다. 빛은 물체를 향해 왼쪽 위 방향에서 비추고 있다. 마치 종이 밖에서 대각선으로 빛을 비추는 것으로 볼 수 있다.

두 번째 관찰을 통해 보는 것과 보이는 것의 차이 즉 보는 것과 관찰의 차이를 조금이라도 확인하고, 객관적 관찰에 주목해 보는 시간을 가질 수 있었습니다.

### 수업 후 학생 일일장

평소에 사람은 자기가 보고 싶은 대로 보는 경우가 있어 객관적이고 사실적으로 보는 방법을 배워야 한다는 것을 깨달았다. 자신이 사실적으로 보고 있다고 생각해도 더 많은 것들을 다른 관점이나 다른 시각으로 볼 수 있다고 느꼈다. (민○○)

오늘은 그림과 주변 물품들에 대해서 관찰하는 방법을 배우고 토론하는 시간을 가졌다. 가장 인상 깊게 남았던 활동은 바로 친구가 그림을 설명해 주고 우리는 그림을 보지 않은 채 친구의 말만 듣고 그림을 따라 그리는 활동이었다. 그 활동은 처음부터 막막했는데 그 친구는 그림을 시각으로 보고 있으니 당연히 가로와 세로를 구분해서 설명할 생각을 하지 못했는데 우리는 그림을 모르니 어떻게 시작할지부터 막막했다. 그림을 그리는 입장에서는 답답했지만 입장 바꿔 생각해 보니 내가 그림을 설명하는 입장이었어도 꼼꼼하게 관찰하여 모든 사람이 이미지화가 가능하게 설명할 수 있을 것 같지 않았다. 내가 원래 그림을 감상할 때 아무런 느낌도 들지 않고 감상을 하기 위해서 억지로 쥐어짜는 듯해서 답답했었는데 원인을 명확히 찾은 느낌이었다. 나는 관찰하는 방법부터가 문제였던 것이다. (정○○)

### 블라인드 컨투어 드로잉을 통한 관찰 훈련

보는 것과 보이는 것의 차이를 인식하고 난 이후에는 관찰을 훈련하는 시각적 방법에 대한 수업을 가졌습니다.

"자, 우리 그림 관찰하는 훈련을 미술로 해 보는 시간을 가져 볼까? 옆 친구와 마주 보고, 선생님이 나눠 준 A4 용지 절반에 친구의 얼굴을 그려 보자. 지금부터 선생님이 5분을 줄게."

> **보고 그리기**
> 1. 세 명 모둠을 만든다.
> 2. 한 명은 모델이 되고 한 명은 얼굴을 그린다.
> 3. 나머지 한 명에게 미션을 준다.(그림을 그리는 사람의 눈이 모델의 얼굴에 머물러 있는 관찰 시간을 정확히 재도록 한다. 두 명의 친구에게는 말하지 않는다.)

"자, 친구의 얼굴을 그린 그림을 들어 볼까요?"

"하하하하!"

서로 그려 준 그림들을 보니 여기저기 웃음소리가 났습니다.

"그럼 선생님이 미션을 준 친구들은 뭘 했죠?"

"얼굴을 관찰하는 시간을 쟀어요."

"그래요. 그림을 그리고 있는 친구가 모델 친구의 얼굴을 보는 시간이 얼마나 되는지 재 봤죠? 자, 친구 눈이 모델에 머문 시간을 모두 합하니, 얼마인가요?"

"58초요."

"1분 50초요."

"그림을 그린 친구들은 이런 관찰 시간에 대해서 어떻게 생각하나요?"

"계속 보고 그린다고 생각했는데, 보지 않고 그리고 있었어요."

"맞아요. 우리 눈이 모델에 머물기보다는 그리는 종이에 머문 시간이 많아요. 관찰의 시간이 그만큼 적은 거죠. 이제 관찰을 통한 그리기 훈련을 한번 해 보도록 해요."

**블라인드 컨투어 드로잉**
1. 눈 운동 하기
2. 허공에 연습하기(연필을 들고 친구 얼굴의 라인을 따라 한 선으로 그리기)
3. 두 명이 마주 본다.(한 명은 모델이 되고, 다른 한 명은 모델의 얼굴을 그린다.)
   - 눈을 관찰 대상에서 떼지 않기
   - 바닥(종이)을 보지 않기
   - 한 선으로 그리기(선이 끊기지 않게 한다.)
   - 눈과 손의 속도 같이하기
   - 시간에 맞춰 그리기(빠르거나 느리지 않게)
4. 여러 번 반복하고 5분, 3분으로 시간을 점점 단축해서 그리도록 한다.

손, 또는 사물, 얼굴을 관찰하고 1~2시간 동안 블라인드 컨투어 드로잉을 진행했습니다. 짧은 시간이었지만 관찰에 의한 표현의 변화를 확인할 수 있었습니다. 또한 반복적인 드로잉 과정 중에 표현의 차이 혹은 관찰을 위해 노력한 점을 글로 간단히 쓰게 하는 활동을 추가했습니다. 드로잉과 함께 글로 적으니, 다음 드로잉 표현에서 관찰에 몰입하는 정도와 표현 변화가 좀 더 커진 것을 확인할 수 있었습니다.

컨투어 드로잉으로 친구 얼굴 그리기

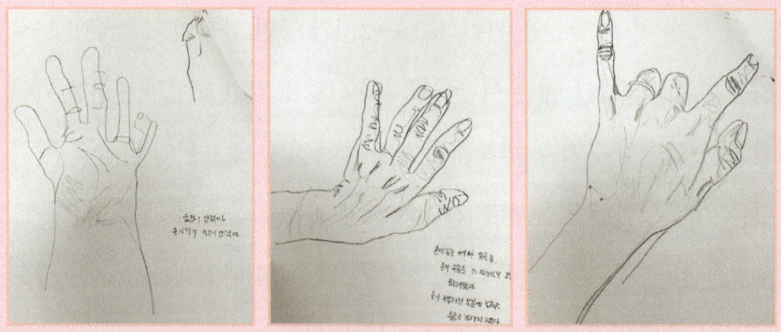

블라인드 드로잉 변화 과정

**수업 후 학생 일일장**

보고 그리는 시간이 짧다는 것을 확인하는 것도 재미있었지만 블라인드 드로잉을 처음 경험하고 과연 그림이 그려질지 의심하기도 했다. 바닥을 보지 않고 그린다는 것이 생소했지만 관찰할 때 사물이나 대상에 눈을 떼지 않아 좀 더 집중할 수 있었고 짧은 시간 연습에도 그림 솜씨가 느는 것 같아 기분이 좋았다. (김○○)

# 나누고 소통하기

## 감상문으로 소통하기

1학년~3학년까지 3년 동안 BODA 갤러리에서 25회~30회(1년에 10회 전시 운영)의 전시를 보도록 했습니다. 그리고 한 학기 2~3회는 갤러리에서 감상 수업을 진행했습니다.

학생들은 1학년 첫 수업 시간에 펠드먼의 4단계를 재구성한 감상 단계를 학습합니다. 관찰하기 → 의미 해석하기 → 맥락 이해하기 → 경험과 연결하기 → 평가하기 → 질문하기(제목 짓기)의 수업 과정을 거치지요. 이후에는 관찰하기의 수업처럼 학생들이 쉽게 이해할 수 있도록 다양한 이미지와 작품으로 수업을 진행합니다. 감상 단계를 학습한 후, 학

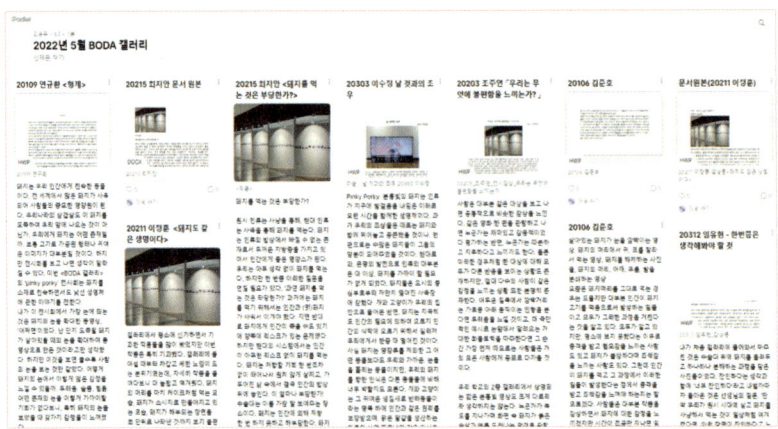

신재은 작가의 <PINK PORKY> 작품 감상문(패들렛)

생들은 본격적으로 갤러리의 전시 작품을 마주하고 감상 활동을 여러 차례 진행합니다. 재구성한 감상 단계는 학생들에게 좀 더 깊이 있는 감상법을 제시하기 위한 것으로, 학생 스스로 재구성하여 감상문을 작성하는 것이 일반적입니다.

2022년도 5월 BODA 갤러리에서는 신재은 작가의 〈PINK PORKY〉 전시가 진행되었습니다. 학생들은 전시회의 작품 전체 혹은 하나의 작품 앞에 1시간 동안 자리를 잡고 앉아 작품을 마주하고 감상문을 작성한 후, 간단히 친구들과 이야기 나누는 시간을 가집니다. 또한 작가와 패들렛을 통해 질문과 답을 주고받는 활동을 통해 다양한 시각으로 바라보는 관점을 넓힙니다. 다음은 감상 단계를 재구성하여 여러 작품을 감상한 후 감상문과 질문, 작가의 답을 정리한 것입니다.

### 단절된 개인과 그 이면들

김○○

내 경험에 비추어 봤을 때 전시가 지적하려는 것은 '무게를 알지 못하고 소비하는 행위'로 보인다. 더욱 엄밀하게 말하자면 이 시대, 이 사회가 만들어 낸 '사건과의 시공간적 단절'이라 할 수 있겠다. 우리가 먹기 위해 돼지고기를 보았을 때 거기엔 살아 있는 돼지, 도축과 발골 과정이 없다. 우리가 새로 산 스마트폰, 그 액정엔 서식지를 잃고 떠도는 고릴라가 없다. SPA 브랜드의 피팅룸 거울 앞에서 옷을 입고 자세를 취할 때 거기엔 아동 노동의 착취적 관습 따윈 보이지 않는다. 이것이 바로 레디메이드 시대이다. 경험으로부터 단절된 시대다. 전시를 감상하며 내게 다가온 키워드는 '경험', '단절', 그리고 '생략'이었다.

개인의 동일성과 연속성은 경험으로부터 마련된다. 경험이 한 개인의 인식 방향을 결정하고, 그 인식 방향이 내놓은 결과가 경험이다. 이러한 순환이 유전자가 만들어 놓은 인간 본성과의 상호 작용으로 개개인을 생산해 낸다.

그런데 현 사회가 제대로 된 경험을 축적할 수 있을 만한 곳인지에 대해서는 사람마다 그 견해가 아주 다를 것이다. 이것이 전시가 나에게 던져 준 요점이다.

이 전시의 작품들이 선택한 의미 전달 방식은 강렬한 시각적 자극이다. 분쇄되는 '살색'의 미끈미끈하고 불쾌한 덩어리, 인간의 피부 같아 보일 정도로 클로즈업된 돼지 껍데기, 수술대 아래에서 뼈와 살이 분리되고 있는 돼지 한 마리, 그리고 회색빛 컬러 렌즈를 낀 것 마냥 아름다운 돼지의 눈. 이 자극은 현대 한국 사회를 살아가는 대부분의 사람들이 혐오와 공포의 감정을 느낄 만한, 몇몇 경우엔 동정심마저 불러일으킬 종류의 것이다. 어쨌든 인간의 원초적인 반응 무언가를 건드리는 방법을 택했다는 것이다. 뱀이 징그럽게 느껴지는 것과 같이, 벌레가 무섭게 느껴지는 것과 같이.

다시 한번 경험을 주제로 얘기해 보자. 경험이 인식의 방향을 만든다. 과연 모든 사람에게 이 전시가 그로테스크하고 불쾌하게 다가왔을까?

나는 도축 장면을 목격한 경험이 있다. 초등학교 저학년 때였던 것으로 기억하는데, 한 재래시장의 닭집(즉석에서 닭을 잡아 손질 또는 요리까지 해 판매하는 가게)에서였다. 우리 가족은 새까만 털에 윤기가 흐르고 가슴이 보송보송한 오골계 한 마리를 골랐다. 아주머니는 그 푹신해 보이는 가슴에 커다란 칼을 단숨에 꽂아 넣고, 그대로 털 뽑는 기계에 무심하게 던져 넣었다. 닭장 뒤편의 털 뽑는 기계에서 증기가 솟아오르는 동안 아주머니는 우리와 환담을 이어 나갔다. 조금 뒤 기계 아랫부분에서 털이 다 뽑힌 닭 한 마리가 나왔다.

내가 어떤 의도로 이 짧은 기억을 한 문단에 걸쳐 서술했느냐 하면, 사실 이게 당시의 나에게 별일이 아니었다는 걸 고백하고 싶어서다. 별로 잔인하거나 무섭게 느껴지지도 않았다는 것이었다. 할머니와 할아버지, 시골의 친척들로부터 나는 동물은 동물, 사람은 사람, 아무리 예뻐하고 아꼈어도 식탁에 올라가야 하는 운명, 그런 식의 사고를 배웠다. 내가 이 기억을 입 밖으로 꺼냈던 모든 경우의 이유는 전부 다른 사람을 재밌게 해 주기 위해서였다. 그래서 하고 싶은 말이 뭐냐고?

결국엔 '경험'의 문제라는 것이다. 생략되지 않은 경험이 필요하다는 것이다. 오래전부터 많은 사람들이 줄창 떠들어 댔던 것과 같이, '단절'의 극복을 위해선 '경험'이 필수적일 수밖에 없다는 것이다. 그리고 난 여기에 '생략되지 않은'이라는 조건을 달아 본다.

**질문 :** 이 전시를 계획하시면서 가장 보여 주고 싶은 대상이 누구였나요?

**작가의 답변(패들렛) :** 느끼셨던 것처럼 저도 '경험', '단절', 그리고 '생략' 이 세 가지 키워드를 반추하며 작업했습니다. 이전 전시에서 실제 도축된 돼지 사체를 작품에 사용하여 전시장에 가져다 놓은 적이 있었는데, 관람객 중 어린 시절 시골에서 살아 동네 어른들이 돼지를 직접 잡는 모습을 본 적이 있었다던 분이 계셨어요. 그분도 같은 이야기를 하셨었죠. 다른 관객들은 절단되지 않은 상태의 돼지를 일상에서 볼 기회가 없으니 놀라움과 호기심, 충격, 공포 등 다양한 감정을 겪는 반면 그분은 추억을 덤덤하게 회상하셨습니다. 저는 이제는 일상에서 좀처럼 마주칠 수 없는(예전엔 정육점에 가면 절반만 잘려 있어 돼지의 형체가 어느 정도 남아 있는 상태를 볼 수 있기도 했지만 요즘은 공장에서 모두 부위별로 정육 완료된 상태를 포장해 와서 판매하기 때문에 더더욱 볼 수 없는) 광경이기에 관련 직업을 가졌거나 특수한 경험이 있지 않은 이상 보편적 도시인들에게는 생경할 것이라 생각했어요. 이런 일반 현대 도시인들을 대상으로 전시를 보여 주고 싶었습니다.

## 2020년 5월 등교하며 매일 만나는 작은 미술관

윤○○

내면에 있는 사람과 외면의 사람 모습을 결합해서 아름다움을 표현하려고 동영상에서 내시경 장면과 춤추는 여자의 장면을 겹쳐서 보여 준 것 같다. 여성의 모습에 집중하여도 배경에 사람의 내면이 표현되는 빨간색 화면도 잘 보인다. TV 매체를 잘 활용하였다. 내가 만약 이 작가가 의도하고자 한 것을 표현하려고 하였다면, 이해가 쉽도록 움직이는 사람의 내면과 외면의 모습을 동시에 표현할 것이다. 오른쪽 화면에는 사람의 외면, 왼쪽 화면에는 사람의 내면을 나타낸다. 두 가지 외면과 내면의 아름다움을 조화롭게 느낄 수 있다.

질문 : 송희정 작가님, 영상에서는 아름다움을 못 느꼈지만, 영상을 캡처한 사진에서는 아름다움이 느껴집니다. 그렇다면 물체를 판단할 때 전체적인 흐름을 보고 판단해야 할까요, 아니면 일부만 봐야 할까요?

송희정 작가의 답변(패들렛) : '내면'과 '외면'의 모습을 2채널로 설치하는 것을 제시하여 감상평을 작성해 주신 글, 잘 읽었습니다. 본 작업은 사실 '피부 밖으로 들리는 일상의 잡음'들을 편집하여 넣음으로써 피부 바깥 세상-일상으로부터의 도피, 맞닥뜨려야만 하는 현실과 덧없음, 무모함의 춤, 현실의 춤을 표현한 작업이었습니다. 느끼셨던 것처럼 '아름다움'이 꼭 '예쁜 현실' 속에서만 피어오르는 꽃은 아닌 것 같습니다.

## 2021년 9월 'Art Skybridge_동구리 학교에 가다'

김○○

질문 : 작품을 감상하고 난 지금, 작가님에게 드리고 싶은 질문이 있습니다. 작가님은 사람들이 항상 고통받으면서도 동시에 행복은 절대 놓치지 않으려 하는 이유가 무엇이라고 생각하시나요? 저는 고통을 받는 시간에 빠져 버리면 그 고통을 온전하게 느끼고 실체를 마주하고 나서야만 다시 수면 위로 되돌아올 수 있다고 생각합니다. 그런데 행복은 또 놓치지 않고 싶고 고통을 인정하지도 못해 끊임없이 고통을 느끼게 될 때가 많아서 이런 질문을 하게 되었습니다. 행복과 불행 중 한 가지에만 집중할 수 있다면 얼마나 좋을까요?

권기수 작가의 답변(패들렛) : 맞아요, 고통을 온전하게 느끼고 나서야 빛으로 나아갈 수 있지요. 물에 빠져 손을 쓰지 못할 때 바닥으로 완전히 내려가야만 두 발로 바닥을 힘차게 차고 오를 수 있는 것처럼요. 그림도 그래요.^^ 현대인의 삶, 아니 살아 숨 쉬는 모든 것의 업보겠죠. 또 살아 있어서 그 두 감정을 모두 느끼는 것이고요. 고통 없이는 예술이 없을 것 같은데, 또 그 예술을 하는 것이 행복이더군요.

## 2023년 11월 내일이 오기 전

김○○

작가 노트를 확인하니 작가님께서 사용하신 가로줄 기법이 잔상을 더 많이 남기기 위한 것이라고 하였는데 이 의도가 나에게 잘 적용된 것 같다. 또 〈내일이 오기 전〉이라는 제목에서 미래를 꿈꾸며 당연하게 오늘을 살아가는 현대인들을 표현하셨다고 하니 내가 의도를 다시 한번 맞혔던 것 같다. 이렇게 내가 작품의 주제를 쉽게 파악할 수 있었던 이유는 작품의 주제인 내일을 기다리는 오늘, 오늘을 되돌아보는 내일이 남녀노소 누구나 매일 생각하는 것이기 때문인 것 같다.

나 역시 매일매일 내일은 무슨 수업을 할까, 뭐를 준비해야 할까, 내일 내가 발표를 잘할 수 있을까 생각하며 그 전날을 보낸다. 이렇게 머릿속에서 내일을 생각하는 나, 우리를 내일의 나가 보고 있는 작품이라서 더 나와 연관 있는 것처럼 느껴졌다. 이 작품에 나와 있는 사람들 역시 그냥 길을 걷는 사람들인 것 같아서 누구나 이 작품에 공감할 수 있을 것 같고 나 역시 쉽게 공감되었다.

**민재영 작가의 답변(패들렛) :** 네, 저도 화면 속 소녀들 또래에게 있어 헤매고 배회하는 심상이 자연스럽고 보편적이라는 생각을 하면서 작업했던 기억이 납니다. 일단 저 자신도 내면의 질풍노도를 겪었고요. 도시를 이동하고 보행하는 익명의 젊은 군상들을 주로 그리다가 〈Wander girls〉를 그린 무렵에는 양복, 교복 등 특정 계층임을 알아볼 수 있는 의상을 입은 집단을 대상으로 삼았습니다. 이 그림을 그리기 위해서 아는 선배의 자녀들이 다니는 중·고교에 가서 양해와 동의를 구한 뒤 동영상 촬영을 했고, 영상에서 이미지를 추출하면서 제가 지나온 그 시절을 떠올려 보고 정서적으로 이해할 수 있을 것 같은 순간의 장면을 선택했습니다. 2007년경 'Wonder Girls'라는 그룹이 데뷔해서 큰 인기를 얻고 있었습니다. '놀라운 wonder girls' 아이돌 소녀들의 사례는 매우 특별한 경우이고, 대부분의 그 시절은 내면적인 혼돈과 방황의 시기를 지나고 있을 것이기에, 그룹명을 살짝 비틀어 제목을 정했는데, 'Wonder Girls'가 'Tell Me'라는 노래로 워낙 유명했었기 때문에 당시 많은 분들이 제목만으로도 의도를 짐작해 주셨던 기억이 있습니다.

## 2022.6월 꿈꾸는 섬

최○○

작가에 대해 더 찾아보면서 다른 작품과는 조금은 느낌이 다른 한 작품을 발견했다. 하얀 배경에 푸른색의 용이 얼룩으로 그려져 있고 나무, 거북이 등이 함께 있는 작품인데 이 작품은 배경과 얼룩의 경계가 다른 작품들보다 더 명확했다. 배경이 하얀색인 것도 이를 더 돋보이게 하는 것 같았다. 이 작품은 찢어진 종이 틈 사이로 다른 세계가 보이는 것 같은 느낌도 받았다. 그래서 더욱 신비로운, 이상적인 세계처럼 보였다. 용의 푸른색도 일정하지 않고 여러 색이 섞여 있지만 깔끔했고 다른 십이지 동물들과도 잘 어우러져 아름다웠다. 전체적으로 작품들을 보면서 약간 현실을 벗어나 이상적인 공간에 내가 들어간 것 같은 느낌을 받았다. 송태화 작가의 작품들을 더 찾아보고 싶다고 생각했다.

질문 : 작가님, 왜 가발을 붓으로 사용하셨나요?

송태화 작가의 답변(패들렛) : 작품 설명이 좋네요. 일반적인 붓이 아닌 가발로 작업하는 이유는 하나입니다. 자연스러움입니다. 기존의 붓은 쓰임에 따라 정형화되어 있는 것이 대부분인데 가발로 만든 붓은 내 작업에 적합하게 내 맘대로 만들어서 자유분방하게 작업할 수 있어서 사용하고 있습니다. 좋은 질문 고맙습니다.

## 2023.12월 환영 도시

온○○

나는 이것이 유령보다는 양자 중첩 상태를 표현한 것에 좀 더 가깝다고 생각되었다. 이는 다수의 사람들이 시장을 지나고 있는 모습이 아니라, 한 사람에 대한 확률 폭풍 속에 갇혀 있는 모습이다. 다양한 가능성이 있는, 아직 관측되지 않은 존재의, 파동으로써 존재하고 있는 모습을 그린 그림이라고 해석해 본다면, 정말 물리학도들의, 화학자들의 심금을 울릴 수 있는 그림인 것 같다.

**질문 :** 작품을 제작하실 때, 양자 중첩이 일어난 모습 같다는 생각은 안 해 보셨나요?

**전강희 작가의 답변(패들렛) :** 양자 중첩이라니, 새로운 시각에 감탄하고 갑니다. 제가 과학적 소양이 부족해서 그런지 과학 공부를 좀 해 봐야겠네요. 확률 폭풍이라는 표현이 참 인상적입니다.

### 수업 후 학생 일일장

여러 가지 작품을 시간을 들여 깊이 있게 감상하고, 그 속에 숨은 의미와 내가 개인적으로 생각하는 부분을 찾아낼 수 있어서 좋았다. 어떤 작품이나 주제에 대해 깊이 생각해 보는 시간과 마음의 여유를 가질 수 있어서 좋았다. 조금 비유적으로 말해 보면, 차 한 잔을 우리고 마시는 일련의 과정을 하는 것 같은 느낌이었다. (김○○)

감상 수업이 인상적이었던 이유는, 작품을 어떻게 해석하는 것이 맞는 것인지에 연연하지 않고, 우선 작품을 직접 세밀하게 관찰하고 느끼는 것이 우선시 되는 수업이었기 때문이었습니다. 작품의 전반적인 느낌만 느끼고 지나가는 것이 아닌, 작품이 무엇으로 어떻게 만들어졌는지 꼼꼼하게 살펴보고 나면, 작품의 내용과 함께 작가의 의도 또한 생각해 볼 수 있어 좋았던 것 같습니다. (이○○)

### 도슨트 행사 & 작가와의 만남

도슨트 행사는 전시 중 한 달에 한 번씩 동아리 학생들이 직접 작가의 작품에 대해 설명하는 시간입니다. 동아리 학생들이 작가의 작품에 대한 설명과 내용을 바탕으로 자료 조사를 한 후 시나리오를 작성하고 점심시간 20분을 이용해 진행되는 프로그램이지요. 작품 하나하나 설명을 들을 수 있어, 짧은 시간이어도 학생들이 매우 흥미로워합니다. 이 프로그램에서는 작가가 직접 참여해 학생들과 대면으로 질문을 주고받기도 합니다. 또한 작가 특강을 진행하여 작가의 예술 활동에 대한 이해를 돕습니다.

### 수업 후 학생 일일장

도슨트 행사는 언제 했을까를 생각해 보면 된다. 바로 점심시간에 실시했다. 점심시간은 시간이 짧다. 그래서 짧은 시간 내에 밀도 높은 수업을 할 수 있어서 좋았다고 느껴졌던 것 같기도 하다. 뿐만 아니라 작가와 만날 수 있다는 점이 좋았던 것이다. (이○○)

실제로 현장에서 일하고 있는 예술가를 만나서 그분이 직접 작업하시는 이야기를 듣는 게 인상 깊었다. 현대의 예술가라고 하면 어떻게 활동하는지, 어떤 작품을 만드는지 전혀 감도 잡히지 않았는데 당사자가 오셔서 얘기를 해 주셔서 좋았다. 또한 이 작품은 어떤 계기로 탄생하는가를 본인 입으로 듣는다는 건 그 작품을 이해하는 데 가장 명쾌한 방법이라고 생각하기 때문

(좌)학생 도슨트 행사, (우)신재은 작가와의 만남

김진우 작가와 진행한 특강

에, 갤러리에 전시된 작품의 작가님이 직접 오셔서 설명해 주신 게 의미 있었다. (김○○)

## $2^n$으로 확장되는 작가와의 네트워크

"전시 작가들을 어떻게 알게 되셨어요?"

"작가님 섭외하는 게 힘들던데……."

"선생님은 어떻게 작가 분들을 전시에 섭외하시나요?"

갤러리 관련 연수를 하거나 수업에 활용한 사례들을 안내할 경우 가장 많이 받는 질문 중 하나입니다. 학교 갤러리 전시를 활용한 다양한 미술 교육에서 수업을 설계할 때 가장 중요한 요소는 교육과 전시가 충족될 수 있는 갤러리 공간 환경 조성과 그에 따른 다양한 작가들 확보입니다. 작가 참여 자체가 수업의 가장 중요한 요소이기 때문입니다.

보통 갤러리 운영 계획은 학기 초 2월에 세워지고 그때 1년 동안 전시할 작가들 라인업을 결정합니다. 2024년도 전시를 하게 되는 작가들은 총 열 명이며, 2023년도부터 미팅과 협의를 진행했습니다. 1년에 열 명의 작가를 모시기까지 수업과 학교 업무를 병행하는 교사로서 절대 쉬웠던 것은 아닙니다.

작가님들과 만날 수 있는 네크워크의 출발은 평소 지역에서 알고 지내던 큐레이터와 예술 교육 기획자인 지인 두 분의 도움으로 시작했습니다. 2019년, 그렇게 두 분이 소개해 주셨던 작가님들과의 인연은 2024년도까지 이어오면서 몇 배로 확장되었습니다. 수학에서 $2^n$(2의 거듭제곱)

| | 전시 기간 | 전시 내용 | 전시 작가 | 비고 |
|---|---|---|---|---|
| 1 | 3월 | 〈장형순 종이 모형전/ 세 개의 판타지〉 | 장형순 | 종이 모형, 도서와 캐릭터 도슨트 행사 |
| 2 | 4월 5일 ~ 4월 30일 | 〈Out of Frame〉 | 이준형 | 회화(서양화) |
| 3 | 5월 1일 ~ 5월 26일 | 김범준·윤종필 판화 2인전 〈凹凸〉 | 윤종필, 김범준 | 판화 도슨트 행사 |
| 4 | 5월 27일 ~ 6월 13일 | 국민대학교 자동차학교& 키네틱 작가 〈숨쉬는 기계전〉 | 김진우 외 작가 12명 국민대학교 학생 | 평면, 입체, 설치, 미디어 신교명 작가 특강 (인공 지능과 융합한 예술의 미래) |
| 5 | 6월 14일 ~ 7월 12일 | 〈LIGHT&경계 이후〉 | 양태모 | 혼합 |
| 6 | 7월 15일 ~ 8월 2일 | 〈산수-와유하다〉 | 이창구 | 동양화 |
| 7 | 8월 5일 ~ 8월 23일 | 〈그을린 세계〉 | 이민아 | 입체 도슨트 행사 |
| 8 | 8월 24일 ~ 10월 | 김푸르나, 황문정, 김정모 그룹전 〈예술로 탐구생활_게임 사회〉 | 김푸르나, 황문정, 김정모/ 1학년 학생 | 갤러리 연계 교과 수업 진행 (1학년 미술 교과 수업 10시간) |
| 9 | 11월 | 〈#야·생·찬·가〉 (자립 청소년, 이주 여성) | 김유정 | 회화, 설치(갤러리 연계 특강 및 활동) |
| 10 | 12월 | 〈표면의 무게〉 | 이의성 | 입체, 설치 도슨트 행사 |
| 11 | 1~ 2월 | 1인 3기 결과물 전시 | 1, 2학년 학생 | 학생 작품 |

2024년 작품 전시 세부 계획

처럼 말이죠. 거듭제곱 특성상 수가 점차 기하급수적으로 증가하는 것처럼 두 명에서 시작한 작가들과의 네트워크는 학교의 전시 성공이 거듭되면서 확장되는 결과를 낳았습니다.

　물론 학교의 교육적 특성 때문에 전시 진행 과정에서 작가님들과 조율하고 절충해야 하는 경우도 다수 발생했습니다. 작품에 대한 안전 사항, 전시 환경 조건(cctv, 습도 및 채광의 조건 등), 전시 비용에 대한 문제 등 학교는 전문적인 전시 공간에 비해 취약할 수 있는 부분이 많았습니다. 또한 학교라는 공간은 관람 접근성이 어렵고 전시 공간에 안내자 및 담당자가 항시 상주할 수 없다는 점이 예술가에게는 다소 불편한 점일 수도 있습니다. 전시에 대한 행정적인 부분부터 '학생들은 작품을 학교 교육이 허용하는 범위에서만 감상해야 하는가?', '예술 작품이 갖는 논란을 교육적으로 논의할 수 있으려면 어떻게 전시를 해야 할까?' 등의 문제로 작가와 머리를 맞대고 고민했던 적도 있습니다.

　다양한 문제점과 우려에도 불구하고 학교 현장이라는 공간은 오히려 교육의 장으로서 몇 배의 효과를 발휘하는 매력적인 공간으로 작용했습니다. 문제점에 대한 해결책으로 2019~2023년 꾸준히 학교 갤러리를 정비하였습니다. 전문 갤러리와 비교할 수는 없지만 충분히 매력적일 수 있도록 공간을 바꿈으로써 작가들에게 멋진 전시가 가능하다는 동기를 주었습니다. 또한 전시를 감상하는 것에서 출발한 갤러리 전시가 교육으로 이어질 수 있도록 교육 과정에서의 활동을 개발하였습니다. 그러한 결과 대부분의 작가님들은 작품 전시를 통해 학생들이 학습하게 될 다양한 교육적 효과에 귀 기울여 주셨습니다. 지금은 작가님들의 응원과 지원이 필자에게는 이 일을 지속시키는 큰 원동력입니다.

갤러리 전시 및 연계 교육은 학생들의 삶 속에 예술이 자리할 수 있도록 혹은 자연스러운 예술적 체험과 감상을 위한 명분으로 시작했습니다. 그러나 이를 준비하기 위한 예술가와의 만남과 활동들은 필자가 미술 교사로서의 전문성 확장과 예술 교육에 대해 끊임없이 고민하게 만드는 동기를 부여하며 성장할 수 있는 동력으로 작용했습니다. 작가들 또한 단순히 작품을 전시하는 것에 그치는 것이 아니었습니다. 전시를 마치면 작가들에게 소감문을 받고 있는데, 이 소감문을 통해 학생들뿐 아니라 작가도 전시를 통해 상호 영향을 받는다는 사실을 확인할 수 있었습니다.

### 학생들의 작품 감상문과 소통에 대한 예술가의 생각

학생들의 솔직한 감상평을 정돈된 문장으로 볼 수 있다는 점이 가장 좋았습니다. 일반 관객 분들의 감상평은 보통 좋았다거나 아쉬웠다는 등 한두 문장의 간략한 호불호에 관한 멘트 위주라 관람자의 감상과 질문을 구체적으로 듣기가 힘들었고, 논리적 구성으로 생각을 정리한 감상은 비평가 분들의 평론이 거의 전부라고 할 수 있었기 때문에 평소 일반 관람객의 감상평이 궁금했던 저로서는 너무 흥미로운 프로그램이었고 귀한 경험이었습니다. 특히 자신의 생각을 구체화시키는 방법으로 학생들의 개인적인 경험에 비추어 작품을 해석하고 질문한 글들이 많았는데, 설득력이 강했고 진솔하게 느껴져서 저도 글을 읽으며 스스로 질문하고 사고를 확장하는 데 도움이 되었습니다. (신재은 작가)

### 학교 갤러리 전시를 통해 받은 영향에 대한 예술가의 생각

작가는 관람객이 어떻게 생각할지 모르고 어떤 부류의 사람들일지 몰라서 얘기할 기회가 적은데 이번 전시로 '모든 관람객들을 소홀히 하면 안 되겠구나.'라는 생각이 들었습니다. 정말 고등학교 1학년 학생들이 이렇게 예리하게 제 작품들을 볼 것이라고는 생각도 못 했으니까요. 아마도 내 전시를 본 누군가도 엄청난 작품에 대한 의견을 갖고 있는데 제가 들을 기회를 놓쳤을 거란 생각이 들었습니다. 앞으로는 전시 기간에 제 전시에 대한 피드백을 담는 장치를 마련해 놓고 싶습니다. 관람객들이 학생이나 미술에 문외한이더라도 내가 보지 못한 그림의 한 면을 발견한다면 저에게는 너무 큰 격려니까요. 방문록과 페이퍼 또는 온라인으로 메일 주소를 남기더라도 꼭 작품 감상문을 쓰게 하고 싶습니다. (박상희 작가)

학생들의 감상평에 기반하여 3차원의 공간에 시간이라는 차원을 더한 4차원의 상대성 이론에 대하여 다시 한번 생각해 보게 되었습니다. 제가 의도한 것은 아니었지만, 그런 식으로 해석이 가능하다는 점에서 앞으로의 작업 지평이 더욱 넓어질 듯합니다. (전강희 작가)

### 작가로서 기억에 남는 것

전시를 설치해 놓고 전시장에 자주 들르지 못했는데, 설치 중 그리고 전시 중에 전시 장소를 실로 많은 교직원 분들과 학생들이 지나다니는 것을 보면서, 전시 공간이 학습/생활 공간 안에 위치해 있다는 사실이 실감 났습니다. 전시 작품이 전시 기간 동안 그야말로 각인될 것 같다는 생각이 들었습니다. (민재영 작가)

## 학생-교사-예술가가 함께 만들어 가는 수업

2019년부터~2024년 현재까지 갤러리를 운영하며, 학생들이 작품을 감상하고 작가와의 소통과 만남을 통해 예술가의 창작 과정을 이해하는 활동을 진행하였습니다. 제가 실행했으면 좋겠다고 생각하는 갤러리 공간에서의 미술 교육은 감상에 머물지 않고, 감상이 표현으로 이어지고, 작품 결과물이 전시되는 활동이 하나로 이어져 환류되는 수업이었습니다.

2019년부터 3년이 지나 전시 감상에 대한 수업이 교육 과정에 자리를 잡으며 이러한 생각은 더욱 커졌고 이후 전시하는 작가님들에게 함께하자고 제안하게 되었습니다. 방과 후나 동아리에서 이루어지는 것이 아닌 미술 교과 교육 과정 내 활동, 작가와 협업, 감상-표현-전시가 맥락적으로 이어지는 활동, 예산 확보를 위한 예술 관련 지원 사업 모색 등 감상 수업을 할 때보다 해야 할 것들이 훨씬 많았습니다. 필자는 교육 활동을 위한 제안이지만 작가들에게는 부담되는 것이었습니다. 하지만 어디에도 같은 생각과 바람을 가지고 있는 사람은 존재하는 것 같습니다. 좋은 의견이라며 손을 맞잡아 주시는 김정모, 황문정 작가님을 만나게 된 건 저에게 큰 행운이었습니다. 두 분의 작가들은 수업을 계획하고 실행하는 데 훨씬 더 진취적이고 협력적이며 긍정적이었습니다.

### 예술로 탐구생활_오늘날의 미래

'예술로 탐구생활'은 주제 중심 학교 문화 예술 교육 지원 사업으로 학생들이 학교 안에서 다양한 예술 접근 기회를 누리고, 미래 사회 대응을 위한 창의적·융합적 사고력을 가진 인재로 성장할 수 있도록 문화 예술 교육을 지원하는 사업입니다. 예술가와 교사가 협업하여 프로젝트를 개발하고 정규 수업 내 프로젝트를 실행하는 형식이지요. 무엇보다 예술가에게 직접 지원되는 사업의 형식은 학교 재정 지원의 한계를 극복할 수 있는 방안이었습니다. 2022년 김정모, 황문정 작가를 소개받아 이러한 취지를 말씀드렸습니다. 제안에 응해 주셔서 두 작가님과 함께 '오늘날의 미래' 팀으로 2023년 '예술로 탐구생활'을 지원하여 프로젝트 비용을 지원받았습니다.

| 2023년 | 2월 | 3월 | 4월 | 5월 | 6월 | 7월 | 8월 | 9월 | 10월 |
|---|---|---|---|---|---|---|---|---|---|
| 학사 일정 | 방학 | 1학기 | | | | 방학 | | 2학기 | |
| 프로젝트 추진 내용 | 참여 그룹 선정 | 프로젝트 집중 개발 연구 지원 워크숍 참여 | | 프로젝트 개발 실행 | | 프로젝트 집중 개발 연구 지원 워크숍 참여 | | 프로젝트 개발 실행 | |

프로젝트 일정

## 프로젝트 소개

**그룹 : 오늘날의 미래 (교사 김은주, 작가 김정모, 황문정)**
'오늘날의 미래'는 청소년들을 대상으로 AI와 예술이라는 다학제간 융합 교육을 실천하고자 하였다. 그룹명인 '오늘날의 미래'는 우리가 꿈꾸는 미래는 결국 오늘날의 우리 모습이고 행위에 대한 결과에서 도래한다는 것을 의미하며, 각자가 꿈꾸는 미래를 위해 오늘을 어떻게 인식하고 무엇을 준비해야 하는지에 대한 질문이다.

**주제 : 예술을 통한 '미래에 대한 불안감의 해소'**
기획 목적 : 본 프로젝트는 AI라는 기술 발전과 환경 오염, 즉 기후 변화로 인해 초래될 미래에 대한 막연한 불안감을 해소하기 위해 현재 우리가 우려하고 있는 문제에 대한 인식을 점검하고자 한다. 사람들은 자신들이 잘 모르는 대상에 대하여 막연한 공포심과 불안감을 갖게 마련이며, 때로는 '아는 것이 병'이라는 말처럼 정보의 홍수로 인해 야기되는 혼란이 불안감을 부채질하는 경우도 있다. 본 프로젝트에서는 예술과 과학의 융합을 통하여 미래에 대한 막연한 불안감의 원인이 되는 대상을 과학적으로 올바로 인식하고, 예술적 활동을 통하여 이에 대한 극복 방안을 구상하고 체험하여 미래에 대비하는 적극적인 태도를 함양할 수 있는 기회를 제공하고자 하였다.

**프로젝트 내용**
김정모, 황문정 작가의 작품을 교내 갤러리에 전시하여 프로젝트의 주제인 '미래에 대한 불안감'을 전시상을 통해 탐구하고, 미술 교과 수업에서는 이에 대한 창의적 해소 방안을 연구하였다. 첫 수업에서는 두 작가의 작품을 간단하게 소개하고 예술가와 작품의 주제에 대한 탐색 활동을 하였다. 이어서 교사가 제공한 학습지를 통해 학생들의 동기 부여와 자기 주도 학습을 유도하였다. 두 번째 수업에서는 작가의 작품 제작 방식을 소개하고 이를 학생들이 직접 실천하는 두 개의 워크숍을 진행하였다. 각각의 워크숍에서는 학생들이 스스로 주제를 정하고 일상에서 접할 수 있는 AI를 활용하여 결과물을 제작하는 시간을 가졌다. 세 번째 수업에서는 학생들의 결과물을 전시장에 전시하고, 이에 대한 발표와 토론 수업을 진행하여 다양한 의견과 해석을 나누었다.

대상 : 1학년 1반 ~ 5반 (80명)

교과 : 미술 교과

수업 일정표

|  | 1회차 | 2회차 | 3회차 |
|---|---|---|---|
| 1차시 | • 갤러리 내 작품 감상<br>• 황문정 작가 소개 및<br>  작품 설명 | 황문정 워크숍<br>〈AI 이미지 생성하기〉 | 황문정 워크숍<br>〈AI 이미지 선택 및<br>전시, 토론〉 |
| 2차시 | • 황문정 작가 질의 응답<br>• 김정모 작가 소개 및<br>  작품 설명<br>• 김정모 작가 질의 응답 | 김정모 워크숍<br>〈스마트폰 예언서<br>작성하기〉 | 김정모 워크숍 마무리<br>〈예언서 액자 넣기 및<br>전시〉 |

### 감상-표현-전시로 이어지는 유기적인 활동

프로젝트는 두 명의 작가와 두 개의 작품을 바탕으로 두 개의 활동으로 진행되는 게 특징입니다. 각 반별 6차시로 이루어지는 수업이며, 감상-표현-전시로 진행되는 활동이지요. 두 개의 활동 진행에 어려움이 따를 수 있어 작가들과 미리 수업을 협의하고 활동지를 만들어 학생들이 쉽게 접근할 수 있도록 프로젝트 전뿐만 아니라 차시별 수업 중간중간 피드백하는 시간을 가졌습니다.

프로젝트가 진행되기 전 학교 갤러리에 김정모, 황문정 작가의 작품을 전시하여 수업 이전에 학생들이 충분히 작품에 관심을 가지고 감상할 수 있도록 사전 계획이 진행되었습니다.

1회차는 김정모, 황문정 작가를 직접 만나고 작품을 감상한 후 작품에 대한 배경 및 설명을 듣고 질의 응답의 시간을 가졌습니다.

**수업 후 학생 일일장**

작품을 처음 감상했을 때, 자동 완성 기능을 사용해서 만드신 작품이란 것은 쉽게 알아챌 수 있었다. 자동 완성 기능의 특성상 연속적으로 나타나는 단어의 문맥이 존재하지는 않기 때문에 텍스트를 읽고도 무슨 말인지 이해할 수는 없었다. '근미래를 위한 예언서'라는 말도 잘 알아듣기 힘들었는데, 미술 수업 시간에 강의해 주신 내용을 듣고는 작품을 보는 시선이 바뀌었다. 자동 완성 기능이라는 요소 속에 작가님의 스토리가 잘 녹아든 것 같았기에 보는 재미가 있었다. 이 작품을 통해 예술 작품 속에 담겨 있는 스토리를 이해하는 것이 감상에 있어 얼마나 중요한지를 깨달은 것 같다. (이○○)

2회차에는 두 작가가 사용한 매체에 대해 탐구하고 직접 작가와 작품을 창작하는 활동을 진행했습니다.

황문정 작가의 작품의 내용을 바탕으로 기후 변화로 인한 미래의 풍경을 상상하며 text to image generator인 'playground AI'를 활용한 이미지 생성 수업을 진행하였습니다. 학생들은 자신들이 직접 작성한 프롬프트를 통해 황문정 작가의 작품 이미지를 생성하고 이를 통해 AI가 창작의 주체인지 모방을 위한 도구인지에 대하여 스스로 탐구할 수 있도록 유도하였습니다.

김정모 작가와 함께하는 수업에서는 학생들이 각자가 생각하는 미래에 대한 불안을 하나의 단어로 표현하고 이를 주제어로 삼게 했습니다. 정해진 주제어로 평소에 사용하는 스마트폰의 자동 완성 기능을 이용하

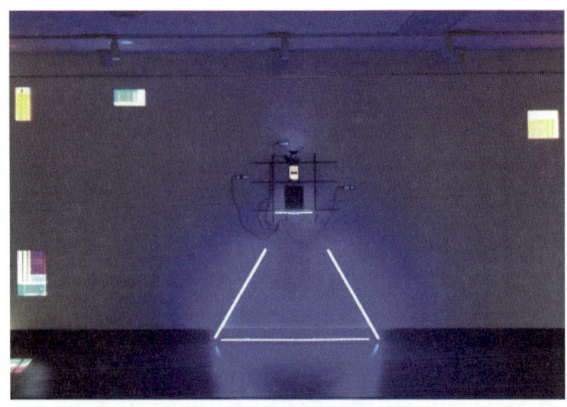

(위) 「근미래를 위한 예언서」, 김정모, 2023년
(아래) 「airshop:식물 마스크 시리즈」, 황문정, 2023년

여 김정모 작가가 제시한 27가지 알고리즘을 통해 각자의 근미래를 위한 예언서를 작성하는 수업을 진행하였습니다. 학생들은 휴대폰을 사용하여 본인들의 언어 습관이 반영되어 있는 27가지 서로 다른 텍스트를 작성하였습니다.

### 수업 후 학생 일일장

이번 수업을 통해 'playground AI'를 사용하면서 여러 가지 변화를 느꼈다. 수업 후에는 AI가 발전해 자신이 원하는 느낌과 비슷한 이미지를 더 정확하게 생성할 수 있음을 알게 되었다. 물론 AI의 한계는 여전히 존재한다. 예를 들어, 프롬프트를 너무 장황하게 입력하면 거의 비슷한 결과물만 나오는 경향이 있다. 이로 인해 처음에는 내가 원하는 작품을 완벽하게 표현하기 어려웠다. 그러나 이러한 한계가 오히려 창의적인 실험을 유도한다는 것을 깨달았다. 프롬프트를 의도적으로 덜어 내고, 중요하지 않은 부분은 AI가 채우도록 하는 것으로 여러 다양한 느낌의 그림을 생성할 수 있게 되었다. 따라서, AI의 한계성 내에서도 예상치 못한 창의적인 작품이나 아이디어를 발견할 수 있다는 것을 경험했다. 특히 프롬프트가 부족하거나 빈약할 경우에도 AI가 이를 채워 의외의 작품을 만들어 낼 수 있다는 점, 이 과정에서 우연성이 창작의 한 요소가 될 수 있음을 느꼈다. 결과적으로, 수업을 통해 AI와 인간의 협업이 미술과 창작에 어떤 놀라운 가능성을 열 수 있다는 것을 깨닫게 되었다. (신○○)

저는 자동 완성 기능을 자주 활용하곤 했었습니다. 가끔 제가 자주 사용하는 단어가 궁금하기도 하고, 저라는 존재에 얽매이고 싶지 않아서 종종 아무 생각없이 누르곤 했는데……. 이러한 행위에 의미를 담아 작품화하였다는 것이 한편으로는 놀랍기도 하고 신기하기도 하고, 묘한 동질감(?)까지도 느낄 수 있었던 것 같습니다. 더불어 AI라는 기술은 정말 많은 부분에서 우

매체에 대한 탐구 및 표현 활동 안내

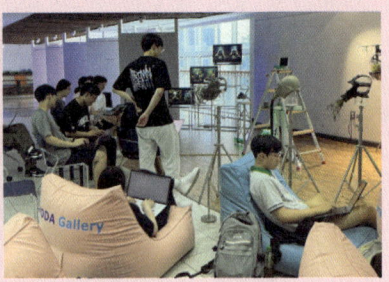
airshop 작품 AI 이미지 생성 표현

AI 이미지 생성 표현

AI 이미지 생성 프로그램

근미래를 위한 예언서 작성

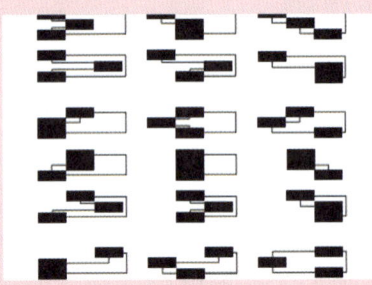
김정모 작가가 제시한 알고리즘

리와 함께하고 있다는 것을 다시 한번 느꼈으며, 평소에 사랑한다나 미안하다는 단어를 많이 사용하는데 이러한 단어가 자주 등장해서(?) 제 과거의 모습을 볼 수도 있었구요. 작품이라는 하나의 경험에서 그치지 않고 인생이라는 무대의 빛나는 조명으로 활용하고자 노력하고 싶다는 생각이 들었습니다. (김○○)

3회차 때는 황문정 작가와 함께 playground AI를 통해 생성한 학생들의 작품 결과물이 이를 위한 프롬프트와 함께 전시장에 설치된 5대의 모니터를 통해 전시되었습니다. 마지막 수업 시간에는 전시장에서 각각의 학생들이 생성하고자 하는 작품을 선택한 이유와 이미지 생성을 위해 작성한 프롬프트에 대하여 발표하고 이에 대한 해석과 의견을 나누었습니다. 김정모 작가와 함께 27가지의 텍스트 중 하나를 선정하여 직접 액자에 자신의 작품을 끼우고 전시장의 벽면에 전시하였습니다. 각자의 예언서를 전시한 후 학생들은 주제어를 선정한 이유와 27가지 예언서 중 하나를 고르게 된 배경에 대해 발표하고, 작성된 예언서를 자유롭게 해석하고 서로 의견을 나누는 시간을 가졌습니다.

### 수업 후 학생 일일장

AI 프로그램과 자동 완성을 통해 진행했던 수업 중에, 나의 생각을 시에 비유하여 설명함과 동시에 유의미한 대답과 나 자신만의 사고를 진행하기도 하였으며, 다른 친구들의 이야기도 함께 들을 수 있어서 사고의 확장과 더

AIRSHOP 학생 작품 결과물

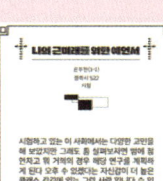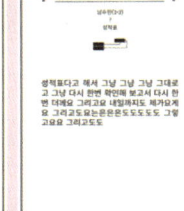

근미래를 위한 예언서 학생 작품 결과물

작가와 학생 작품 결과물 전시 및 토론

붙어 깊이를 넓히는 계기가 된 것 같다. (김○○)

작가와의 활동을 거쳐 착실하게 쌓은 빌드업이 빛을 발하는 순간이었다고 생각한다. 내가 만들어 낸 결과물에도 만족했고, 옆 친구가 만든 결과물도 재미있었다. 하나의 예술 작품에서부터 뻗어 나온 결과물들이라 앞서 다 같이 배웠던 흐름에서 벗어나지 않으면서도 저마다의 창의성이 보여서 나 역시 자극받는 좋은 시간이었다. (강○○)

작가와의 활동이 재미있었다. 직접 작가님의 작품 형성 방식을 바탕으로 우리만의 작품을 새로 만들고 전시한 모습을 보는 게 재미있었다. (권○○)

### 어렴풋이 배움, 인식이 바뀜, 기대가 들었다, 삶의 활력소...

비단 갤러리를 활용한 수업뿐만 아니라 모든 미술 수업을 진행할 때 제가 가지고 있는 철학, 전하고 싶은 메시지, 도달했으면 하는 목표 등 시간과 열정을 쏟아 수업을 계획합니다. 이건 저만의 이야기가 아닌 모든 미술 교사라면 그럴 것이라 생각합니다. 이러한 고민과 노력에도 불구하고 학생들은 수업을 통해 많은 변화가 있을까요?

갤러리를 활용한 여러 활동을 기획하고 오랜 시간 진행해 오면서 학생들이 수업에 대해 어떻게 생각하는지 매우 궁금했습니다. 교육적 변화가 당장 보일까요? 학생들의 소감문과 활동지를 통해 피드백을 받을 수 있겠지만 당장의 교육적 변화를 확인하는 것은 쉽지 않습니다. 또한 이리저리 고군분투하며 기획하고 진행한 수업의 노력이 무색하게 학생들은 항상 긍정적으로만 생각하지는 않습니다. 또한 같은 수업을 했음에도 학생들이 느끼는 체감은 개인차를 보일 때도 있습니다. 그러나 학생들의 다양한 피드백은 오히려 다음 수업을 기획하기 위한 또 다른 밑거름으로 작용하기도 합니다.

### 수업 후 학생 일일장

음…… 대부분의 활동들이 다 의미 있었다고 생각되긴 하지만 시간에 쫓기는 느낌이 더 강해서 '나만의 작품'보다는 그냥 어떻게든 짜맞추기 같은 부분으로 치중되는 것 같다는 인상이 강했다. 물론 의미가 없었다고 하긴 힘들지만 그래도 어떻게 보면 가장 많은 고민을 하고 상상해 봐야 하는 활동에서 시간이라는 자물쇠를 걸어서 상상력을 제한해 버린 기분이 들었다. (안○○)

원래 수업은 선생님께서 하라고 하신 것을 시간 안에 완수하기 위해 목적은 잘 모른 채 마구 달려가는 느낌이었다면, 갤러리 전시 수업은 작가님들의 의도와 미술 작품의 의미를 스스로 통찰할 충분한 시간이 주어졌기 때문에 더욱 기억에 잘 남았다. (권○○)

지금까지 학교 갤러리 전시를 활용한 다양한 미술 활동을 기획하고 진행해 왔지만 여전히 모든 과정이 어렵습니다. 한 달에 한 번씩 진행하는 전시를 비롯해 교과 시간, 또 이외의 활동 모두가 만만치 않습니다. 그럼에도 불구하고 이 수업을 기획하고 진행하는 이유와 의미는 무엇일까? 저 스스로 고민한 적이 많습니다. 학생들이 작품을 감상할 때 작품을 보며 자신의 경험을 비추어 생각하듯 저 또한 미술에 대한 개인적 경험이 이러한 교육에 큰 영향을 미쳤다는 생각이 듭니다.

'미술을 전공했지만 창작자가 아니라 미술을 소비하며 사랑하는 1인으로서 내가 받았으면 좋겠다고 생각하는 미술 교육은 어떤 것일까?'

가장 1차원적 생각에서 출발했습니다. 물론 여러 학자들이 이야기하는 이론적 배경과 검증된 훌륭한 교수 방법들이 무수히 많이 있을 것입니다. 그러나 필자는 지금 내가 있는 곳의 환경과 학생들 그리고 조건을 바탕으로 학생들의 삶에서 예술을 자연스럽게 받아들일 수 있는 방법에 대해 고민했고, 그러한 도전들이 작은 변화를 보이고 있다고 생각합니다. '어렴풋이 배우고', '전반적인 인식이 바뀌고', '기대가 되며', '삶의 활력소가 되는' 미술 공부가 되었으면 하는 저의 바람이 조금이나마 이루어져 가는 것에 기쁨을 느낍니다. 그리고 이러한 기억들이 씨앗이 되어 앞으로 더 나은 활동이 될 수 있도록 또 다른 만남과 또 다른 시작을 하고 있을 것입니다.

**수업 후 학생 일일장**

갤러리 전시를 보고 감상문을 쓰며 내 경험에 대해 다시 돌아볼 수 있게 되었고, 평소 밖으로는 하지 못했던 내 고민들이나 불편한 진실들을 나만의 감상문을 작성하며 성찰할 수 있었다. 또한, 예술에 대한 안목이 넓어지고 작가님들의 작품을 비교하며 **좋은 예술 작품이란 무엇인지 어렴풋이 배웠다.** (김○○)

이전에는 책에서만 미술 작품을 보며 실제로 와 닿지 않고 그저 외우기만 했지만 갤러리 전시 및 연계한 미술 교과 활동을 통해 책으로만 보는 것이 아닌 직접 참여하는 수업을 통해 굳이 외우지 않아도 이해하고 느낄 수 있는 수업이 되어 **미술에 대한 전반적인 인식이 바뀐 것 같다.** (박○○)

내가 직접 창조하고 만드는 형식의 미술 수업을 정말 좋아했고, 수업 시간에 작품 감상을 한다는 이야기를 처음 들었을 때는 조금 아쉬웠지만 막상 여러 작가님들의 작품들을 둘러볼수록 **다음 달의 전시는 어떨까 하는 기대가 들었다.** (박○○)

수업 시간에 주어진 작품을 자세히 보다 보면, 전에 그 길을 지나치며 훑어 봤던 이미지가 다방면으로 종합되어, 나에게 그저 단순한 작품이 아닌 새로운 의미를 부여하여 해석할 수 있었기 때문에 **삶의 활력소가 될 수 있었던 기억이었던 것 같다!** (김○○)

# 게임이 미술 수업을 만났을 때

## 홍인선

현재 신헌중학교에서 미술 교사로
근무하고 있습니다.
어릴 적 하얀 종이에 재미있는 상상을 하며
그림을 그리는 것이 너무나도 즐거웠습니다.
창작과 표현에 대한 관심이 이어져서
미술을 전공하게 되었고, 미술의 즐거움을
학생들에게 전하고자 교사가 되었습니다.
기술 발전으로 개인의 삶과 사회가
크게 변화하고 있습니다.
특히, 기술 발전은 시각 표현 분야에서
두드러집니다.
이러한 변화의 시기에 학생들에게
의미 있는 미술 수업을 하기 위하여
여러 선생님과 함께 연구하고 있습니다.
honginsun2@naver.com

## 아이들은 게임을 너무 좋아해

수업 시간에 안견의 「몽유도원도」를 감상하면서 무릉도원을 설명하는데, 학생들이 "아! 무릉도원, 그거 〈메이플스토리〉에 나와서 뭔지 알아요." 합니다. 〈메이플스토리〉는 초등학생들이 많이 하는 게임이지요. 〈마인크래프트〉라는 게임에는 청금석이 나오는데, 안료를 설명할 때 울트라마린 색상을 청금석으로 만든다고 설명하면 학생들이 쉽게 광물 안료를 이해합니다.

학기 초 자신의 성격, 꿈, 좋아하는 것, 잘하는 것 등으로 자기를 소개하는 그림 글자를 디자인하게 하는 수업에서도 많은 학생이 선택하는 소재는 게임, 웹툰, 유튜브, 컴퓨터 등입니다. 그중에서 남학생들에게 1등은 단연코 게임이지요.

〈마인크래프트〉 게임으로 블록을 쌓아 '미술'을 만든 장면(학생 작품)

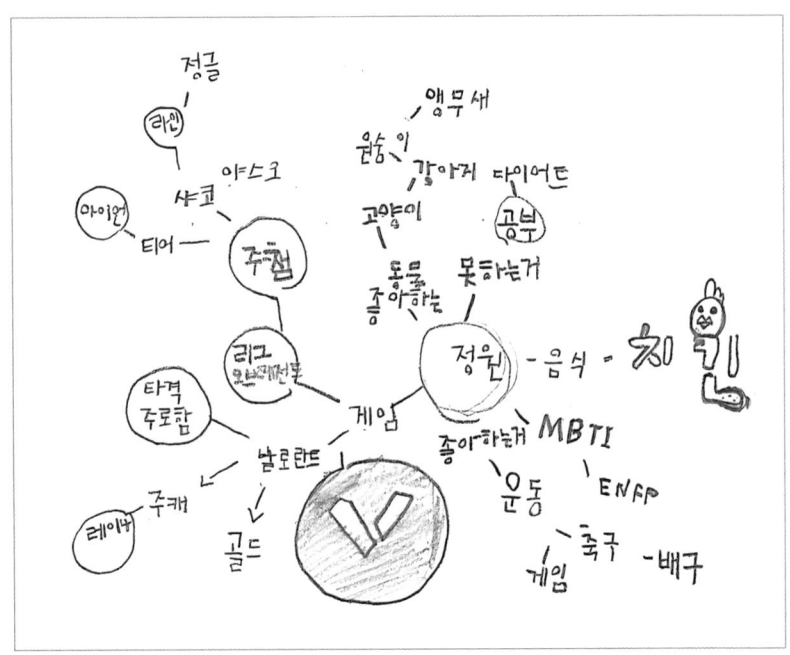

'자기를 소개하는 그림 글자 디자인'의 마인드맵(학생 작품)

　세상이 변했습니다. 세상의 변화에 맞추어 미술 수업도 변해야 할 텐데, 제 미술 수업은 10년 전이나 지금이나 크게 바뀌지 않았습니다. 이 시대 학생들을 위해 미술 수업은 어떻게 변화해야 할까요? 한국에서 대학을 마치고 유학을 간 친구가 해 준 이야기가 떠오릅니다. 유학하러 가서 들은 첫 수업이었답니다. 교수님께서 한국에서 1년에 걸쳐 배운 이론을 한 번에 쭉 설명하신 후, 과거 이론보다 현재 이론이 중요하므로 이번 학기에는 현재 논의가 활발한 이론을 공부한다고 말씀하셨다고 합니다. 지금 제 미술 수업에 필요한 말인 것 같습니다.

　「모나리자」의 경제적 가치는 현재 최대 40조 원으로 추정합니다. 그

자기를 소개하는 그림 글자 디자인(학생 작품)

러나 「모나리자」가 있었던 시대에 TV나 화려한 그래픽의 게임이 있었다면 「모나리자」가 지금처럼 대단한 예술품으로 인정받지 못했을 것입니다. 16세기에 「모나리자」는 천상의 시각 이미지였겠지만 지금은 아니니까요. 고해상도 TV와 모니터, 카메라, 휴대폰, 인터넷 등 기술의 발달로 학생들은 과거와 비교할 수 없이 고품질의 시각 이미지들로 둘러싸여 성장합니다. 그러므로 이 시대에 맞는 시각 이미지를 미술 수업에서 다루는 것이 중요하겠지요. 이런 고민으로 해마다 조금씩이라도 시대에 부합하는 새로운 수업 소재를 찾아서 수업과 연계하려고 시도하고 있습니다. 그 새로운 소재 중의 하나가 바로 게임입니다.

게임의 역사, 게임 제작 과정과 기술, 게임을 직접 디자인하는 것 등 게임을 주제로 하여 게임 리터러시와 관련된 미술 수업을 해야겠다고 마음먹고 2019년부터 자료 조사를 하면서 수업을 계획하기 시작했습니다.

게임 리터러시는 게임의 의미를 해석하고 수용하며 소통할 수 있는 능력을 말합니다. 게임 리터러시 교육은 왜 필요할까요? 게임에 관해 부정적으로 인식하는 사람들이 많은 것이 사실입니다. 게임의 폭력성이나 선정성, 중독성 등의 문제로 학생들에게 정서적, 윤리적 문제가 발생하고 있는데 게임을 교육까지 해야 하냐고 반문할 수도 있지요. TV가 대중화되는 시기에는 TV의 폭력성과 선정성 문제로 많은 학부모와 교사들이 우려를 제기했습니다. 그 결과 TV 중심의 미디어 교육이 시작되었지요. 지금은 게임이 TV의 자리를 대체하며 비난의 중심에 있습니다.

게임은 학생들에게 중요한 여가 문화 중 하나로 자리를 잡아, 이제는 거스를 수 없는 대세를 이루고 있습니다. 학생들은 게임을 하면서 대화를 나누고, 함께 놀며 사회성을 배우기도 합니다. TV가 대중화될 때 미디어 교육을 통해 여러 문제를 해결했듯이, 지금 청소년들의 게임 문화를 건전하게 만들기 위해서는 교육적 측면에서의 접근이 필요합니다. 게임 리터러시 교육을 통하여 게임에 내포된 의미를 비판적으로 이해하고 효과적으로 활용하는 능력, 더 나아가 일상에서 게임이 갖는 의미, 게임 세계와 실제 세계와의 관계 등을 성찰하는 능력을 함양할 수 있습니다. 또한 미술 수업에서의 게임 리터러시 교육은 미술과 기술, 문화에 대한 새로운 시각을 제공하며 창의성과 비판적 사고를 촉진할 수 있습니다.

게임 리터러시 미술 수업은 여러 해에 걸쳐 진행되었고, 조금씩 내용을 보완하였습니다. 다음에 소개할 내용은 제 고민의 결과입니다.

| | | 게임 리터러시 수업 진행 과정 |
|---|---|---|
| 1 | [체험]<br>게임은 예술일까? | • 개인적인 게임 플레이 경험 나누기<br>• 게임 그래픽 기술의 발전과 예술로 평가받는 게임 소개<br>• 게임을 예술로 볼 것인지 아닌지에 관한 찬반 토론 |
| 2 | [감상]<br>게임 비평하기 | • 예술적으로 가치가 있다고 생각하는 게임 선택하기<br>• MoMa의 게임 선정 기준과 펠드먼의 비평 단계 안내<br>• 플레이어의 입장 vs 제작자 입장에서 게임 바라보고 비평하기 |
| | | • 게임과 전통 미술 작품 비교 감상 안내<br>• 예술적인 게임을 선정하고, 그 게임과 관련되는 예술 작품 찾기<br>• 게임과 전통 미술 작품을 비교 분석하고 비평하기 |
| 3 | [표현]<br>게임 리뉴얼하기 | • 디지털 이미지, 동영상 제작 도구 안내<br>• 게임의 한 장면을 선택하여 게임 리뉴얼 동영상 만들기 |

## [체험] 게임은 예술일까?

학생 여러 명이 새로 출시된 게임을 보면서 "와, 그래픽 장난 아니다.", "예술이다."라고 감탄합니다. 그러나 정작 미술 수업 시간에 작품을 감상할 때는 "이게 왜 예술이에요?", "요즘 예술은 이상해요." 이렇게 말하지요. 학생들이 말하는 예술은 어떤 의미일까요? 그리고 학생들의 말대로 게임은 예술일까요?

게임은 여전히 폭력성이나 중독 문제로 부정적인 시각이 더 많아서 미술 수업의 소재로 삼는 것이 조심스럽기도 합니다. 그러나 학생들의 일상을 지배하는 주요한 시각 문화인 게임을 미술 수업에서 다루는 것은 미술 교과에 주어진 중요한 과제라고 생각합니다. 또한 게임은 그래픽 기술 발전을 선도하는 핵심 산업으로 당대 최첨단의 기술력을 쉽게 체험할 수 있는 방법이기에, 최고의 기술을 사용하여 잘 만들어진 게임은 수업으로 해 볼 만한 가치가 있습니다.

미술 수업에서 게임을 다룬다는 이야기만으로도 학생들은 흥분해서 무슨 수업인지 궁금하다, 빨리 수업하자고 아우성입니다. 본격적인 게임 리터러시 수업으로 들어가기 전, 학생들에게 게임을 하면서 느꼈던 감동, 즐거움, 슬픔 등 기억에 남는 개인적인 경험을 물었습니다. 미술관에 걸린 그림을 보고 감동하기는 쉽지 않은데, 많은 학생이 게임을 하면서 다양한 감정을 느끼고 있었습니다. 학생들이 경험한 게임을 예술이라고 생각하느냐는 질문에 예술이다, 아니다 의견이 분분했는데, 대체적으로는 게임이 예술이라고 답했습니다.

> 게임을 하다가 감동해서 운 적도 있어요. 게임은 뭔가 멋진 캐릭터와 배경, 환상적인 스토리, 사운드까지 있어서 플레이하면서 즐거움, 슬픔, 감동 등을 느낄 수 있기 때문에 게임도 예술이 될 수 있을 것 같아요.(김○연)

> 우연히 〈마인크래프트〉에서 주제를 정해진 시간 안에 표현하는 '빌드 배틀'이라는 것을 해 본 적이 있는데, 여기서 깜짝 놀랐어요. 단순히 즐거움만을 위한 것이 아니라 플레이어의 창의적 생각을 유발하는 게임이었어요. 이후 제가 게임이나 〈마인크래프트〉에 대해 가지고 있던 생각이 완전히 바뀌게 되었어요. 게임도 예술이 될 수 있어요.(이○환)

> 예술은 '나'를 표현하는 것이라고 생각하기 때문에 게임 자체가 예술이라고 생각하지는 않아요. 게임으로는 진짜 '나'를 표현하기보다는 게임의 캐릭터 뒤에 숨어서 다른 사람인 척하게 되니까요. 그러나 게임의 아름다운 배경이나 캐릭터 디자인 등 예술의 요소를 가지고 있다고 생각해요.(박○영)

> 저는 게임을 좋아하는 편이 아니라서 원래는 게임이 예술이라고 생각하지 않았는데 〈저니(Journey)〉라는 게임을 하면서 마음이 편해지고 마지막에는

슬펐어요. 휴대폰 속 화면이 감정에 영향을 미치는 게 신기했어요. 꼭 거창한 감정이 아니라도 잠깐 즐거움을 주거나 잠시 스트레스를 풀게 해 준다면 게임도 충분히 예술이 될 수 있다고 생각해요. (박○슬)

미술계에서도 게임을 예술에 포함시켜야 한다는 주장이 계속 있었습니다. 2012년 뉴욕 현대 미술관에서는 당시 비평가들의 비판에도 불구하고 〈테트리스〉, 〈팩맨〉, 〈어나더월드〉 등의 게임을 미술관의 소장품 목록에 올리고 전시했습니다.

뉴욕 현대 미술관에서는 게임의 그래픽 요소뿐 아니라 게임의 시각적 요소, 시간과 공간을 초월하는 심미적 경험과 게임의 인터페이스, 게

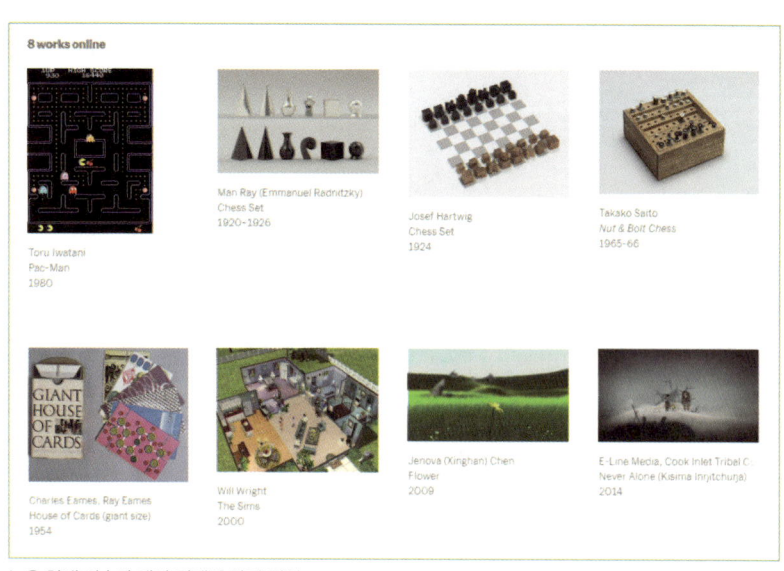

뉴욕 현대 미술관 게임 컬렉션 화면 캡처
https://www.moma.org/collection/terms/games)

임의 절차와 규칙, 보상 메커니즘을 통한 플레이어의 행동 등 여러 측면의 상호 작용을 기준으로 게임을 선정하였지요. 이후 다양한 게임 관련 전시들이 있었고 우리나라에서도 2023년 국립현대미술관에서 〈게임 사회〉라는 전시를 오픈하였습니다.

게임을 예술로 볼 것인지 여부에 대한 논의는 지금도 진행 중입니다. 그래서 게임이 예술인지, 아닌지에 관한 논의에 학생들이 직접 참여하여 다양한 입장을 이해하고, 자기 생각을 정리하도록 하는 것이 좋겠다는 생각이 들어 찬반 토론을 진행하였지요. 게임의 예술 여부에 대한 학생들의 구체적인 생각은 뒤에 나오는 '[감상] 게임 비평하기'에서 자세하게 다루었습니다.

학생들은 대부분 게임하는 것에만 관심이 많은데, 이런 학생들에게 게임의 특성을 이해할 수 있도록 게임 제작 과정이나 기술적 특성을 알려 줄 필요가 있습니다. 수업 시간에 학생들에게 보여 주는 관련 자료 몇 가지를 소개하자면, 우선 '언리얼 엔진 5'의 리얼 타임 그래픽 데모 영상(2020년)이 있습니다.

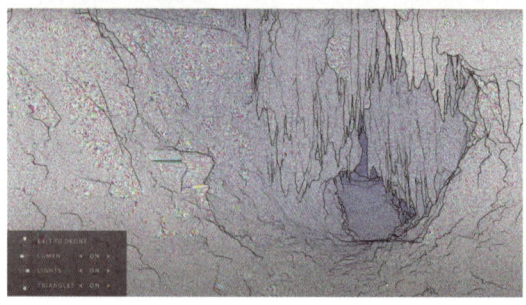

(위) '언리얼 엔진 5' <플레이스테이션 5에서 실행되는 차세대 리얼타임 데모>(2020)의 한 장면
(아래) 노이즈처럼 보이는 것은 2천만 개의 폴리곤이다. 이러한 폴리곤으로 현실과 같은 이미지를 만든다.

 

    게임 엔진은 게임 개발에 필요한 다양한 기능을 제공하여 개발자들이 보다 효율적으로 게임을 만들 수 있게 하는 소프트웨어 도구입니다. 게임 엔진 회사들은 종종 기술력을 과시하기 위해 데모 영상을 유튜브에 공개합니다. 그중 2020년에 공개된 '언리얼 엔진 5'의 〈플레이스테이션 5에서 실행되는 차세대 리얼타임 데모(Next-Gen Real-Time Demo Running on PlayStation 5)〉 영상은 실시간으로 2천만 개가 넘는 삼각형을 렌더링하는 등 놀라운 기술력으로 큰 화제를 모았습니다.

(위) <스타크래프트> 오프닝 영상(1997)
(아래) <스타크래프트> 실제 게임 장면

 게임 문화의 형성에 크게 기여한 <스타크래프트>는 오프닝 영상(시네마틱)과 실제 게임의 그래픽 수준의 차이가 상당히 큽니다. 오프닝 영상과 달리 실제 게임에서 확연히 단순해진 그래픽으로 실행되는 이유는 당시 기술로는 복잡한 이미지를 실시간으로 구현할 수 없었기 때문입니다. 그러나 게임 엔진의 발전으로 게임의 시각적 표현은 크게 향상되었습니다. 위에서 언급한 '언리얼 엔진 5'의 데모에서 보았듯이, 현재의 게임은 플레이어의 조작에 의해 실사와 같은 장면이 즉각적으로 반응하는 놀라

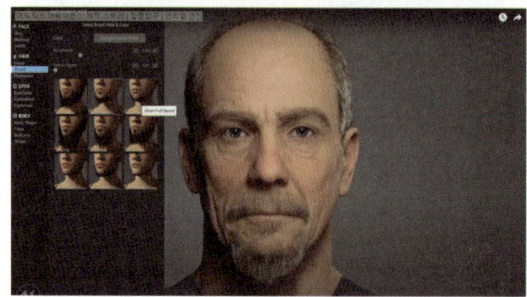

<'매트릭스 어웨이큰스' 제작 스토리>의 장면
(위) 도시 생성 시스템으로 게임의 배경이 되는 도시를 생성하는 장면
(아래) 디지털 휴먼 제작 시스템인 메타휴먼 크리에이터로 인물을 디자인하는 장면

운 수준에 이르렀습니다.

학생들에게 소개하는 두 번째 영상은 <'매트릭스 어웨이큰스' 제작 스토리>입니다. <매트릭스 어웨이큰스>(2021년)는 영화 <매트릭스> 시리즈에 기반하여 제작된 '언리얼 엔진 5'의 인터랙티브 테크 데모입니다. 데모는 시네마틱 비디오와 게임 플레이로 구성되어 있습니다. 시네마틱 비디오에는 <매트릭스>의 주연 배우들이 직접 출연하여 화제를 모았으며 실사 이미지와 '언리얼 엔진 5'로 제작된 컴퓨터 그래픽이 혼재되어 있습니다. 제작진은 실사로 촬영한 키아누 리브스와 '언리얼 엔진 5'로

렌더링한 키아누 리브스를 함께 배치하여 어느 쪽이 진짜인지 혼란스럽게 하며 자신들의 기술력을 과시했습니다. 〈'매트릭스 어웨이큰스' 제작 스토리〉는 데모의 제작에 사용된 거대한 도시와 세부적인 건축물을 자동으로 생성하는 시스템, 가상의 인물을 구현하기 위한 디지털 휴먼 시스템 등에 대해 설명합니다. 현실과 가상의 구분이 어려울 만큼 사실적인 이미지를 실사 촬영이나 제작 시간이 많이 소요되는 전통적인 CG에 의존하지 않고 실시간으로 구현하는 게임 엔진의 기술력에 감탄이 나옵니다.

세 번째로 보여 주는 자료는 GPU 제조사인 '엔비디아'의 기술 데모 영상 〈NVIDIA Marbles at Night | RTX Demo〉(2020)입니다. GPU는 컴퓨터에서 시각적 표현과 관련된 연산을 처리하는 부품으로 게임 분야에서 중요한 하드웨어입니다. 2020년에 엔비디아가 공개한 데모 영상은 실시간 렌더링 이미지라는 것이 믿기 어려울 정도로 화려하고 사실적이었는데요, 이미지의 특징은 빛이 여러 재질의 사물들에 반사되어 사물의 표면에 어우러지는 것이었습니다.

'엔비디아'의 기술 데모 영상의 한 장면

일반적인 컴퓨터 그래픽의 렌더링 방식은 가상 공간에 놓인 조명과 사물의 표면이 이루는 각도를 사용하여 픽셀의 밝기와 색상을 계산하는 것입니다. 이 방식은 계산이 간단하여 효율적이지만, 광선이 여러 번 반사되면서 나타나는 자연스럽고 섬세한 이미지를 구현하기 어렵습니다. 예를 들어, 흰 테이블 위에 빨간 사과를 놓으면 흰 테이블이 약간 붉어지는 효과를 낼 수 없습니다. '엔비디아'의 데모에서 보여지는 이미지를 구현하려면 조명에서 발산되는 수많은 광선의 궤적을 추적해야 합니다. 이를 위해 컴퓨터가 처리해야 하는 계산량이 매우 커서, 게임처럼 실시간으로 이미지를 렌더링해야 하는 상황에서는 광선 추적 기법(Ray Tracing)을 사용하는 것이 어려웠습니다. '엔비디아' 데모의 놀라운 점은 광선 추적 기법을 고해상도의 실시간 렌더링으로 구현해 낸 것이었지요.

학생들은 대부분 게임 이면의 기술에 대하여 알지 못하는 경우가 많은데, 이러한 게임 기술에 대하여 설명하면 학생들이 큰 관심을 보였습니다.

게임 그래픽은 현실 세계를 사실적으로 모방하기 위해 물체에 작용하는 중력이나 관성 등 현실의 물리적인 법칙을 적용해서 제작하므로 수학, 과학 지식과 연계되어 있습니다. 최근 게임과 관련된 진로를 희망하는 학생들이 증가하고 있는데 게임 개발자가 되기 위해서는 수학과 과학 과목을 잘해야 한다는 말도 게임 그래픽 기술을 설명할 때 반드시 덧붙입니다.

## [감상] 게임 비평하기

게임을 주제로 하는 수업을 실행하기까지에는 시간이 좀 걸렸습니다. 그 이유는 수업에 게임을 어떻게 녹여 내야 할지 막막했기 때문입니다. 학생들이 게임을 처음부터 기획하고 직접 만들어 보게 하면 좋겠지만, 블록 코딩을 잠깐 해 본 정도의 실력으로는 게임 제작을 가르칠 엄두도 나지 않아서 게임 리터러시를 주제로 감상 수업을 시작하였습니다.

처음에는 전통적인 미술 작품을 감상하는 것처럼 게임도 단순히 형태, 색상, 비례, 균형 등의 조형 요소와 원리만으로 분석하려고 했는데, 그것만으로는 게임의 특성을 분석할 수 없었습니다. 게임의 특징이 드러나는 게임 요소와 원리를 추가하기 위해 뉴욕 현대 미술관의 소장품 선정 기준과 펠드먼의 비평 방법을 참고하여 수업 과정을 설계하고 게임 비평 활동지를 제작하였지요.

게임 비평 수업은 2020년 2학기 고등학교 3학년을 대상으로 시작하였고, 이후 2021년과 2022년 2학기에는 고등학교 2학년을 대상으로 이루어졌습니다. 고등학교 3학년 2학기의 경우 대학수학능력 시험이 얼마 남지 않아 수업이 어려운 시기임에도 불구하고, 게임 비평 수업은 학생들의 참여도가 높았습니다. 이 같은 사실로 학생들이 얼마나 게임에 관심이 많은지 확인할 수 있었지요. 게임 비평은 학생들이 예술적으로 가치가 있다고 생각하는 게임을 선택하여, 게임을 수동적으로 즐기는 '플레이어(감상자)의 입장'이 아닌 게임을 만드는 '제작자(예술가)의 입장'에서 게임을 분석하는 것이었습니다. 학생들은 자신이 게임 제작자가 되었다고 가정하고 게임을 객관적으로 비평해야 합니다. 단계별로 분석·해석할 내용을 자세하게 설명하면 다음과 같습니다.

| 제작자(예술가)의 입장에서 게임 비평하기 | | |
|---|---|---|
| | 단계 | 내용 |
| 1 | 게임 경험의 분석 및 해석 | 게임의 상황이나 공간이 플레이어에게 어떤 경험을 하게 하는가? |
| 2 | 미적 요소의 분석 및 해석 | 화면 구성, 캐릭터, 배경, 인터페이스 등 시각적인 표현은 게임에 어떤 효과를 주는가? 이미지의 움직임에 맞춰 나오는 사운드는 시각적인 표현에 어떤 도움을 주는가? |
| 3 | 이야기의 분석 및 해석 | 게임의 세계관 또는 체험하는 과정에서 만들어지는 이야기는 게임에서 어떤 의미를 주는가? |
| 4 | 메커니즘 분석 및 해석 | 게임의 절차와 규칙, 리스크와 보상이 게임에 어떤 영향을 미치는가? |
| 5 | 가치 평가 | 경험, 미적 요소, 이야기, 메커니즘 등의 측면에서 작품의 가치를 평가한다면? |

미술 수업에서 게임을 비평의 소재로 다룬 적이 없어서 학생들이 어려워하거나 진지하지 않게 할까 걱정하기도 했습니다. 하지만 걱정한 것이 무색하게 학생 대부분은 자신들에게 익숙한 게임을 객관적으로 분석하고 해석하고 가치를 평가하였습니다. 많은 학생이 게임에 관해 다양한 지식을 가지고 있었고 깊이 있게 분석하여 매우 놀랐습니다. 다음은 비평 관점이 우수하고 분석 내용이 충실한 학생 두 명의 비평 활동지입니다.

### 허○윤 학생의 비평 활동지

- **게임명:** The Legend of Zelda : Breath of the Wild
  (젤다의 전설: 브레스 오브 더 와일드) / 제작 연도 : 2017년

- **선택한 이유:** 타임지 선정 10대 비디오 게임이라고 해서 해 봤는데 대단한 평가에 걸맞은 명작 게임이어서 선택했다.

- **게임 설명:** 3인칭 오픈 에어, 액션 어드벤처 게임이다. 오픈 에어(오픈 월드)란 기본적으로 이동의 자유를 전제로 하여 대부분의 장소로 갈 수 있는 것이 특징이다. 젤다의 전설 게임 시리즈의 18번째 작품이다.

| | | |
|---|---|---|
| 1 | 경험<br>분석 · 해석 | 현실에서는 경험할 수 없는 다양한 일들을 할 수 있게 한다. 하지만 그와 동시에 게임에 현실적인 부분도 있어 몰입감이 높다. 현실에서 평범하게 일생을 보낼 사람도 누구나 무기를 들고 넓고 신비한 세계를 모험하며 공주를 구하고 용사가 되는 기분을 느낄 수 있다. |
| 2 | 미적 요소<br>분석 · 해석 | 전체적으로 3D 그래픽으로 이루어져 있다. 마치 유화로 그린 것처럼 부드럽고 따뜻해 보인다. 오픈 월드 게임이라 배경 하나하나가 세심하게 표현되어 있고, 넓은 세계를 돌아다닐 때 심심하지 않도록 잔잔한 노래가 나오거나 아침, 밤, 새벽, 전투 등 시간이나 상황에 따라서 어울리는 음악이 나와 그때그때 몰입도를 더욱 올려 준다. |
| 3 | 이야기<br>분석 · 해석 | 기억을 잃은 용사가 적을 처치하고 공주를 구한다는 뻔한 이야기라서 젤다의 전설 시리즈를 모르더라도 스토리를 이해하는 데 문제가 없다. 자유도 높은 오픈 월드 게임이라서 공주를 구하는 목표를 달성하지 않고 그냥 모험만 할 수도 있으며, 자신이 원한다면 몇 시간이고 요리만 해도 되는 등 자신이 하고 싶은 대로 이야기를 만들 수 있다. |
| 4 | 메커니즘<br>분석 · 해석 | 게임은 단순하게 주인공을 조작하여 적을 처치하면 되는데, 처음 게임을 시작하면 게임에 대해 아무것도 설명해 주지 않는다. 이런 오픈 월드식 게임이 처음인 사람들은 좀 당황스러울 것이다. 하지만 이 게임이 정말 명작이라고 생각하게 만든 부분이 바로 이 게임 설명의 불친절성이다. 아무런 정보 없이, 저 멀리 노인을 보여 준다. 그럼 플레이어는 '저기로 가라는 건가?' 하면서 가게 되고 그 노인과 말하면서 정보를 얻는다. 누가 알려 주지 않아도 플레이어가 스스로 알아가게 하는 게임의 메커니즘이 정말 놀랍다. 플레이어가 다양한 상호 작용과 물리 엔진을 이용한 행동 속에서 게임을 진행하게 하는 점이 이 게임의 중요한 포인트라고 생각한다. |

| | | |
|---|---|---|
| 5 | 가치 평가 | 게임의 전체적인 완성도가 높고, 스토리가 잘 짜여 있으며 사실적인 물리 엔진을 기반으로 유저가 원하는 대로 게임을 운영하게 하여 완벽에 가까운 게임을 만들어 냈다고 생각한다. '미지의 세계 모험'이라는 키워드에 어울리는 따뜻한 애니메이션풍 그래픽이 게임의 분위기와도 잘 어울린다. 그리고 오픈 월드형 게임의 특성상 플레이 타임이 길고 그만큼 게임에서 할 것도 많아 가성비가 좋다. 전체적으로 봤을 때 게임으로서 굉장히 잘 만들었다고 생각하고 기존의 젤다의 전설 게임 시리즈가 가졌던 단점들을 보완하면서 앞으로 콘솔 게임 시장이 나아갈 방향성까지 알려 준 의미 있는 게임이다. |

### 문○영 학생의 비평 활동지

- **게임명**: **마인크래프트** / 제작 연도: 2009년
- **선택한 이유**: 초등학생 때부터 지금까지도 즐기는 게임이고 역대 비디오 게임 판매량 1위를 기록했기 때문에 선택했다.
- **게임 설명**: 네모난 블록으로 스스로 컨텐츠를 제작할 수 있는 오픈 월드 형식의 게임

| | | |
|---|---|---|
| 1 | 경험<br>분석·해석 | 이 게임은 단순히 모형 모드를 통해서 모험을 즐기고 집을 짓는 등 끝없이 펼쳐지는 오픈 월드에서 원하는 행위를 할 수 있다. 즉 게임사가 전해 주는 경험을 즐기는 것뿐 아니라 스스로 어떤 경험을 할지 주체적으로 정할 수 있으며 이러한 경향은 크리에이티브 모드에서 더욱 강해진다. 자신이 창조해 낸 경험을 다른 이들과 공유할 수도 있다. |
| 2 | 미적 요소<br>분석·해석 | 자체만 보면 그래픽이 그리 뛰어나지 않다. 플레이어들의 모험심을 자극하는 잔잔한 배경 음악은 분명 훌륭하다. 직접 창조할 수 있고 스스로 텍스처팩 정용을 통해 고사양의 그래픽으로 게임으로 즐길 수 있는 점, 샌드박스 게임이 갖는 자유도와 창조성을 고려하면 이 게임의 미적 요소는 단순히 정의할 수 없는 확장성을 가지고 있다. 이 게임의 미적 요소는 단순히 플레이어들이 감상자의 입장이 아니라 감상자인 동시에 직접 참여하여 예술의 주체가 될 수 있는 데 의의가 있다. |

| | | |
|---|---|---|
| 3 | 이야기<br>분석·해석 | 이 게임에는 정해진 이야기가 없다. 이 점은 단점이 될 수도 있다. 스토리가 없는 게임은 제작자가 의도한 교훈, 사회적 메시지, 감동 등을 담아내지 못한다. 하지만 플레이어들이 이 게임을 도구 삼아 언제나 자신만의 이야기를 담아낼 수 있다. 이러한 점도 게임의 인기 요소 중 하나이다. |
| 4 | 메커니즘<br>분석·해석 | 이 게임은 높은 자유도를 보장하는 동시에 낮과 밤, 현실적인 지형과 생물들을 통해 현실적인 규칙을 보여 준다. 동시에 어두운 곳에서는 몬스터가 소환된다거나 하는 규칙을 통해 비현실적인 요소를 추가한다. 이러한 메커니즘을 통해 플레이어는 굉장히 높은 몰입감을 갖고 게임을 즐길 수 있다. |
| 5 | 가치 평가 | 종합적으로 이 게임은 작품이기도, 작품을 만드는 도구이기도, 작품을 보는 매개체이기도 하다. 플레이어를 작품의 감상자를 넘어 예술 작품을 만들고 그것에 참여하는 주체로 만들어 준다. 정해진 규칙도 없고 그래픽이나 사운드는 플레이어 스스로 보완할 수 있는 높은 자유도와 확장성을 갖고 있어 예술로서의 게임이 갖는 장점을 극대화한다. 게임이 아무리 뛰어난 스토리와 그래픽과 사운드를 보여 준다고 해도 플레이어들은 작품 감상이 아닌 오락을 즐기는 목적으로 게임을 하는 경우가 대부분이고 영화와 같은 다른 매체에 비해 큰 메리트가 있지 않다. 그런 의미에서 〈마인크래프트〉는 예술로서 게임의 방향성을 제공한다는 점에서 그 의의가 크다고 생각한다. 동시에 게임을 즐기며 플레이어 스스로 보완하고 싶은점을 보완할 수 있다는 점 또한 훌륭하다. |

게임을 적극적으로 분석하고 비평하는 수업은 게임 자체를 비평한다는 점에서 좋았으나 미술의 한 영역으로서 게임을 다루기에는 부족한 부분이 있었습니다. 공간을 표현하는 원근법, 빛을 처리하는 명암법, 질감의 묘사 등 오랫동안 미술가들은 눈에 보이는 세계를 사실적으로 표현하기 위한 다양한 표현 기법을 연구해 왔습니다. 이러한 회화의 법칙들이 게임으로 이어져 게임 그래픽이 완성된 것인데, 순수 미술 중심으로 수업하다가 갑자기 게임 비평 수업으로 바로 넘어가다 보니 미술과 게임이

연결되지 않는 것이 문제였지요.

그래서 2022년에는 전통적인 회화 작품과 게임을 비교 분석하는 것으로 수업 내용을 수정하였습니다. 이전에 사용한 비평 양식에서 이야기와 메커니즘 분석 부분을 생략하고 전통 회화와 게임을 비교할 수 있도록 비평 활동지 양식을 보완하였지요.

다음은 게임과 전통 미술 작품의 비교 분석이 우수한 학생들의 비평 활동지입니다.

| 옥○찬 학생의 게임과 미술 작품 비교 비평하기 | | |
|---|---|---|
| | 게임 | 예술 작품 |
| (1)<br>작품명,<br>작가(회사),<br>제작 연도 | Half Life (Series) / Valve<br>1998 (Half-Life),<br>2004 (Half-Life 2), 2006 (Half-Life 2 : Episode 1),<br>2007 (Half-Life 2 : Episode 2) | 회화 (1946) / 프랜시스 베이컨<br>1946년 |
| (2)<br>선택한 이유 | 〈Half-Life〉 시리즈는 역사상 가장 중요한 게임 중 하나로 여겨진다. 이런 평을 듣고 이 게임에 관심이 생겼고, 또 컴퓨터가 낡아서 옛날 게임을 많이 하는데, 그중 가장 좋아하는 게임이다. | 프랜시스 베이컨은 내가 가장 좋아하는 작가이다. 그로테스크하고 기괴하나, 나름대로 정리되어 있으며 회화적인 분위기가 마음에 든다. 내가 소개한 게임 〈Half-Life〉와도 유사성이 있어 선택했다. |
| (3)<br>작품 설명 | 〈Half-Life〉는 공상 과학 호러 장르이다. 주인공은 연구소의 물리학자인데, 이곳에서 큰 사고가 나며 게임이 시작된다. | 전쟁의 참혹함과 어두움을 담고 있는 작품으로, 중앙의 인물은 검은 정장에 우산을 쓰고 있다. 얼굴은 흉악하게 웃고 있고, 그 뒤에는 소 사체가 달려 있다. |

| | | |
|---|---|---|
| (4)<br>작품 사진<br>첨부 |  | <br>「회화(1946)」, 프랜시스 베이컨, 1946년<br>[CR46-03] |
| 게임과 예술 작품 비교 비평하기(서술할 때 미술 용어 사용할 것) | | |
| (1)<br>미적 요소 분석+해석<br>(인물이나 공간 표현, 움직임, 사운드 등) | 〈Half-Life〉는 무채색과 푸른색 계열의 색만 주로 사용된 환경을 만들어, 차갑고 디스토피아적인, 통일성 있는 분위기를 전달한다. 특히 외계 종의 침략이라는 주제를 갖기 때문에, 세계 2차 대전에 대한 시각적 언급이 불가피하기도 하다. 이와 비슷하게 「회화(1946)」는 색을 통한 화가의 주장이 보인다. 검은색과 채도가 낮은 붉은/분홍색을 사용하여 침체된 분위기를 전달하며, 인물의 검은 정장에 노란 꽃을 꽂아 대비를 통한 모순을 전달한다. 이 작품도 색상을 통해 어두운 현실을 암시한다. | |
| (2)<br>경험 분석+해석<br>(감상자 또는 플레이어에게 어떤 경험을 하게 하는가) | 〈Half-Life〉를 여러 번 플레이 해 본 사람으로서, 이 시리즈는 고유의 분위기와 이야기가 통일감 있게 잘 만들어져 있다. 생체 무기의 과다한 사용으로 황폐해진 마을의 으스스한 분위기가 잘 느껴진다.<br>「회화(1946)」 또한 그렇다. 물론 프랜시스 베이컨의 그림 다수가 변형이 많이 들어가 있고, 그로테스크한 화풍으로 잘 알려졌지만, 전쟁이 끝나고 1년 후에 공개된 이 작품은 특히 난폭하고 우울한 분위기가 잘 드러난다. 빛의 극 대비를 통한 극적인 분위기와 거친 붓터치에서 그러한 정서가 잘 드러난다. | |

| | |
|---|---|
| (3)<br>가치 평가<br>(미적 요소, 경험의 측면에서 작품의 가치 평가, 보완할 점) | 〈Half-Life〉는 다른 민족의 침략에 대한 비극성과 어두운 면을 아주 섬세하게 전달하고, 공상 과학 요소를 넣은 흥미로운 이야기가 돋보인다. 하지만 대중을 대상으로 만든 작품이어서 그런지 전쟁과 식민 통치에 대한 참혹함과 사람들의 분노가 둔화하여 전달되기도 한다. 그런 면에서는 프랜시스 베이컨의 작품이 훨씬 더 명확히 전달하고 있다고 생각한다. 물론, 〈Half-Life〉와 같은 게임은 주로 상업적인 의도가 있기 때문에 그러한 점이 이해되지 않는 것은 아니다. |
| (4)<br>예술이란 무엇인가?<br>게임은 예술인가?<br>이유는? | 예술이란, 사람(또는 집단)의 생각과 감정을 전달할 수 있는 모든 산물이라고 생각한다. 너무 포괄적이라고 생각하여 반대하는 사람도 있지만, 나는 오히려 '예술'이라는 것을 특정한 어느 활동으로 국한하는 경우를 더 부정적인 시선으로 본다. 그렇다면 '예술이 아닌' 것은 무엇이라고 부를 것인지 묻고 싶다. 그런 의미에서 나는 게임도 충분히 예술이라고 할 수 있다고 생각한다. 예술적 가치가 똑같은지 더 많은 고민이 필요하지만, 〈Half-Life〉와 같은 작품들은 예술로서의 자격을 직접 보여 준다. 작은 스크린에 움직이는 흰 점과 면에 불과한, 단순한 오락으로 여겨지다가, 드디어 극심한 노력을 통해 한 작품으로 완성된다고 인식하게 된 게임의 세계는 더욱 발전 가능성이 크다고 생각한다. |

| | 김○현 학생의 게임과 미술 작품 비교 비평하기 | |
|---|---|---|
| | 게임 | 예술 작품 |
| (1) 작품명, 작가(회사), 제작 연도 | 엘든 링<br>프롬 소프트웨어<br>2022년 2월 25일 출시 | 쾌락의 정원<br>히에로니무스 보스<br>1503~1515년 |
| (2) 선택한 이유 | 일반적인 게임들은 정해진 루트를 따라가면 이야기를 알 수 있는데, 이 게임은 이야기를 곳곳에 숨겨 놓아 숨겨진 요소들을 수집하며 계속해서 반추할수록 더 재밌어지고, 몰입하게 했다. 이러한 점은 우리가 미술 작품에 빠지는 과정과 비슷하다고 생각한다. | 「쾌락의 정원」 역시 곱씹는 맛이 있는 그림이라 선택하였다. 처음 감상할 때는 아리송한 소재와 형태들이 무엇을 의미하는지 구체적으로 알 수 없지만, 작품을 분석해 나갈수록 더 세세하게 해석할 수 있다는 점이 흥미로운 작품이다. |
| (3) 작품 설명 | 멸망해 가는 땅을 모험하며, 영웅들의 룬을 모아 새로운 왕이 된다는 이야기를 가진 게임이다. 모험과 판타지를 즐기는 게임으로 플레이어가 각 지역을 돌아다니며 모으는 룬과 아이템, 등장인물과의 상호 작용에 따라 엔딩이 바뀐다. | 종교화이고 패널화이다. 패널을 닫았을 때, 왼쪽 날개, 중심, 오른쪽 날개 순으로 각각 천지창조, 천국, 현실, 지옥이 나타나며, 작가가 그린 수많은 상징과 인물들이 어지럽게 얽혀 있다. 이 작품은 인간의 탐욕과 죄악을 비판하고 성경의 가르침을 따르라는 충고를 담고 있다. |
| (4) 작품 사진 첨부 | | |

| 게임과 예술 작품 비교 비평하기(서술할 때 미술 용어 사용할 것) ||
|---|---|
| (1)<br>미적 요소 분석+해석<br>(인물이나 공간표현, 움직임, 사운드 등) | 〈엘든 링〉: 3D 그래픽으로 구성되어 게임 속 개체들의 형태, 명암, 양감, 질감이 사실적이다. 쇠락하는 세계가 배경이기 때문에 전체적으로 무채색과 저채도 색상이 많이 쓰였으며, 게임에 등장하는 황금 나무의 노란 빛과 대비되어 환상적인 분위기를 조성한다.<br>「쾌락의 정원」: 수많은 물체와 인물이 복잡하게 배치되어 율동감이 나타나며, 〈엘든 링〉에 비해 형태가 왜곡되고, 양감 표현이 없어 사실적이라기보다 추상적이다. 천지 창조와 지옥 장면에서는 한색과 어두운 색, 천국과 현실에서는 난색과 밝은 색이 주로 쓰여 한난 대비와 명도 대비가 일어난다. 이러한 대비 효과는 관람객들이 작가의 의도를 추측해 보도록 한다. |
| (2)<br>경험 분석+해석<br>(감상자 또는 플레이어에게 어떤 경험을 하게 하는가) | 〈엘든 링〉: 플레이어는 배우의 역할을 한다. 플레이어는 미리 짜인 게임의 틀 속을 돌아다니며 자신의 몫으로 남겨진 미완성된 이야기를 완성해 나간다. 또한 이동에 따라 바뀌는 시점, 효과음과 배경음악, 수집할 수 있는 아이템 등의 요소들이 몰입을 높여 재미를 주며, 「쾌락의 정원」에 비해 참여적, 복합적인 양상을 보인다.<br>「쾌락의 정원」: 감상자로 하여금 관객이 되도록 한다. 작가가 전하고자 하는 의미는 이미 완결되어 있으며, 감상자의 역할은 그것을 읽고, 해석하고, 자신만의 의미로 조합하여 수용하는 것이다. 작가의 창의적인 발상과 다양한 상징들의 조합이 감상자에게 그 속에 어떤 의미가 있는지 상상하게 한다. |
| (3)<br>가치 평가<br>(미적 요소, 경험의 측면에서 작품의 가치 평가, 보완할 점) | 〈엘든 링〉: 재미를 목적으로 한 게임이라서 제작자의 의도가 강력히 드러나지 않지만, 플레이어가 게임 속에서 여행하고 체험하는 경험을 제공한다는 점에서 가치가 있다.<br>「쾌락의 정원」: 작가의 의도인 죄악을 경계하라는 메시지가 명확히 드러나며, 창작 당시에 찾아볼 수 없을 정도의 창의성을 발휘해 낸 점이 가치가 있다고 생각한다. |
| (4)<br>예술이란 무엇인가?<br>게임은 예술인가?<br>이유는? | 예술은 체험이다. 작품을 감상하면서, 작가의 의도, 작가의 시선, 인생을 압축적으로 느끼게 되고, 작가의 시점에서 바라보는 세계를 체험하게 된다. 게임도 마찬가지이다. 각 제작사의 콘셉트, 전문 분야, 좋아하는 스토리가 결합하여 게임의 세계관이 형성되며, 플레이어는 게임을 하면서 그 세계를 이해하게 된다. 요즘 게임은 단순히 재미만을 추구하지 않는다. 사람들은 더욱 개성적이고 창의적인 게임을 찾으며, 미술은 그러한 게임에서 핵심적인 역할을 하고 있다. 따라서 나는 게임도 예술의 범주에 들어갈 수 있다고 생각한다. |

## [표현] 게임 리뉴얼하기

　게임 비평 수업 이후에 자신이 하던 게임을 원작 게임과는 다르게 차별성을 두어 새롭게 바꿔 보는 수업을 진행하였습니다. 최종 결과물은 짧은 동영상으로 제작하는 것이었지요. 학생들은 평소에 아무 생각 없이 수동적으로 게임을 했었는데, 자신이 하던 게임을 새롭게 바꿔야 하고, 디지털 제작 도구로 표현까지 해야 해서 어려워했습니다. 그래서 컴퓨터, 태블릿 PC, 휴대폰 등 디지털 표현 도구에 제한을 두지 않았습니다. 전체 학생을 대상으로 어도비 포토샵 프로그램으로 이미지와 동영상 편집하는 방법을 설명하였는데, 포토샵 이외에 다른 소프트웨어를 사용하는 것도 허용해 주었습니다.

　디지털 제작 도구를 활용한 표현 수업은 학생들의 소프트웨어의 조작 능력에 따라 제작 시간의 차이가 많기 때문에 충분한 시간 확보가 필요했습니다. 그런데 갑자기 프로그램이 다운되거나 네트워크가 먹통이 되는 등 돌발 상황이 발생하여 당황하기도 했지요. 예상되는 돌발 상황에 대비하여 학생들에게 미리 주의 사항을 안내하는 것이 좋습니다.

　몇몇 학생들의 게임 리뉴얼 동영상 제작 계획서와 동영상을 소개하면 다음과 같습니다.

조○현 학생은 〈버블보블〉이라는 1980년대 아케이드 게임을 선택하여 캐릭터를 꼬마 마법사로 바꾸고 배경을 바닷속 풍경으로 변경하는 것으로 계획을 세웠습니다. 배경을 바닷속으로 바꾸기 위해 해파리가 유영하는 무료 사진을 찾아서 포토샵의 픽셀화 기능을 사용하여 이미지를 변환하였지요. 원작 게임과는 다른 잔잔하고 평온한 분위기를 연출한 것이 특징입니다.

김○림 학생은 〈배틀그라운드〉라는 서바이벌 슈팅 게임을 선택하였는데, 현실과 같이 사실적인 인물 캐릭터를 죽고 죽이는 원작의 폭력성을 완화할 목적으로 캐릭터를 젤리 형태로 변형하는 것으로 아이디어를 전개하였습니다.

문○영 학생은 〈리그 오브 레전드〉라는 롤플레잉 게임을 〈쿠키런〉이라는 액션 러닝 게임과 결합하여 유머러스한 동영상을 제작하였습니다. 게임의 속도감 표현에 주력하다 보니 학생이 처음 상상한 것과는 달리 캐릭터와 배경의 완성도가 많이 부족해졌지만, 캐릭터의 움직임과 이야기의 전개가 돋보이는 재미있는 작품을 완성했습니다.

다음은 이 학생들의 동영상 제작 계획서와 동영상 작품 캡처 이미지입니다.

| | |
|---|---|
| 게임 소개 및 선정 이유 | • 선택한 게임명, 제작자(회사), 제작년도, 게임스토리<br>Bubble Bobble, 타이토, 1986년도 출시. 버블 드래곤이 거품을 쏘아서 스테이지 내의 적들을 거품안에 가두어 터뜨리면서 몬스터에 쏠려 움직이는 (악당의 마법에 걸려 용이된 주인공을 구하는 내용) |
| 표현 의도 | • 선택한 게임의 원래 캐릭터와 배경 사운드 등을 설명하고 이것을 어떻게 리뉴얼하여 표현하고 싶은지 쓰세요.<br>버블드래곤을 꼬마아법사로 바꾸고 배경도 바닷속으로 설정하여 거품을 터뜨리며 아이템을 얻는 것과 같이 사운드 음악 + 잔잔한음악 (8bit음) (호흡소리배수)<br>원래게임처럼 버블드래곤이 불로서 아래의 스테이지까지 접촉하는 식으로, 음악과 함께 버블터뜨리는 식으로 풀어내려한다. |
| 원작과의 차별성 (우수한 점, 보완한 점) | 캐릭터의 점프가 없게하신 외로 내는것과 같은 부드러운 모션으로 자유스럽게했다. 내향있는 전부사운드 대신 잔잔한음악을 삽입하여 편안하게 플레이 할 수 있도록 보완했다. 비눗이 터지는 소리도 원작보다 더 잔잔한 느낌으로 (숨이) 바꿨다. |
| 제작 계획<br>• 영상의 주요한 장면 2개를 골라 스케치하세요 | (1)<br>장면의 캐릭터와 배경 이미지 + 사운드 설명<br>보글보글 버블(물거품) 터지는 소리 와 잔잔한배경음악. 캐릭터가 거품을 터뜨려 코인을얻었다. 배경은 산호랑 바닷속 땅<br>(2)<br>장면의 캐릭터와 배경 이미지 + 사운드 설명<br>캐릭터가 부드럽게 유영하여 다른 거품을 터뜨린다. 보글보글소리음 + 배경음악. |
| 사용할 컴퓨터 프로그램 | 포토샵 2020, 프리미어 2020 |

동영상 제작 계획서(조○현)

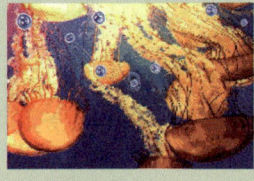 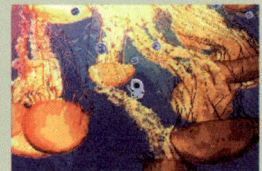 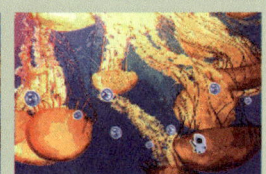

해당 동영상 캡쳐

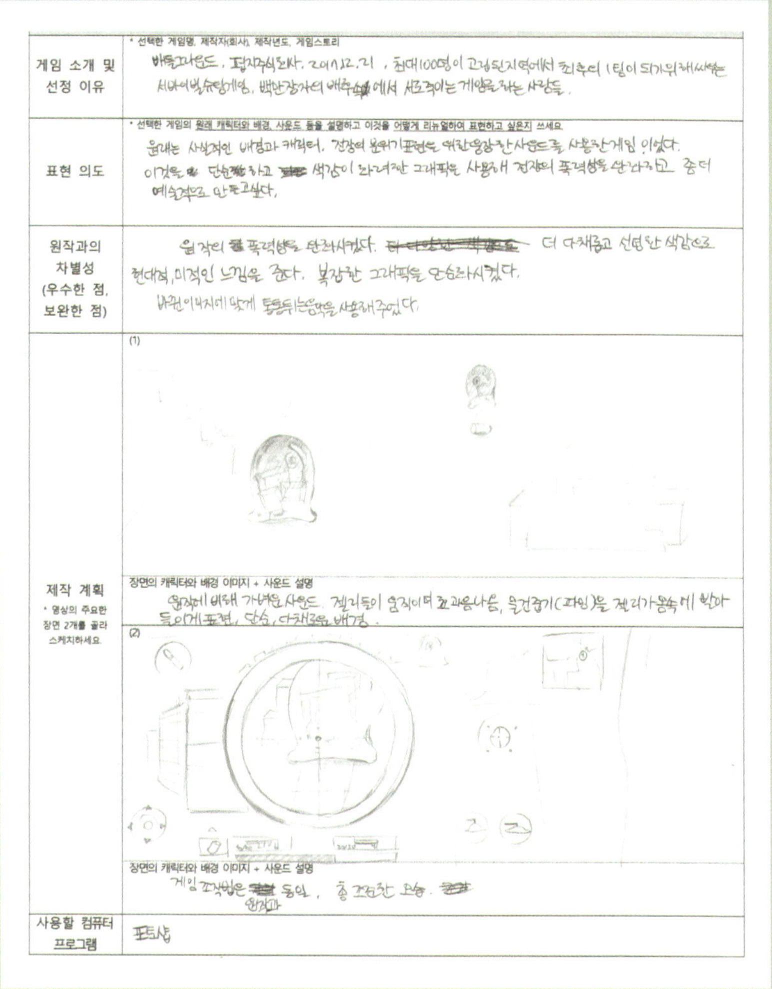

| | |
|---|---|
| 게임 소개 및 선정 이유 | • 선택한 게임명, 제작자(회사), 제작년도, 게임스토리<br>배틀그라운드, 김지수(회사), 2017.12.21, 현재100명이 고립된지역에서 최속의 1팀이 되기까지써우는 서바이벌 슈팅게임, 백만장자더 배수원에서 4조경이는 게임로 자는 사람들. |
| 표현 의도 | • 선택한 게임의 원래 캐릭터와 배경, 사운드 등을 설명하고 이것을 어떻게 리뉴얼하여 표현하고 싶은지 쓰세요.<br>원래는 사실적인 배경과 캐릭터, 장면의 분위기 표현도 매란영상 같은 사운드를 사용한 게임 이었다. 이것을 단순화하고 색감이 화려하게 그래픽을 사용해 전체에 폭력성을 선과지고 좀더 예숙적으로 만들고싶다. |
| 원작과의 차별성 (우수한 점, 보완한 점) | 원작이 갖은 폭력성을 순화시켰다. 더 다채롭고 선명한 색감으로 현대적, 미적인 느낌을 준다. 복잡한 그래픽을 단순화시켰다. 배관이 빠지지 않게 독특한 음악을 사용해주었다. |
| 제작 계획<br><br>영상의 주요한 장면 2개를 골라 스케치하세요 | (1)<br><br>장면의 캐릭터와 배경 이미지 + 사운드 설명<br>현장에 비해 가벼운 사운드, 걸지들이 움직이며 효과음나옴, 물건잡기(과일)를 제리가옴속에 학과 들어오게 표현, 단속, 다재로움, 배경<br><br>(2)<br><br>장면의 캐릭터와 배경 이미지 + 사운드 설명<br>게임 크임물은 총동덕. 총 크림같 용움. 종말 한경과. |
| 사용할 컴퓨터 프로그램 | 포토샵 |

동영상 제작 계획서(김O림)

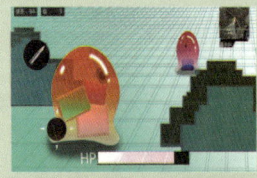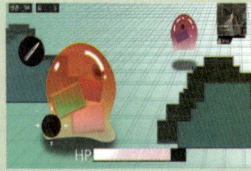

해당 동영상 캡쳐

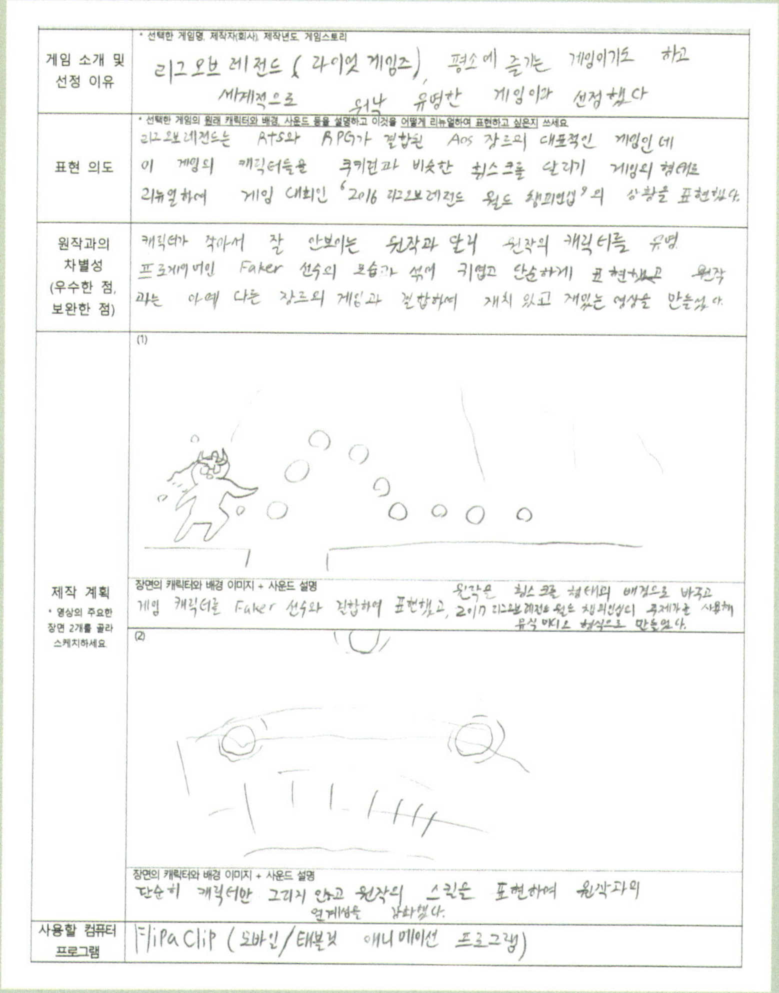

| 게임 소개 및 선정 이유 | • 선택한 게임명, 제작자(회사), 제작년도, 게임스토리<br>리그 오브 레전드 (라이엇 게임즈), 평소에 즐기는 게임이기도 하고 세계적으로 워낙 유명한 게임이라 선정했다. |
|---|---|
| 표현 의도 | • 선택한 게임의 원래 캐릭터와 배경, 사운드 등을 설명하고 이것을 어떻게 리뉴얼하여 표현하고 싶은지 쓰세요.<br>리그오브레전드는 ATS와 RPG가 결합된 AOS 장르의 대표적인 게임인데 이 게임의 매력요소를 쿠키런과 비슷한 취스크로 달리기 게임의 형태로 리뉴얼하여 게임 대회인 "2016 리그오브레전드 월드 챔피언쉽"의 상황을 표현했다. |
| 원작과의 차별성 (우수한 점, 보완한 점) | 캐릭터가 작아서 잘 안보이는 원작과 달리 원작의 캐릭터를 유명 프로게이머인 Faker 선수의 모습과 섞어 키웠고 단순하게 표현했고 원작과는 아예 다른 장르의 게임과 결합하여 재치있고 재밌는 영상을 만들었다. |
| 제작 계획<br>• 영상의 주요한 장면 2개를 골라 스케치하세요 | (1)<br>장면의 캐릭터와 배경 이미지 + 사운드 설명<br>원작은 취스크로 필테와 배경으로 바꾸고 게임 캐릭터는 Faker 선수와 결합하여 표현했고, 2017 리그오브레전드 월드 챔피언쉽이 주제기에 사람에 유식 매시스 형식으로 만들었다.<br>(2)<br>장면의 캐릭터와 배경 이미지 + 사운드 설명<br>단순히 캐릭터만 그리지 않고 원작의 스킬을 표현하여 원작과의 연계성도 나타냈다. |
| 사용할 컴퓨터 프로그램 | FlipaClip (모바일/태블릿 애니메이션 프로그램) |

동영상 제작 계획서(문O영)

해당 동영상 캡쳐

## 수업을 마치며

　벽화와 원근법을 거쳐 서서히 발전하던 이미지 표현 기술은 카메라의 등장으로 큰 변화를 겪은 후 컴퓨터 시대에 이르러 인간의 상상력을 넘어설 정도로 급속히 발전하고 있습니다. 게임은 현대 시각 표현 기술의 첨단에 있으며, 시각을 다루는 미술 교과에서 게임을 중요한 주제로 다루어야 한다고 생각합니다. 게임의 문화적, 사회적 비중은 우리 사회에서 매우 큰 비중을 차지하고 있기 때문이지요.

　디지털 게임은 기술과 예술의 여러 분야가 혼합되어 있으며 가상 공간에 구현되는 시각적 이미지가 기술만큼이나 게임의 중요한 부분을 차지하고 있어 미술은 게임과 밀접하게 관련된 분야라 할 수 있습니다. 그러므로 디지털 게임의 동적 이미지 구현, 디자인의 원리, 기호와 상징의 활용 등 게임의 시각적인 부분을 이해하고 체험하며 나아가 창조하는 능력을 함양하는 것은 미술 교과에서 담당해야 합니다.

　게임은 오랫동안 예술적인 가치를 인정받지 못하였으나, 현대에 이르러 디지털 기술이 발전하면서 게임의 시대를 맞이하게 되었습니다. 게임은 디지털 문화의 가장 중요한 요소가 되었고, 스마트폰이 보급된 이후에는 대중들, 특히 학생들의 삶에도 중요한 부분을 차지하고 있습니다.

　게임은 중독에 대한 우려와 일부 건전하지 못한 게임들로 인하여 교육 분야에서 수용하기 어려웠으나 게임의 중요성을 고려한다면 교육 분야에서 수용하는 방안에 대한 활발한 논의와 실험적인 시도가 필요합니다.

또한, 게임의 본질적인 특성에 관한 고찰을 바탕으로 게임을 통해 미술 수업에서 무엇을 가르칠 것인지, 게임이 미술 교육 환경을 발전시키는 데에 어떻게 활용할 수 있을지 본격적으로 연구하여야 한다고 생각합니다. 게임에 대한 폭넓은 이해를 기반으로 한 미술 교육을 통하여 미래 사회의 새로운 문화 환경이 될 영상 기반의 기술 문화를 대비할 수 있을 것입니다.

# 미술,
# 삶과 세계를
# 마주하다

## 김효희

현재 대안여자중학교에서 미술 교사로 근무 중입니다.
예술은 세계를 바라보는 새로운 관점과 통찰을 갖게 하는 힘이 있고, 교육은 인간다운 삶에 대해 탐구하고 실천하며 자기다움을 찾아가는 과정이라고 생각합니다. 예술과 교육의 접점, 배움의 사각지대를 찾아 미술 수업으로 꾸려 나가고 있습니다. 삶과 만나는 미술 수업을 통해 아이들의 성장을 돕고, 더 나은 세상을 만들어 가는 데 기여하고 싶습니다. 생태, 환경, 기후 위기 등의 문제에 지속적인 관심을 기울이며 시도해 온 수업 이야기를 함께 나누고자 합니다.
hoartist@hanmail.net

## 자기 삶의 구체적인 문제를 마주할 때 몰입과 열정, 배움의 기쁨이 뒤따른다
### 2018년, 플라스틱 지구를 구하라!

플라스틱 빨대가 코에 박혀 고통스러워하는 바다거북 영상을 보고 충격받았어요. 우리가 쉽게 쓰고 버리는 플라스틱 쓰레기가 해양 생물의 생명을 위협하고 있었어요. 사람들에게 이 사실을 알리고 싶었고, 미술 작품으로 어떻게 표현할 수 있을까를 친구들과 고민했어요. 사방이 플라스틱으로 가득한 바닷속을 헤엄치고 있을 그 거북이를 그려서 보여 주는 게 좋겠다는 생각을 했고, 플라스틱 쓰레기를 직접 붙여서 표현하자는 의견이 나왔어요. 그래서 이렇게 완성했습니다. 복도에 전시해서 많은 친구들에게 보여 주고 싶어요.

「거북이의 바다」, 함지우(학생 작품), 2018년

2018년, 〈플라스틱 지구를 구하라!〉 프로젝트에 참여했던 학생의 발표 내용 중 일부입니다. 당시 플라스틱 쓰레기 문제의 심각성을 다룬 뉴스가 앞다투어 연일 쏟아졌고, 각종 수치와 통계들은 환경 문제가 위험 수준에 이르렀음을 지속적으로 경고했습니다. 이 무렵, 영상 하나가 소셜 미디어를 통해 순식간에 확산되었습니다. 바로 플라스틱 빨대로 고통에 신음하는 바다거북을 촬영한 것이었지요. 그 모습을 본 사람들은 고통을 함께 느꼈고, 마음의 꿈틀거림을 경험했습니다. 많은 사람들이 당장 실천할 수 있는 환경 운동을 결심했습니다. 이를 계기로 플라스틱 빨대 사용을 규제하기 위한 다양한 움직임이 일어났습니다. 공감이 연대를 만들어 냈고, 행동의 변화를 일으킨 것입니다.

　플라스틱 쓰레기 문제를 미술 수업에서 다루어 보자고 제안했을 때, 학생들은 어리둥절해했습니다. 플라스틱 쓰레기 문제가 이제 막 이슈화되고 있던 때였어요. 머뭇거리던 학생들을 강력하게 사로잡은 몇 장의 사진들이 있었고, 그중 하나는 새의 사체를 촬영한 것이었습니다. 형형색색의 플라스틱 조각으로 가득 찬 새의 폐. 학생들은 한동안 입을 다물지 못했고, 눈을 의심했습니다. 생명의 사투가 벌어지고 있는 참혹한 현장이 내가 속한 세계의 일부라는 사실을 선뜻 받아들이기 어려웠죠.

　일회용 플라스틱은 생산하는 데 5초, 사용하는 데 5분, 분해되는 데 500년이 걸린다고 합니다. 플라스틱이 처음 생산되었을 때, 사람들은 우리의 생활을 바꿔 줄 놀라운 신소재라며 플라스틱을 예찬했지만, 얼마 지나지 않아 매끄럽고 화려한 플라스틱의 어두운 이면을 알아 버렸고,

값비싼 대가를 치르고 있습니다. 우리 곁에 잠시 머물던 일회용 플라스틱은 홍수에 휩쓸려 바다로 떠내려가곤 합니다. 그리고 긴 여정에 오릅니다. 파도에 부딪혀 잘게 부서지고 뜨거운 태양에 빛이 바랩니다. 바다 위를 둥둥 떠도는 반짝거리는 플라스틱 조각을 먹이로 오인한 새가 플라스틱을 섭취하고 서서히 죽음에 이릅니다. 더 잘게 쪼개진 플라스틱은 미세 플라스틱, 나노 플라스틱이 되어 수많은 경로로 우리에게 다시 돌아옵니다. 2050년이 되면 바닷속에 물고기 개체 수보다 플라스틱 수가 더 많아질 거라는 섬뜩한 경고가 떠오릅니다.

플라스틱 쓰레기 문제에 관심을 갖고, 수 개월간 자료를 모았습니다. 수업으로 어떻게 적용할 수 있을까를 고민했습니다. 더 알면 알수록, 보이지 않던 것들이 보이기 시작했습니다. 플라스틱으로 만들어진 일상의 물건들, 아파트 분리수거장에 쌓여 있는 수많은 플라스틱 쓰레기들, 플라스틱 용기에 든 커피를 마시며 걸어가는 사람들, 생수병에 들어 있을 수많은 미세 플라스틱……. 발리와 하와이는 더 이상 눈부신 에메랄드빛 바다와 야자수 가득한 휴양지가 아닙니다. 전 세계에서 떠밀려온 쓰레기로 몸살을 앓는 바다, 생활 터전을 빼앗긴 원주민들의 섬입니다. 그동안 보이지 않던 세계의 이면이 열린 듯 느껴졌습니다.

'나'를 안다는 것은 나와 긴밀하게 연결된 세계에 대해 이해를 확장하는 것을 의미합니다. 그리고 예술은 그 세계를 비추는 거울이 되어 주곤 합니다. "터너 이전, 영국의 안개는 존재하지 않았다."는 말처럼 예술가는 우리가 미처 발견하지 못하고 지나쳐 버린 존재를 드러내 비로소 온전히 느끼게 합니다. 때론 애써 외면했던 진실을 아프지만 정면으로 마주하게 하기도 하고요. 학생들은 내가 속한 세계에서 벌어지고 있는 플라스틱 쓰레기 문제를 진지하게 받아들였습니다. 그리고 미술을 통해 할 수 있는 일들이 무엇일까를 고민했습니다. 난생처음 해 보는 새로운 시도 앞에 기대가 부풉니다. '우리는 누구나 세계에 대한 호기심을 갖고 끊임없이 탐구하는 존재이며, 삶의 의미 있는 문제를 마주했을 때 어려움과 수고를 마다하지 않는다.'는 격언을 되새깁니다.

## 이미지는 힘이 세다

 단 한 장, 이미지의 힘은 놀랍습니다. 플라스틱 쓰레기로 뒤덮인 바다와 무고한 죽음을 맞이하는 해양 생물들의 모습은 우리를 감정적으로 흔들어 놓습니다. 죽음 이면에 우리의 과오가 있다는 사실을 느끼게 해 주니까요. 이미지의 힘을 알고 작품을 통해 메시지를 전하는 예술가들이 있습니다. 우리는 이런 예술가들에게 영감을 얻었습니다. 일상에서 사용하던 플라스틱 용기가 쓰임을 다하고 자연환경에 놓였을 때의 생경함. 뒤이어 느껴지는 암묵적 경고. 이런 표현 언어들을 작품에 적용해 보기로 합니다.

 이 작품의 제목은 「Plower: 플라스틱으로 태어난 꽃」입니다. 버려지는 플라스틱이 언젠가 플라스틱 생명체로 자라나지 않을까 하는 상상에서 시작된 작품입니다. 당시엔 다소 과장된 생각이라고 여겼던 작품입니다. 그런데 최근 연구에 의하면, 토양에 미세 플라스틱이 다량 포함되어

있으며, 식물이 땅에서 흡수한 미세 플라스틱은 열매를 통해 다음 세대로 전달된다고 하니, 학생들의 상상이 현실이 된 것 같은 씁쓸함을 감출 길 없습니다.

이 작품은 어떻게 탄생했을까요? 작품을 창작한 모둠의 프로젝트 장면을 자세히 들여다보겠습니다.

모둠원 1 : 우리가 가장 많이 쓰는 플라스틱에는 뭐가 있지?

모둠원 2 : 나는 배스킨라빈스 플라스틱 아이스크림 스푼. 한 번 쓰고 마니까 집에 쌓여 있어.

모둠원 3 : 그럼 그걸로 작품을 만들어 보면 어떨까?

모둠원 2 : 그렇게 해도 돼? 선생님! 플라스틱 아이스크림 스푼으로 작품을 만들어도 돼요?

교사 : 그럼요. 무엇이든 작품의 재료가 될 수 있죠. 재료 자체가 작품의 주제를 선명하게 드러내기도 하고요. 주제를 전달하기 위해 재료를 어떻게 효과적으로 활용할 수 있을까를 고민해 보세요.

모둠원 3 : 우아, 진짜요? 얘들아, 그럼 집에서 일단 스푼을 가지고 오자.

구체적 주제 선정, 재료 및 표현 방법의 탐색 등 프로젝트 전체 과정은 학생들의 자발적 선택으로 이루어졌습니다. 우리가 전달하고 싶은 메시지를 작품을 통해 어떻게 드러낼 것인가에 대해 스스로 방법을 찾아 나갔습니다. 아무것도 정해진 것이 없었지만 생각을 모으고 구체화하고 더

듬거리며 나아갔습니다. 이전의 경험을 넘어서는 도전과 실험 앞에 들뜨는 학생들. 더 지켜보기로 합니다.

모둠원 2 : 나 스푼 가지고 왔어. 이것 봐. 진짜 많지?

모둠원 3 : 오, 좋아! 나는 혹시 몰라서 페트병 가지고 왔어.

모둠원 1 : 근데 이걸로 뭘 만들지?

모둠원 3 : 그러게. 줘 봐. (스푼을 손에 가득 쥐고 천천히 관찰한다.)

모둠원 2 : 야, 이거 알록달록 꽃처럼 보인다. 그렇지 않아?

모둠원 1 : 그러네, 꽃 같다. 꽃으로 만들어 볼까?

모둠원 3 : 맞다! 그런데 무슨 의미가 있는 거지? 작품에 의미가 있어야지.

모둠원 2 : 이거 어때? 플라스틱으로 만들어진 꽃. 플라스틱 쓰레기를 버렸더니 플라스틱 꽃이 자라나는 거야. 이걸 보면서 플라스틱 쓰레기에 대해서 생각해 보게 하는 거지.

모둠원 3 : 완전 좋다! 어떻게 그런 생각을 했어? 우리 그럼 플라스틱 꽃으로 만들어 볼까?

배움의 항로에 오른 학생들은 스푼을 요리조리 살펴보며 머릿속 다양한 이미지들과 결합해 봅니다. 번뜩 아이디어가 떠오릅니다. 창작의 과정에서 마주하는 짜릿하고 신나는 순간입니다. 서로의 아이디어에 감탄하고 격려하며 지지하고 의견을 보태는 모습을 지켜보니 절로 미소가 지어집니다.

모둠원 1 : 선생님! 저희 아이디어 떠올랐어요. 이렇게 동그랗게 모아서 플라스틱 꽃으로 만들어 보려고요. 정말 꽃처럼 보이죠? 신박하지 않아요? 진짜 천재인 것 같아요.

교사 : 와, 창의적인 아이디어네요. 이렇게 사물을 일상의 용도에서 벗어나 작품의 재료로 사용할 때 오브제라고 불러요. 스푼의 형태와 색감을 유심히 관찰했네요. 스푼을 모아 동그랗게 두르니 꽃처럼 보여요. 관찰력과 아이디어 모두 놀라워요. 다음 과정도 정말 기대되는걸요.

모둠원 1 : 히히, 감사합니다. 얘들아, 일단 스푼을 붙여서 형태를 만들어 보자.

(꽃봉오리 형태 완성)

모둠원 2 : 근데 꽃봉오리만 하니까 좀 아쉽네. 줄기랑 잎도 만들어 볼까?

모둠원 3 : 내 생각도 그래. 근데 뭘로 만들지? 아! 페트병 가져온 거 있잖아. 그걸 써 볼까?

모둠원 2 : 페트병을 잘라 볼게. (자른 후) 근데 형태가 잘 안 나오네. 어쩌지?


학생들은 창작 과정에서 크고 작은 어려움을 만나게 됩니다. 잘 풀리는가 싶다가도 난관에 부딪히곤 합니다. 그럴 땐, 함께 머리를 맞대고 해결 방안을 차근차근 생각해 봅니다. 든든한 동료가 있어 두렵지 않습니다. 친구의 창의성과 열정은 나에게 연료가 되어 주고 프로젝트에 더욱 몰입하게 만들어 줍니다.


모둠원 1 : 어? 이거 봐 봐. 여기 돌려 쓰는 색연필이 플라스틱으로 되어 있잖아.

이걸 줄기로 써 보면 어때? 선생님, 이 색연필을 재료로 써도 되나요?

교사 : 물론이죠. 그런데 어떻게 활용하려고 하는 걸까요?

모둠원 1 : 꽃줄기를 표현하는 데 사용하려고요.

교사 : 아주 좋은 생각이에요. 색연필을 작품에 사용하려고 생각하다니 참신하네요.

모둠원 1 : 하하, 감사합니다. 선생님께서 완전 좋은 생각이라고 하셨어. 내 아이디어인 거 알지?

모둠원 2 : 그럼 이왕이면 연두색 색연필을 써 볼까? 줄기처럼 보여야 하니까.

모둠원 3 : 그래그래. 그럼 이제 잎을 표현할 재료가 필요한데, 뭐가 있으려나?

모둠원 2 : (페트병을 만지작거리다가 비닐 라벨을 뜯어 내고는) 라벨을 잘라서 잎처럼 만들어 볼까?

모둠원 1 : 와, 그거 좋은데! 한번 잘라 보자.

모둠원 2 : (라벨을 잘라 줄기에 감싸며) 이것 봐. 이렇게 연결해서 잎을 만드는 거야.

모둠원 1, 3 : 와, 멋지다. 진짜 완벽해.

모둠원 2 : 근데 얘들아, 이게 혼자 서 있지를 못하네. 어떡하지?

모둠원 1 : 페트병 뚜껑을 받침대로 사용해 볼까? 이렇게 구멍을 내서 끼우는 거야.

모둠원 2, 3 : 완전 좋다! 우리 너무 대단한 것 같아.

모둠원 2 : 하나만 만드니까 약간 썰렁한데 몇 개 더 만들어 볼까? 선생님, 저희 것 한번 봐 주세요. 이렇게 몇 개 더 만들려고요.

교사 : 플라스틱만을 사용해서 이렇게 작품을 만들다니 재료 활용 능력이 뛰어나네요. 게다가 사용된 재료의 색감, 형태, 패턴 등이 다양하고요. 라벨을 잎으로

활용한 점은 특히 칭찬해 주고 싶어요. 라벨 속 글자들이 장식적인 요소로 효과를 발휘하고 있네요. 몇 개 더 만들 예정이라면 꽃의 형태와 높이 등에 변화를 주는 건 어떨까요? 막 피려고 하는 봉오리, 활짝 핀 봉오리 등 차이를 두고 표현하면 작품에 리듬감이 생길 것 같아요.

모둠원 2 : 오. 그렇게 하면 좋을 것 같아요. 시도해 볼게요.

작품을 어떤 공간에 전시할 것인지도 학생들의 선택과 결정에 달려 있습니다. 작품은 공간과 상호 작용하며 의미를 만들기 때문에 메시지 전달에 있어서 전시 공간은 중요한 부분을 차지합니다. 전시를 위해 고려해야 할 요소들을 학생들에게 알려 줍니다.

모둠원 3 : 선생님! 저희 작품 완성했어요. 어때요?

교사 : 역시 멋지게 완성했네요. 이 작품의 제목과 제작 의도를 설명해 줄 수 있나요?

모둠원 3 : 플라스틱 꽃이고요. 우리가 버린 플라스틱이 꽃으로 피어났다는 걸 보여 주면서 사람들에게 환경 오염의 심각성을 알려 주려고 해요.

교사 : 우리가 버린 플라스틱이 꽃으로 피어났다는 발상이 기발해요. 그럼 주제와 의도를 더 부각시키기 위해 어떤 곳에 어떤 방법으로 전시하면 좋을까요? 전시를 기획할 때는 작품의 특성, 전시 공간, 관람자의 동선 등을 고려해야 해요. 작품의 의미를 효과적으로 전달하기 위해서라면 어디라도 전시 장소가 될 수 있다는 사실을 기억하세요.

모둠원 3 : 네. 알겠습니다. 애들아, 어디에 전시하면 좋을까? 많은 사람들이 보았으면 좋겠는데. 복도에 놓을까?

모둠원 1 : 거기는 눈에 잘 안 띄는 것 같아.

모둠원 2 : 그럼 화단에 놓으면 어떨까?

모둠원 1 : 화단에 놓아도 되는 거야? 선생님께 여쭤보자. 선생님, 화단에 작품을 전시해도 되나요?

교사 : 오. 화단이라! 멋진 생각이에요. 화단에 전시할 생각을 하다니, 훌륭해요. 자연환경에 놓여 있는 인공물은 낯설고 이질적인 느낌을 주면서도 사람들의 시선을 사로잡을 수 있죠. 자연의 꽃과 플라스틱 꽃이 대조를 이루면서 주제를 효과적으로 전달할 수 있을 것 같아요. 아주 좋아요.

모둠원 1 : 근데 사람들이 쓰레기인 줄 알고 버리면 어쩌죠? 또 비가 오면 어떡해요?

교사 : 전시를 할 때는 보통 일주일 혹은 몇 개월 등 기간을 정해 두고 하는데, 예고 없이 잠시 전시를 했다가 철수하는 게릴라성 전시 형태도 있어요. 일상의 공간에 갑자기 나타난 예술 작품은 사람들에게 예상치 못한 발견과 놀라움을 주기 때문에 오히려 더 강력한 인상을 남길 수 있어요. 화단에 작품을 놓는다면 무심코 지나치던 친구들에게 우연한 발견의 기쁨을 선사할 수 있을 거예요.

모둠원 2 : 게릴라성 전시라, 그런 방법도 있어요? 그럼 점심시간에 설치하고 하굣길에 친구들이 볼 수 있게 해 볼게요. 근데 그사이 작품이 망가지진 않을지 걱정이에요. 더 오래 많은 친구들이 보면 좋을 텐데요.

교사 : 작품 설치 장면을 찍어 온라인 공간에 전시한다면 두고두고 작품을 감상

할 수 있죠. 보다 더 많은 사람들이 볼 수 있고요.

모둠원 2 : 와! 너무 좋은 방법인 것 같아요. 그렇게 하면 되겠어요. 감사합니다.

　학생들은 서둘러 화단으로 나갔습니다. 화단을 살펴보고, 적당한 공간을 찾아 작품을 설치했습니다. 다양한 각도로 사진 촬영을 하고 온라인 공간에 업로드했습니다. 작품의 제목과 설명을 덧붙이는 것도 잊지 않았습니다.

　이외에도 배지를 제작해 나눠 주고 캠페인을 진행한 모둠, 플라스틱 쓰레기를 몰드로 사용해 비누를 만들고 화장실에 설치한 모둠, 플라스틱을 업사이클링 해 액세서리를 만든 모둠, 오염수를 직접 구해 와 페트병에 넣고 라벨링 한 모둠, 페트병으로 구명조끼를 만든 모둠 등 기발한 발상과 과감한 시도가 다양하게 뻗어 나갔습니다. 생각에 물꼬가 트고 학생들은 창작의 기쁨, 자유로운 해방감을 만끽하는 듯했습니다.

　프로젝트에 참여한 학생들은 무엇을 느꼈을까요? 학생들에게 소감을 물었더니 이렇게 이야기합니다. 함께 아이디어를 모으고 작품을 창작하는 과정에 신이 났고, 나에게 이런 대단한 창의성이 있었다니, 새삼 놀랐다고요. 우리의 작품이 사회적으로 중요하고 의미 있는 메시지를 전달할 수 있어 뭔가 뿌듯한 느낌이 들었다고도 했습니다. 그리고 플라스틱 쓰레기 문제가 이렇게 심각한지 몰랐는데, 앞으로 플라스틱 쓰레기를 줄이기 위해 노력해야겠다고 합니다. 물론 배움이 체화되기까지는 꽤 많은 시간이 걸릴지 모르겠습니다.

「Plower : 플라스틱으로 태어난 꽃」, 한승윤 외 2인(학생 작품), 2018년

프로젝트 소감을 들으며 내심 뿌듯한 기분을 느끼던 저는 프로젝트 종료 후, 학생들이 남기고 간 또 다른 플라스틱 쓰레기들을 목도했습니다. 이때부터 쓰레기를 만들지 않는 미술 수업에 대한 고민이 시작되었고, 지금도 여전히 나름의 분투를 벌이고 있습니다.

모둠으로 사용하는 창작 테이블에서 학생들은 다양한 이야기를 주고받습니다. 종종 사담을 나누는 경우도 있지만, 프로젝트 주제와 관련해 사뭇 진지한 대화를 나누기도 합니다. 프로젝트 과정에서 학생들은 자연스럽게 플라스틱 쓰레기와 관련된 사회적 이슈, 언론 보도 내용, 관련 지식에 대해 의견을 교환하며 창작과 연결하고 생각을 확장해 나갔습니다. 내가 속한 세계에 대해 관심과 노력을 기울이고 친구들과 공명하며 주도성을 키워 나갔습니다. 작품은 결국 사라졌지만 협력적 소통의 경험, 창작의 근육은 오래도록 흔적으로 남게 될 것입니다.

## 우리의 행동과 결정, 태도와 영향력은 막강하다
### 2021년, 기후 행동 아트 프로젝트

2020년, 코로나로 일상이 멈추었습니다. 우리의 움직임은 통제되었고, 직장, 학교, 거리와 상점은 텅 비었습니다.

그러자 자연은 생명력을 되찾았습니다. 어떻게 된 일일까요? 난생처음 겪어 보는 대재앙 앞에 우리는 한없이 작아졌고, 원인을 찾기 위해 필사의 노력을 기울였습니다. 결국 코로나19의 배후에는 우리의 이기심과 무분별한 행동이, 그로 인해 발생한 걷잡을 수 없는 수많은 문제들이 긴밀하게 연결되어 있다는 사실을 알았습니다. 그리고 이것이 기후 위기라는 거대한 난제로 드러났습니다. 우리의 행동과 결정, 태도와 영향력이 지구에 막대한 위험으로 작용할 수 있다는 것을 다시금 깨달았습니다. 힘의 방향을 바꾸어, 우리가 환경과 관계를 회복하기 위한 태도와 결정을 내리고 행동의 변화를 만들기 위한 노력을 기울인다면, 기후 위기도 극복할 수 있지 않을까요?

저는 기후 위기를 극복하기 위한 예술 행동에 매료되었습니다. 이 무렵 시민, 예술가, 학자 등 각계각층에서 움직임이 일어났고, 시민으로서 학생들도 목소리를 내며 적극적인 행동에 나서고 있었습니다. 기후 위기를 주제로 삼은 예술가들의 작품이 눈에 띄게 늘었고, 세계적 비엔날레와 유수한 미술관들의 전시도 기후 위기를 다뤘습니다. 2021년, 〈기후 행동 아트 프로젝트)를 통해 우리도 역시 동참했습니다.

프로젝트의 시작은 기후 위기를 증언하는 예술 작품을 감상하는 것입니다. 우리는 예술가들이 기후 위기의 문제를 어떻게 다루고 있는지, 어떤 재료와 표현 방법을 사용하는지 등을 분석했습니다. 그리고 우리의 작품에 어떻게 적용할 수 있을지를 궁리했습니다. 기후 위기라는 큰 주제를 두고 모둠별로 소주제를 선택해 표현하기로 합니다. 우리의 창작 과정이 예술적 실천 행동이라고 여기면서.

코로나를 겪으며, 디지털 도구를 활용한 창작의 가능성을 탐색하게 되었습니다. 아이디어를 시각적으로 구현하는 과정에서 학생들은 종종 좌절을 경험하는데, 표현의 기술이 익지 않은 학생들에게 디지털 도구는 상상력의 날개가 되어 줄 수 있습니다. 스스로 생각해 낸 아이디어, 발상이 구체화되어 시각적으로 표현되었을 때 학생들은 예술적 성취감을 경험합니다. 그리고 예술적 성취감은 또 다른 배움을 이끄는 원동력으로 작용합니다.

디지털 도구를 활용한 창작이 반가운 이유는 또 있습니다. 미술 수업마다 골머리를 앓고 있는 쓰레기 문제를 어느 정도 해소할 수 있기 때문입니다. 데이터를 과다하게 사용하는 것도 결국 데이터 센터를 통한 해양 오염을 가속화하는 원인이 되기는 하지만, 그럼에도 시도해 볼 만한 방식입니다.

오른쪽 작품은 지구 가열화, 기후 위기의 결과가 인류의 목숨을 위태롭게 할 수 있다는 엄중한 경고가 느껴지는 작품입니다. 주제를 효과적

「마지막 심판」, 윤정현 외 3인(학생 작품), 2021년

으로 전달하기 위해 양팔저울, 얼음, 인물 석고상 등의 이미지를 활용해 상징적으로 표현했고 흑백의 강한 음영 대비로 무겁고 서늘한 느낌을 연출했습니다. 타임지의 표지처럼 구성한 웹포스터로 완성해 온라인 공간에 전시하였습니다. 스마트폰, 태블릿 PC 등 디지털 도구를 창작에 적극 활용한 작품입니다.

이 작품을 창작한 모둠의 프로젝트 과정을 살펴볼까요?

모둠원 1 : 우리 주제를 뭘로 할까?

모둠원 2 : 글쎄, 북극의 얼음이 점점 녹는다고 하잖아. 얼음이 녹는 걸로 해 볼까?

모둠원 3 : 그럼 녹고 있는 얼음을 직접 그려서 표현하자는 얘기야?

모둠원 2 : 그것보다 실제 얼음을 가지고 와서 녹고 있는 걸 보여 주는 거야.

모둠원 1 : 녹고 있는 얼음이 우리랑 관계가 있다는 걸 보여 줘야 할 것 같은데?

모둠원 2 : 그렇지. 그럼 이건 어때? 양팔저울 한쪽에 얼음을 올려놓고, 반대쪽에는 위협적인 뭔가를 놓는 거지. 아래에는 사람이 있고. 얼음이 점점 녹으면서 추가 기울고, 그러면 사람이 위험해지는 상황을 연출하는 거야.

모둠원 1, 3 : 꺅! 웬일이야! 완전 신박하다! 대단해!

학생들이 머릿속에 어떤 이미지를 떠올립니다. 같은 이야기를 하고 있지만, 떠올린 장면은 제각각입니다. 이제 이미지를 눈앞에 꺼내 놓으며, 가능성을 구체화할 것입니다.

모둠원 2 : 양팔저울이 필요할 것 같은데, 어디서 구하지?

모둠원 3 : 과학실에 있잖아. 과학 선생님께 빌릴 수 있는지 여쭤보자. 선생님, 과학 선생님께 양팔저울 빌릴 수 있는지 여쭤보고 와도 될까요?

교사 : 작품에 필요한 거구나. 정중하게 양해 구하고 여쭤보고 오렴.

모둠원 3 : 네. (과학실 양팔저울을 구해 온 후) 이것 봐. 어때?

모둠원 1 : 근데 내가 생각한 거랑 다르다. 뭔가 더 엔틱한 느낌이었으면 좋겠는데…….

모둠원 2 : 나는 눈금이 되게 잘 보이는 디자인을 생각했어. 어쨌든 이건 아닌 것 같아.

모둠원 3 : 그런가? 그럼 어쩌지? 인터넷에서 다른 디자인을 한번 찾아보자.

모둠원 2 : 응. 그리고 다음 시간에는 얼음 가져오고, 사람이랑 무기를 만들어 보자.

모둠원 1, 3 : 그래, 좋아.

주제를 효과적으로 전달하기 위한 재료(오브제)를 다양하게 탐색해 봅니다. 재료는 미술실 안에만 있는 것이 아닙니다. 무엇이든 표현의 재료가 될 수 있으니까요. 아이디어를 시각적으로 구현하기 위한 다양한 시도들이 시작됩니다.

모둠원 2 : 나 이 저울 구해 왔어. 어때?

모둠원 1, 3 : 우아! 좋은데?

모둠원 3 : 나는 얼음 가져왔어. 아까 아침에 선생님께 부탁드려서 냉장고에 넣어 놨다가 방금 꺼내 왔어.

모둠원 1 : 좋아 좋아. 그럼 이걸 저울에 올려 보자. (저울에 얼음을 올려두고) 어때?

모둠원 2 : 괜찮은데? 저기 (미술실 한쪽에 마련된) 포토존에서 사진 찍어 볼까?

모둠원 3 : 여기 둬 봐. 조명을 줄까? 어때?

모둠원 2 : 조명을 한쪽에서만 줘 봐, 음영이 확실하게 나오게.

모둠원 3 : 이렇게?

모둠원 1 : 응. 한번 찍어 봐.

모둠원 3 : (사진 촬영 후) 어때?

모둠원 2 : 잘 모르겠는데? 뭔가 부족해.

모둠원 1 : 그러게. 이유가 뭘까?

모둠원 3 : 얼음이 생각보다 눈에 잘 안 들어온다.

모둠원 1 : 그러네. 크기도 작고 투명하니까 잘 안 보여. 배경이 흰색이니까 더 그런가 봐.

모둠원 2 : 그럼 어쩌지? 그냥 얼음은 인터넷에서 이미지 가져와서 합성할까?

모둠원 3 : 그러자. 그럼 얼음 이미지 같이 찾아보자.

모둠원 3 : (인터넷 검색 후) 이 얼음 이미지 어때?

모둠원 1 : 좋다. 그런데 무료 이미지 맞아?

모둠원 3 : 응, 맞아. 이렇게 합성해 볼까? (애플리케이션을 이용해 이미지를 합성한다.)

모둠원 2 : 오. 실제 얼음보다 낫네. 근데 뭔가 느낌이 안 난다.

모둠원 1 : 흑백으로 필터 넣어 봐.

모둠원 3 : 이렇게?

모둠원 1, 2 : 그래그래, 이거야! 요런 느낌으로 가자.

프로젝트 과정에서 크고 작은 문제들을 마주할 때마다 학생들은 적극적으로 방법을 찾아냈고 새롭게 시도했습니다. 계획과는 다르게 흘러갔지만 즉흥적인 아이디어, 우연성의 개입과 선택은 오히려 예상치 못한 더 좋은 결과를 낳았습니다. 서로의 창의성에 감탄하고, 격려하고, 고무되면서 보이지 않는 끈끈한 연대 의식이 만들어졌습니다. 교사로서 저의 개입은 최소화되었는데, 교사의 역할은 '양동이에 물을 붓는 것이 아니라 장작에 불을 지피는 것'이라는 말이 새삼 떠오릅니다. 열정의 불이 꺼지지 않도록 배움의 공기를 계속 만들어 주는 일도 잊지 말아야겠습니다.

모둠별로 정한 소주제는 해수면 상승에 따른 기후 난민, 미세 플라스틱으로 꾸려진 밥상, 가열되고 있는 지구, 기후 위기를 불러오는 햄버거의 비밀 등 다양했습니다. 작품을 모아 보니 2018년 프로젝트에서의 작품과는 다른 점이 발견됩니다. 이전에는 플라스틱 쓰레기로 인해 고통받고 있는 해양 생물, 병들고 있는 자연의 이미지를 통해 메시지를 전달하는 작품들이 많았습니다. 그러나 코로나를 경험하며 창작한 2021년 작품들 다수는 기후 위기의 원인으로 지목되는 인간의 모습을 전면에 등장시키고 있습니다. 지구 꼬치를 장작불 위에서 굽고 있는 인간의 손, 미세 플라스틱으로 가득한 생선을 먹기 위해 식탁 앞에 앉아 있는 익명의 인

「해수는 왜 상승했는가」, 박민주(학생 작품), 2021년

「기후 위기 적색 경고등」, 이경민(학생 작품), 2021년

「낭비되는 지구 자원에 대하여」, 김시원(학생 작품), 2021년

간, 물에 반쯤 잠긴 집의 지붕 위에 서 있는 사람들……. 메시지는 더 선명해졌고 시각적 강렬함이 배가되었습니다.

디지털 도구를 활용하면서 표현 재료와 방법도 다양해졌습니다. 혼합 매체를 활용하면서 표현 범위가 넓어지고 작품의 형식과 의미가 풍부해졌습니다. 사진, 영상, 디지털 드로잉, 설치 미술 작품 등은 온라인 공간을 활용해 전시했습니다. 작품의 형식에 따라 인스타그램, 핀터레스트, 유튜브 등의 온라인 플랫폼에 공유했습니다. 영상 작품의 경우 입체, 사진, 퍼포먼스를 혼합하고 소리 효과와 모션 리프를 적용하여 유튜브에 게시해 메시지를 힘있게 전달했습니다.

코로나로 인해 격주 등교를 하고 있었고, 온·오프라인을 넘나들며 수업을 할 수밖에 없는 상황을 역이용해 디지털 도구를 활용한 창작을 적극 시도했습니다. 학생들은 새로운 표현 방법을 빠르게 흡수하고 적용했습니다. 결과물은 만족스러웠습니다.

그렇지만 마음 한편에 불편함도 남았습니다. 두 가지 문제가 저를 사로잡았는데, 하나는 이미지가 가지고 있는 강력함의 또 다른 면 때문입니다. 환경 문제, 특히 기후 위기의 문제를 전달할 때 한 장의 이미지는 위력을 발휘하고 사람들의 뇌리에 깊이 각인됩니다. 이미지는 직관적으로 다가와 효과적으로 메시지를 전달하고 여운을 남깁니다. 그러나 더 큰 목소리를 내기 위해 이미지는 이전보다 더욱 큰 자극과 결합하여 덩치를 키워 왔고, 지금 세계는 자극적인 이미지들의 각축장이 되었습니다. 기후 위기 서사와 이미지는 이미 포화, 과잉 상태에 이르면서 설득력을 잃어 가고 있다는 생각도 듭니다. 성찰 일지를 통해 학생들은 기후 위기의 심각성을 인지했다고 했지만, 학습된 경각심이 아닐까 하는 의구심이 들었습니다. 새로운 교육 과정에 전면 도입되는 기후 위기의 문제가 이미 익히 들어 알고 있는 낡은 것이 되어, 교육적 힘을 발휘하지 못하게 되는 것은 아닐지 염려됩니다.

또 하나의 문제가 남았습니다. 디지털 도구를 활용한 창작이 학생들에게 표현의 자신감을 갖게 하고, 표현 방법의 다양화, 확장을 가져오는 긍정적 측면은 분명 있습니다. 그러나 디지털 창작의 시각적 매끄러움과 효과성을 경험한 학생들은 손그림을 주저하게 됩니다. 더 빠르고 쉬운 방법으로서 디지털 도구를 선택할 가능성이 높아집니다. 기기 밖 세상에 널려 있는 수많은 잠재력을 품고 있는 재료들, 과감한 도전과 실험에 눈 감고 소극적 태도를 보이기도 합니다.

이러한 우려는 학생들의 표정으로부터 시작되었습니다. 미술실이라는 공간, 미술 수업 시간은 그 자체로 학생들에게 해방감을 선사합니다. 미술실 문을 열고 들어오는 순간, 학생들은 해사한 얼굴로 묻곤 합니다. "선생님, 오늘 뭐 해요?" 기대에 찬 얼굴을 보며, 저 또한 마음이 부풉니다. 미술실은 시끌벅적합니다. 점토를 주무르고 도화지에 번져 나가는 물감을 보면서 학생들은 마치 재료와 대화를 나누는 듯 상호 작용하고 깔깔댑니다. 얼굴엔 생기가 넘치고 미술실은 활기찬 에너지로 가득합니다. 그런데 스마트폰으로, 태블릿 PC로 창작을 하는 학생들에게서 무표정한 모습을 발견한 것입니다. 창작 과정에서의 역동적인 움직임은 잦아

들었고, 활동 범위가 줄어들었습니다. 미술 수업 시간은 한층 단조롭고 느리게 흘러갑니다. 코로나의 여파가 남아 있기 때문일지도 모릅니다. 학교 안에서 각종 규제가 늘어나고 교육 활동이 위축되어 있었으니까요. 무언가 변화가 필요한 시점이 찾아왔습니다.

# 뻑뻑도요를 아시나요?
## 2023년, 생태 미술 프로젝트

　2018년 〈플라스틱 지구를 구하라!〉, 2021년 〈기후 행동 아트 프로젝트〉는 미술 수업을 통해 학생들이 이미지가 가진 힘과 영향력을 경험하고 이를 활용하여 자신의 메시지를 효과적으로 전달하는 방법을 배울 수 있기를 바라며 설계되었습니다. 이미지를 읽고 비판적으로 해석하는 능력, 활용하는 능력은 지금의 그리고 미래의 필수 역량이라고 생각하기 때문입니다. 플라스틱 쓰레기, 기후 위기의 문제를 수업 주제로 다루며, 학생들이 내가 속한 세계에 대해 관심을 갖고, 긍정적 변화를 만들어 나가기 위한 노력을 기울였으면 하는 마음도 있었습니다. 공동체의 일원으로서 책임감을 갖고 행동하기 위해서는 먼저, 현상을 분석하고 비판적으로 사고할 수 있어야 합니다. 미술 수업을 통해 이런 경험을 설계해 주어야겠다고 생각한 것입니다. 프로젝트는 나름의 의미가 있었습니다.

　그러나 프로젝트를 진행하는 수년 동안 환경 문제를 공부하며 깨달은 것이 있습니다. 결국 편리함을 쫓는 사람들의 태도, 소비를 향한 끊임없는 욕망을 멈추지 않는 이상 근본적인 해결은 어렵다는 사실입니다. 신재생 에너지가 개발되고 친환경 소비재가 생산되면서 전문가들은 환경 문제가 줄어들 것이라고 예상했습니다. 하지만 결과는 반대였습니다. 친환경 제품을 소비하며 사람들은 스스로를 '환경을 생각하는 시민'이라고 여기며 죄책감을 덜고, 더 과감히 소비하게 되었습니다.

현대 생태 운동을 이끈 환경 보호론자이자 『침묵의 봄』 저자로 유명한 레이첼 카슨(Rachel Carson)은 사회를 변화시킬 강력한 도구로서 경이로움의 힘을 거론했습니다. 경이로움은 감탄하는 마음이며, 나를 작은 존재로 느끼게 하고 더 크고 넓은 세계와 내가 연결되어 있다는 느낌을 갖게 합니다. 경이로움은 공감, 연민, 이타심과 관대함으로 확장되며 파괴적 본능을 억제한다고 합니다. 자연에 대한 경이로움, 생태적 감수성을 회복한다면 당면한 환경 문제도 해결점을 찾아 갈 수 있지 않을까요? 결국 길가의 작은 풀 한 포기에 감탄하는 마음을 갖게 해 주는 것이 중요한 게 아닐까, 자연과의 다정한 연대가 필요한 시점이 아닐까 하는 생각이 들었습니다.

이 무렵 읽게 된 식물학자의 책은 제게 자연에 대한 경이로움을 느끼게 해 주었습니다. 그저 제자리를 지키고 있는 듯 보이는 평범한 식물이 얼마나 열정적이며 역동적이고 에너지가 넘치는 존재인지를 알게 된 것입니다. 이 밖에도 척박한 환경에서 치열한 생존 전략을 통해 진화해 온 식물들을 기록한 책, 도시의 콘크리트를 뚫고 생명을 틔우는 도시 생태계(어반 정글)를 기록한 책, 아파트를 보금자리로 삼은 수십 종의 새들에 관한 이야기는 놀라움 그 자체였습니다. 이렇게 되자, 주변의 보이지 않던 자연의 세계가 새롭게 열렸고, 매일의 산책은 감탄의 연속이었습니다. 살아 있는 것에 대한 경외를 느끼게 된 것입니다. 학생들도 이런 경이로움을 느낄 수 있다면 좋겠다는 생각을 하게 되었고, 이것이 2023년

〈생태 미술 프로젝트〉의 시작입니다.

학교 근처의 생태를 조사하던 중, 안양천에 주목하게 되었습니다. 안양을 관통하며 한강으로 유입되는 도시형 하천. 서울시는 물론이고 의왕시, 군포시, 안양시, 광명시로 연결되며 1400년경에도 기록이 남아 있는 유서 깊은 곳. 오랫동안 삶의 터전이 되어 준 자연. 신도시 조성 과정에서 발굴된 고인돌이 유구한 역사를 증언하고 있습니다. 안양은 제게 고향과 같은 곳이기도 합니다. 하지만 어렸을 때 안양천은 악취가 나고 오물이 가득한 곳이었습니다. 급속한 산업화로 공장들이 들어서고 하천으로 흘러든 공장 폐수로 인해 최악의 오염 하천으로 불리던 때가 있었습니다. 안양천은 그야말로 안양 시민들에게 수치의 대상이었습니다. 이후, 시민들의 힘으로 안양천 살리기 프로젝트가 무려 10년간 진행되었고, '버들치가 돌아오는, 생명이 숨 쉬는 도시 하천을 만들자.'는 결심은 현실이 되었습니다. 지금도 안양천을 거닐 때면 수시로 감탄합니다.

"아, 안양천에서 왜가리를 만나다니……."

"물가에 오리가 저렇게 줄지어 떠다니다니……."

"이렇게 맑은 물속에 노니는 물고기들이라니……."

안양천의 생태를 주제로 미술 수업을 구상해 보기로 합니다. 이상적인 구상은 안양천에 가서 직접 생태를 관찰한 뒤 충분히 느껴 보고 창작으로 연결하는 것이었습니다. 그러나 현실적 조건이 발목을 잡았고, 아는 것의 경이로움을 설계하는 것으로 첫 걸음을 떼기로 합니다. 다행히 안양천의 역사와 생태를 정리해 놓은 〈안양천 생태 이야기관〉이 있었고,

누리집을 통해 정보를 찾아볼 수 있었습니다.

　우리는 안양천에 서식하고 있는 생물종을 조사하여 표현하고, 생태도감을 제작해 보는 활동을 시작했습니다. 누리집 내에는 안양천의 생물종을 〈어류, 양서·파충류, 조류, 저서성 무척추동물, 식물, 곤충, 포유류〉 7가지로 분류해 놓았고, 관련된 정보와 이미지, 관찰되고 있는 지천이 표시되어 있었습니다. 학생들은 누리집 자료를 살펴보며 "안양천에 이렇게 많은 생명체가 살고 있다고?"하며, 놀라워했습니다. 어류만 해도 11과 34종이 기록되어 있었는데, 잉어와 붕어는 물론, 흰줄납줄개, 납지리, 모래무지, 버들치, 은어 등 학생들의 흥미를 끄는 어종이 즐비했습니다. 양서·파충류 중에는 무당개구리, 맹꽁이, 도롱뇽, 아무르장지뱀, 유혈목이 등이 관심을 받았고, 작품의 소재가 되었습니다. 그중에서도 조류는 단연 인기를 끌었는데, 이름만으로도 호기심을 자아내는 삑삑도요, 붉은머리오목눈이, 유리딱새, 물총새, 물까치, 꼬마물떼새, 논병아리, 흰뺨검둥오리, 비오리 등이 학생들의 마음을 사로잡았습니다. 이렇게 각자의 마음에 품게 된 생물종을 정하고 조사한 내용을 글과 이미지로 정리하며, 생태도감으로 제작했습니다. 각 생물종의 외형, 서식지, 먹이, 천적 등과 관련된 내용이 10페이지 남짓 담겼습니다. 이 프로젝트 기간 동안만큼은 내가 이 생물종의 전문가라는 자부심을 품고서 말입니다.

　창작 테이블에서 학생들의 대화는 안양천에 서식하는 생물종에 대한 것들로 채워졌습니다. 대화 일부를 살펴보겠습니다.

학생 1 : 너는 주제 뭘로 하기로 했어?

학생 2 : 나는 삑삑도요!

학생 1 : 삑삑도요? 와! 이름 진짜 이쁘다. 근데 왜 이름이 삑삑도요야?

학생 2 : 도요새의 일종인데, 삑삑 소리를 낸다고 해서 삑삑도요래. 생김새도 예뻐. 까만 눈이 특히 더 예쁘다고.

학생 1 : 아, 그렇구나. 나는 고라니 하는데.

학생 2 : 고라니? 우리가 아는 그 고라니? 안양천에 고라니가 있어?

학생 1 : 응. 관찰됐다고 하던데? 우리 엄마도 본 적 있다고 했어.

학생 2 : 완전 신기하다. 언제 가면 볼 수 있는 거야? 나도 보고 싶은데…….

학생 1 : 새벽이나 해 질 때 나온다던데? 그리고 물 좋아해서 수영도 잘하고 영어 이름이 Water deer야.

학생 2 : 그래? 근데 이건 뭐야? 입 주변에 있는 거, 이거 수염이야?

학생 1 : 아니. 송곳니. 수컷은 송곳니가 이렇게 삐죽 나와 있대. 웃기지?

학생 2 : 응. 진짜 귀엽다. 히히.

학생들은 각자 조사한 생물종에 대해 자연스럽게 정보를 주고받으며 대화를 이어나갔습니다. 저 또한 학생들로부터 새롭게 배웁니다.

교사 : 어떤 걸 주제로 정했나요?

학생 4 : 꽃등에요.

교사 : 꽃등에? 선생님은 처음 들어 보는데……. 곤충인가요?

학생 4 : 네. 생김새는 꿀벌이랑 비슷한데, 파리목에 속해서 벌과 달리 정지 비행을 한대요. 그리고 나비나 벌처럼 꽃의 꿀을 먹으면서 꽃가루를 옮겨서 농업에 이롭대요.

교사 : 그렇구나! 덕분에 새롭게 알게 됐네요. 기억해 둬야겠어요. 꽃등에 캐릭터를 만들어서, 마치 꽃등에가 정보를 전달하는 방식으로 생태도감을 구성한 점이 기발해요. 친근한 느낌도 들고, 내용 전달도 효과적이고요.

학생 4 : 감사합니다! 사람들이 꿀벌이랑 헷갈리니까 이 페이지는 꽃등에랑 꿀벌을 비교 분석하는 페이지로 꾸밀 거예요.

교사 : 그럼 이해가 더 잘 될 것 같고, 독자들의 흥미를 끄는 요소가 될 수 있겠네요.

생태 도감 제작을 마친 후, 내가 선택한 생물종이 안양천에 서식하는 모습을 상상해 보고, 결정적 한 장면을 포착해 표현해 보자고 제안했습니다. 어떤 모습을 담아내야 할지 고민하던 학생들은 안양천을, 그리고 그 안에서 살아가고 있을 생명체를 떠올립니다. 그리고 어떤 재료로 표현해야 할까 곰곰이 생각합니다.

이번 프로젝트만큼은 활동 과정에서 쓰레기를 최소화하자고 다짐하며 바탕지를 재생지로 사용했습니다. 디지털 도구를 활용한 표현은 배제했습니다. 재료를 직접 만지고 문지르고 느끼면서 공을 들여 정성껏 표현했습니다. 마치 내 손 끝에서 생명체가 탄생이라도 하는 듯, 눈앞의 그것을 쓰다듬기라도 하듯이. 내가 표현하고 있는 생명체에 대한 애정은 더욱 깊어졌습니다.

「물총새」, 이지윤(학생 작품)

「물달개비」, 김나은(학생 작품)

「아무르장지뱀」, 이혜진(학생 작품)

「생태도감(물총새, 개똥지빠귀, 물까치)」, 심이율 · 정수아 · 김유정(학생 작품)

「논병아리, 동고비, 딱따구리, 능소화, 뻑뻑도요, 비오리」, 송효정 · 김단비 · 두연수 · 박정연 · 심이현 · 정예린(학생 작품)

학생 5 : 선생님, 얘 거 한번 보세요. 진짜 멋져요!

교사 : 그래, 어디 볼까요? 와! 멋지네요! 먹이를 낚아채서 날아오르는 모습을 포착해서 그렸군요. 눈앞에 있는 듯 아주 생생한걸요.

학생 6 : 히히, 감사합니다. 제 인생작이에요! 사진 좀 찍어 주세요. 집에 걸어 놔야지!

학생 5 : 와, 부럽다. 선생님, 저도 저렇게 오일 파스텔로 하고 싶은데 날개 그러데이션을 어떻게 하면 자연스럽게 표현할 수 있어요?

교사 : 이렇게 유사한 색감의 오일 파스텔을 순서대로 배열해서 칠하고, 손으로 문지르면 그러데이션을 자연스럽게 표현할 수 있어요. 블렌딩 기법이라고 해요.

학생 5 : 아, 그렇구나. 해 볼게요. 제 유리딱새 너무 귀엽죠? 열매를 물고 있는 걸로 표현할 거예요.

학생 7 : 선생님, 저는 능소화 하려고 하는데요. 괜찮을까요?

교사 : 생태도감 마지막 페이지를 「능소화」라는 시로 마무리했네요. 서정적인 느낌이 너무 잘 어울려요. 도감 속에서 능소화는 낱장의 꽃잎으로 표현되어 있는데, 덩굴식물이니까 줄기와 함께 여러 송이를 표현해 보는 건 어떨까요?

학생 7 : 오, 너무 좋을 것 같아요. 그렇게 해 볼게요.

새가 날갯짓하며 펄럭이고, 꽃이 화사하게 피어나며, 수풀이 바스락거리는 소리가 들려오는 듯합니다. 학생들이 각자 표현한 생물종을 한데 모으면, 안양천의 생태가 만들어집니다. 다양한 생물종이 조화를 이루며 살아가는 모습이 눈앞에 생생히 펼쳐집니다.

　프로젝트는 끝났지만, 산책길은 경이로움으로 가득합니다. 새의 소리에 귀를 기울이고 눈길을 돌립니다. 나뭇가지에 앉은 새를 자세히 살펴보니 작고 귀여운 박새입니다. 발견했다는 기쁨, 알아보았다는 뿌듯함이 밀려옵니다. 물가의 흰뺨청둥오리가 눈에 들어오고, 뒤뚱거리는 모습을 보며 가슴이 두근거립니다. 저 보랏빛 꽃은 무슨 꽃일까 궁금해하며 무릎을 굽혀 주저앉습니다.

　학생들도 언젠가 안양천을 산책할 때 그때 배운 그 새, 그 풀, 그 곤충을 발견하면 좋겠습니다. 반가움을 느끼며 감탄하고, 자연의 경이로움을 경험할 수 있는 날이 오길 바라 봅니다. 교사의 역할은 씨앗을 뿌리는 것이라고 합니다. 언제 어디서 싹을 틔울지는 모르지만, 그때를 위해 자연을 사랑하는 마음을 심어 주어야겠다고 생각했습니다.

　얼마 전, 내내 고등학교에서만 근무하던 동료 교사가 중학교로 처음 발령을 받았다며 도움을 요청했습니다. 중학생들한테 어떤 걸 가르쳐야 하냐고 물었습니다. 곰곰이 생각한 후, 저는 이렇게 대답했습니다. '미술을 사랑하는 마음을 심어 주면 된다고, 중학교 미술 수업에서는 그거면 충분하다고' 말입니다.

　미술 수업을 통해 학생들이 자연을 사랑하고, 삶을 사랑하고, 세상을 사랑하는 마음을 갖게 된다면 참 좋겠습니다. 꿈같은 이야기 같지만 그래도 학생들을 사랑하는 마음을 품고, 오늘도 씨앗을 심기 위해 미술실로 향합니다.

# 도전과 실험을 경험하는 미술 수업

## 이다정

아름다움을 누릴 권리, 행복한 삶을 누릴
권리를 찾도록 안내하는 미술 교사로
16년 재직했습니다.
현재 의원면직 후 예술학을 공부하며
교육과 예술의 경계에서 다양한 예술 교육을
시도하는 중입니다.
고정되지 않은 창조적 삶을 꿈꾸며,
책과 강의를 통해 많은 이들과 예술로 만나고자 합니다.

dajung3814@hanmail.net
www.instagram.com/dajungyi

## 미술 수업의 지향점

'미술 시간에 학생들이 어떤 경험을 할 수 있도록 안내해야 할까?'

미술 수업은 교사가 지향하고 있는 지점이 무엇인지에 따라 다양한 색깔로 이루어집니다. 사람들이 자신이 경험한 미술에 대해 말할 때 미술 선생님 때문에 미술이 좋아졌다, 혹은 싫어졌다고 말하는 경우가 많지요. 같은 미술이라는 과목이지만, 선생님을 통해 경험한 미술이 달랐기 때문일 것입니다.

신규 시절, 막연히 잘하고만 싶어서 앞만 보고 달리다가 수업을 찬찬히 돌아볼 기회를 얻었습니다. 수업 코칭을 받는 연수에 수업자로 참여한 것입니다. 카메라를 4대나 설치해 일상의 수업을 여러 번 찍었고, 그 영상을 보면서 수업에 대해 코칭을 받았습니다. 그저 수업 내용을 더 알차게 채워 넣으면 되는 줄 알았는데, 막상 살펴본 제 수업은 성찰의 시간이었습니다.

'수업 속 내 모습, 내 목소리는 이랬구나.'

'그때 학생들은 이랬구나.'

처음에는 수업 속 현상만 보였습니다. 하지만 '왜 그렇게 말할 수밖에 없었는지', '왜 그런 자료를 보여 주었는지', '학생들이 하고 싶었던 것은 무엇인지' 등 보이는 것 이면의 의미를 찬찬히 생각해 보았습니다. 두루

뭉술하고 추상적이었던 제 수업의 지향점이 좀 더 명료해졌습니다. 신기하고 귀한 경험이었지요. 그 후로 어떤 형식으로 수업을 할 것인지 고민했습니다. 방법만 찾는 수업이 아니라 조금 더 나만의 확실한 가치, 지향점을 생각하면서 수업을 계획하게 되었습니다. 제가 찾은 지향점은 바로 '다양성'입니다. 제가 최종적으로 수업을 통해 얻기 원했던 것은 자신이 고유함을 지닌 존재라는 것을 알고, 다양성을 통해 자신의 세계를 확장하는 경험을 하는 것입니다.

처음으로 분리된 과목으로 미술을 만나는 중1 학생들. 이들이 만나게 되는 '미술'이라는 세계가 다양하다는 것을 나누고 싶었습니다. 그동안 학생들이 경험해 왔던 미술이 매우 제한적이었기 때문입니다. 그래서 첫 시간에 '미술이란 무엇인가?'라는 질문을 통해 미술이 지금껏 알아 왔던 '그림 그리기'만은 아니라는 것을 알고, 새롭게 미술을 알아가는 발판을 놓아주고 싶었습니다.

조금 낯선 동시대 미술부터 살펴보면서 지금 우리가 사는 시대에 미술은 어떤 형태로, 어떤 목소리를 내는지 살펴보았습니다.

아름답기보다는 추하고, 기괴하기까지 한 동시대 미술을 살펴보며 자신이 아는 미술에 대한 편견을 버리고 조금 더 열린 마음으로 확장된 미술을 알아가길 원했습니다. 끊임없이 질문을 통해 영역을 확장해 온 미술을 이해하려면 무엇보다 고정된 틀을 깨는 것이 필요하니까요. 시야를 넓혀 미술과 만나 본 첫 시간, 오른쪽과 같은 작품들이 나왔습니다.

〈문자 '미술'로 미술 하기〉 활동은 같은 작품이 하나도 없이 다양했습

<문자 '미술'로 미술하기> 활동 작품 모음

니다. 어떤 학생에게 미술은 세상에 존재하지 않는 '파란색 똥'이기도 했고, '어우러진 색'이기도 했고 '혼란스러운 선'이기도 했습니다. 미술은 '사람'이기도 했고, 자음과 모음을 조합하여 만든 새로운 형태이기도 했습니다.

정해진 답이 없는 활동에서 학생들에게 주저함보다 의욕이 느껴져서 기뻤습니다. 역시 학생들에게는 말랑말랑한 유연함, 그리고 담대함이 있는 것 같습니다.

## 이것은 바나나가 아니다

'미술이란 무엇인가?'라는 질문으로 현대 미술을 설명할 때 빠지지 않고 등장하는 작품이 뒤샹의 「샘」입니다. 미래를 살아갈 우리 학생들은 이제 이것을 뛰어넘어야 한다고 생각합니다. 이미 그의 작품을 차용한 작품들이 등장했고, 더 이상 미술은 감상의 대상이 아니라 체험과 참여의 대상이 되고 있기 때문이죠.

'어떤 의미를 생성할 것인가?'

'그 의미를 관객들에게 어떻게 전할 것인가?'

의미의 시대, 학생들과 조금 더 다양한 방식으로 새로운 의미를 만들어 내는 작업을 하고 싶었습니다.

급식으로 바나나가 나온 어느 날, 학생들이 저를 찾습니다.

"선생님, 빨리 와 보세요!"

벽에 귀여운 표정을 한 바나나가 붙어 있네요. 수업 시간에 접한 마우리치오 카텔란의 작품이 인상적이었나 봅니다. 이 작품을 보고 자신의 반으로 오면 바나나도 준다고 합니다! 친절하게 변용된 작품이군요. 알게 된 것을 잊지 않고 자신의 또 다른 경험으로 만드는 학생들을 보며 함께 웃게 됩니다. 누구나 따라 할 수 있는 작품으로 '이게 예술 작품인가?'라는 헷갈리는 상황을 연출했던 카텔란의 작품은 해석이 다양한데요.

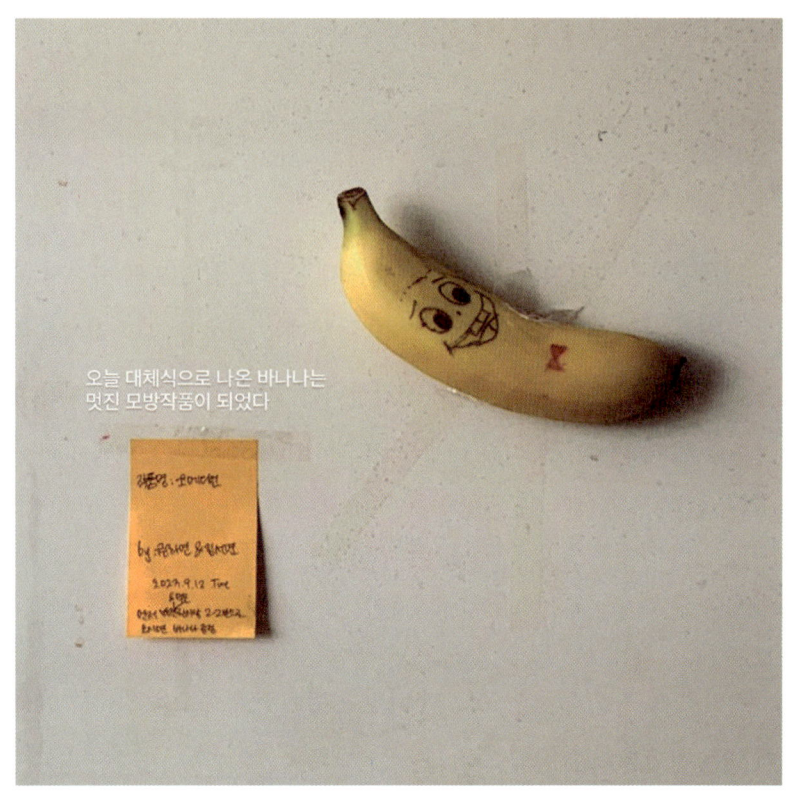

오늘 대체식으로 나온 바나나는 멋진 모방작품이 되었다

「코메디언」이라는 제목 때문에 현대 미술 시장에 대한 조롱 섞인 블랙 코미디라는 평을 받습니다. 엄청난 밈을 양성하며 사람들에게 퍼져나간 이 작품의 예술적 가치는 시간이 좀 더 흐른 후 증명되겠지만, 미술사적 사건이 된 것은 분명한 것 같습니다. 학생들이 붙인 것 역시 바나나가 아니 사건이겠지요.

# 나를 알아가는 경험

학생들의 재기발랄함이 기특하고 고마울 때가 많지만, 미술 시간은 넘어야 할 벽이 많습니다. 자유로움 속에서 조금만 진지하게 '미술'을 접근시키려고 하면 꿈틀대며 빠져나가려는 모습이 역력하죠. 한쪽에서 잠시 개인 작품 피드백을 하고 있을 때, 뒤편에서 멱살을 잡고 얼굴이 벌겋게 달아오른 녀석들도 있습니다. 두더지 게임하듯 한 명 한 명 진정시키다 보면 일주일에 딱 45분 허락된 수업의 반이 가 버립니다. 미술 수업을 하는 것인지 학생들과 씨름하고 있는 것인지 헷갈립니다.

'예전에는 남학생들이 어렵게 느껴지지 않았는데…….'

'타박을 들어도 꿋꿋한 녀석들 특유의 단순함과 재치, 자유로움을 좋아했는데…….'

진행을 위해 온 힘을 다해 외치기를 반복하다 결국 눈물이 터지고 말았습니다. 16년차 교사가 수업 시간에 눈물이 웬 말인가요! 부끄러웠습니다. 학생들 얼굴을 볼 수 없었습니다. 민망해서 벽을 보고 뒤를 향해 손짓으로 끝내자는 신호를 보냈습니다.

'어쩜 이리도 내 마음을 몰라주지? 많은 경험을 하게 해 주고 싶어서 힘들게 준비한 것인데. 괘씸한 놈들. 너무하잖아. 수업을 이렇게까지 힘들게 해야 하나?'

'다양성'이라는 가치를 수업 안에 녹이고 싶은데 현실은 녹록치 않습니다. 한 학교에서 만나는 학생이 500명이 넘고 주어진 시간은 45분, 미술실은 하나. 쉽지 않습니다. '미술'이라는 과목이 마지못해 형식적으로 끼워져 있는 느낌이 들어 속상하기도 합니다. 하지만 일 년이라는 시간 동안 '고유성', '다양성'이라는 가치가 학생들의 내면에 스며들 수 있기를 바라며 새로운 수업을 시도해 보기로 했습니다.

먼저 고유한 나를 자각하기 위해 〈변형하여 자신을 더 잘 드러내는 자화상〉 작업을 해 보았습니다.

남과 다른 나, 나만의 특성을 변형을 통해 극대화하고 시각화하는 과정에서 자신에 대해 조금 더 알 수 있을 것으로 생각했습니다. 자화상은 미술 시간에 많이 하는 활동이지만, 이 수업은 사실적으로 잘 묘사하는 것보다 자신의 특징을 더 잘 드러낼 수 있도록 변형하고, 적합한 재료를 선택하는 것을 통해 다양한 작품이 나오도록 하는 것이 목표입니다. 저는 직접 동네 미용실에서 헌 잡지를 구해 오고 갖가지 재료들을 품의하여 준비했습니다. 최대한 틀을 제시하지 않기로 했습니다. 같은 재료로 재현을 목표로 하는 자화상을 했다면 설레지 않았을 테지만, 교사가 제약하는 것을 내려놓고 조금 더 열린 기회를 주면 다양한 작품이 나올 수 있기에 기대감을 갖게 됩니다. 물론 정신없는 난장판 수업이 될 가능성이 더 크지만요!

트레싱지로 자신의 과거와 미래의 모습을 겹쳐서 시간을 압축한 듯한 작품, 이목구비가 뒤바뀐 작품, 백지 위에 본드 칠을 하여 투명한 질감으

<변형하여 자신을 더 잘 드러내는 자화상> 학생 작품 모음

로 얼굴을 표현한 작품 등 다양한 결과물이 나왔습니다. 작품은 저마다의 이유가 있어 즐거웠습니다.

    주체적 삶을 위해 반드시 선행되어야 하는 작업이 바로 '나 자신에 대해 아는 것'입니다. 중1 학생들이라 자기 탐색을 하는 좀 더 진지한 과정을 갖지 못한 것은 아쉬웠지만, 스스로 어떤 변형이 적합한지, 어떤 재료를 사용하는 것이 좋을지 생각하는 과정을 경험한 것으로도 의미 있지 않았을까 생각해 봅니다.

## 유연한 태도가 필요한 미술 시간

다음으로 현재의 나를 조금 더 즉흥적으로 표현해 보는 활동을 해 보았습니다. 수행 평가 위주로 수업을 하다 보면 놓치게 되는 부분이 바로 '즉흥성'과 같은 요소입니다. 예상치 못한 상황에서 순발력을 발휘하고 찰나의 순간에 반짝일 수 있는 즉흥성을 경험하는 것이 우리 삶에 필요합니다. 정답이 없는 예술이라는 영역에서 가장 잘 경험할 수 있을 것 같지만, 수업이 경직되면 그럴 수 없지요.

교사들은 MBTI를 검사해 보면 'J' 성향이 많습니다. 저 역시 계획과 질서가 중요하며 예기치 못한 상황을 싫어하는 J입니다. 실험성보다 경직성이 더 지배적인 교실에서 교사가 유연하지 못하면 수업은 경직성 쪽으로 기울 수밖에 없습니다. 그래서 그런 교사의 특성이 학생들의 경험을 제약하지 않도록 새로운 시도를 해 보기로 했습니다. 학부모 공개 수업에서 교실에 있는 오브제로 즉흥 작품을 제작하기로 한 것입니다. 예전엔 철저하고 꼼꼼하게 준비한 수업이 좋은 수업이라고 생각했습니다. 막연히 그것이 학생들에게도 좋을 것이라고 생각했습니다. 그러한 생각이 깨지고 '유연함이 필요하다'는 생각을 하게 된 계기는 수업 실기 대회 때문이었습니다.

신규 시절, 수업 대회에 나가서 30초 단위로 쪼개서 수업을 계획하고

짜 놓은 시나리오대로 수업을 진행한 적이 있습니다. 심사 위원들이 지켜보는 가운데 무사히 그 수업을 마치고 학생들을 바라보았습니다.

"선생님, 저희 잘했죠?"

장화 신은 고양이 같은 눈망울로 저를 보는 학생들. 그들의 반응을 보고 갑자기 부끄러운 감정이 밀려들어 고개를 들지 못했습니다.

'이 부끄러움은 무엇일까?'

'누구를 위한 수업이었을까? 무엇을 위한 수업이었을까?'

'착한 학생들이 나를 도와주고 있었구나!'

이건 아니라는 생각을 일찍 할 수 있었던 것이 다행이었습니다. 표면적으로는 화려하고 매끄럽게 진행된 수업 같았지만, 그 수업은 나의 수고와 노력을 드러내는 것, 완벽한 수업을 목표로 하고 있었다는 것을 알아차린 것입니다.

나의 완벽한 수업보다 학생들이 즉흥적으로 만들어 내는 창작 과정을 나누고 싶었던 학부모 공개 수업. 학생들이 어떤 작품을 만들어 낼지 정해진 것 없이, 그 순간에 맡긴 채 수업이 진행되었습니다.

'중학생이란'을 주제로 미술실에 있는 오브제를 활용하여 즉흥적으로 의미를 만드는 작업입니다. 소란해지긴 했지만 학생들도 저도 누군가가 보고 있다는 것을 잊은 채 빠져들어 작업을 했습니다. 교사인 저에겐 나를 내려놓고 또 내려놓는 시도였던 것 같습니다. 수업 중반 때까진 조바심이 났던 것이 사실입니다. 그러나 기회의 장을 열어 주면 그 이상을 보

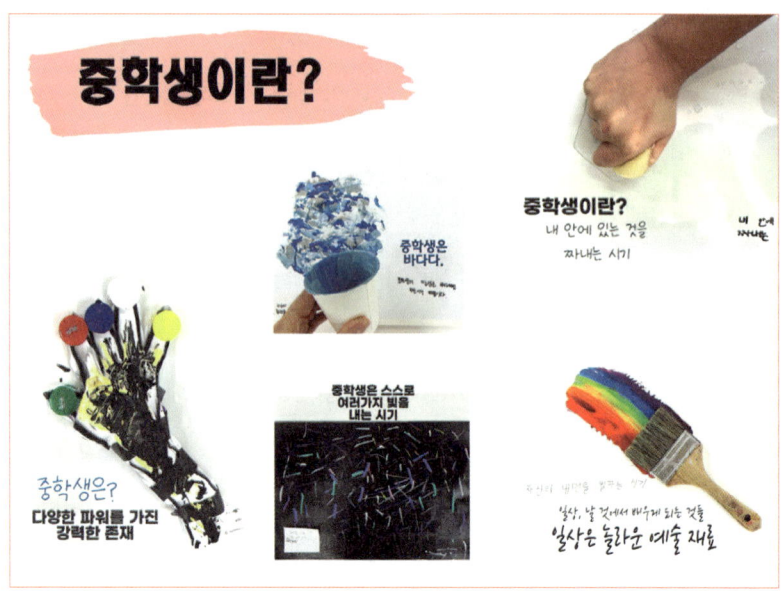

여 주는 학생들을 보며 놀랐던 시간이기도 했습니다.

칠판에 딱 붙어 있는 색깔별 자석을 가지고 와서 '중학생은 다양한 파워를 가진 존재'라고 표현한 모둠, 스펀지를 들고 와 물을 짜내면서 '중학생이란 내 안에 있는 것을 짜내는 시기'라고 말하는 모둠.

처음엔 검정 물감만 칠하고 있어서 의미를 알 수 없었는데 그 위에 여러 색으로 반짝이는 빛을 그리면서 '중학생은 스스로 여러 가지 빛을 내는 시기'라고 의미를 설명해 준 모둠. 종이컵을 가져와 안쪽에 파란 바닷물을 칠해서 자신들이 '바다처럼 무한한 가능성을 지닌 존재'라고 말해 준 모둠. 다양한 표현에 뭉클한 마음이 들었습니다.

학부모님들께서도 그 과정의 의미를 이해해 주셨고, 제가 추구하는

> 마음껏 대화 ❤️학생들이 답습을 자연스럽게 하다니
> 다양한 방식으로 자신의 생각을 표현할 수 있도록 수업 진행하는 모습이
> 인상적임.
>
> 선생님께서 아이들과 소통을 잘 해 주셔서
> 자유로운 분위기에서 창작활동이 이루어짐이 인상 깊었습니다
> 감사합니다. ♡

공개 수업 시 학부모 피드백

'다양성'이라는 가치를 읽어 주셔서 감사했습니다. 예전엔 소란 속에서 막연히 통제해야 한다는 생각에 조급해졌다면, 교사가 지향하는 가치가 명확하고, 학생들에게 동기가 생긴 상태라면 의연하게 함께 나아갈 수 있었습니다. 산만해 보여도 그 과정은 창작을 위한 시끄러움이니까요. 학생들이 하고자 하는 마음, 나도 할 수 있다는 자신감, 의욕, 열정으로 인한 소란입니다.

사실 학생들 작품을 보고 울컥했던 이유는 고등학교에 근무할 때 학생들이 그렸던 '고등학생'이 떠올라서이기도 했습니다. 제시된 단어를 픽토그램으로 단순화해서 표현하는 수업이었는데, 학생들이 다른 단어는 다 척척 그리면서 정작 '고등학생'은 어떻게 표현해야 할지 막막해했습니다. 결국 학생들이 그린 것은 얼굴이 사라진 모습이었습니다.

학교 앞에서 커다란 책가방을 메고 한숨을 쉬고 있는 모습이나 칸막이로 막힌 공간에서 급식을 먹고 있는 모습을 그린 학생들 그림이 많이

'고등학생' 픽토그램(학생 작품)

안타까웠습니다. 반면에 아직 자신들을 다양하게 표현하는 중학생들을 보며 학생들이 지닌 가능성을 보게 되었습니다. 그래서 새로운 의미를 생성하는 작업도 해 보고 싶다는 욕심이 생겼습니다.

# '과정'이라는 소중한 경험

〈소통하는 미술로 일상 회복하기〉라는 주제로 설치 작품과 퍼포먼스에 도전해 보기로 했습니다. 코로나 이후 경직된 일상에서 소통의 문제점을 찾고 관객 참여형 전시까지 해 보기로 한 것입니다. 창백해진 교육 현장에 예술로 숨을 불어넣고 함께할 수 있는 장을 만들어 보고 싶었습니다. 작품으로 함께 교감하고 유대감을 느끼길 바랐습니다. 무엇보다 다양한 표현 형식으로 메시지를 전하는 경험을 할 수 있는 장을 열어 주고자 했습니다.

학교를 둘러보니 입구에 들어섰을 때 학교 폭력 신고 센터, 통제 구역, 출입 제한 등 소통과 반대되는 문구가 먼저 보였습니다. 최근 몇 년간 우리는 서로 거리를 두라고 가르쳤기에 학교 공기는 차갑게 식어 있었습니다. 다시 정상적인 학교의 일상이 돌아오도록 학생들과 미술로 학교의 공기를 바꾸고 싶었지요.

학생들에게 질문을 던졌습니다.

'소통이란 무엇일까?'
'내가 주로 사용하는 소통 매체는 무엇인가?'
'현재 사용하는 소통 매체에서 느낀 불편함은?'

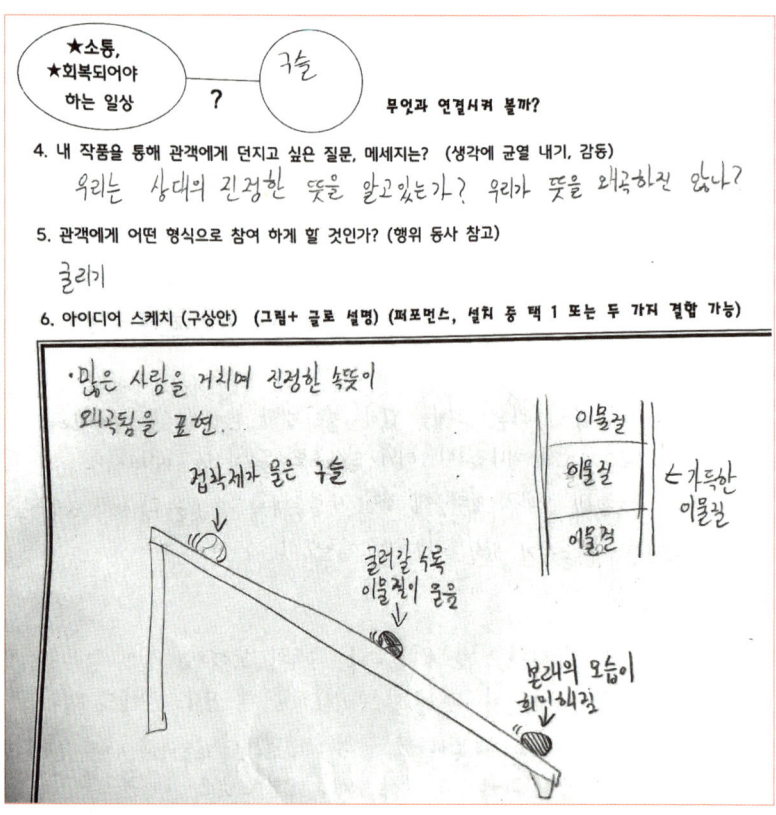

<생각 확장 질문지> 학생 답변

'내가 생각하는 좋은 소통이란?'

'인간은 왜 소통하려고 할까?'

생각을 글로 쓰면서 확장된 질문을 만들어 내도록 유도했습니다. 뇌가 말랑말랑한 학생들은 생각보다 참신한 생각이 많이 했고, 날카로운 비판 의식도 있었습니다.

### 〈인간은 왜 소통하려고 할까?〉에 대한 학생 답변

- 인간과 동물의 차이점이라고 하면 바로 '소통'이다. 비록 벌이나 나비 등 곤충들에게도 소통은 있지만 인간은 표정과 행동, 말의 억양 등 하나하나의 몸짓도 봐야 한다. 왜 인간은 복잡하게 소통할까? 내 생각에는 발견하고 싶은 욕구, 갖고 싶다는 욕망 등을 가지기 위해 '소통'이라는 도구를 사용하는 것 아닐까?

- 소통을 해야지 사냥을 하고 먹이사슬에서 우위를 차지할 수 있기 때문. 그리고 현대에서는 소통으로 지식을 습득하고 문명을 발전시킬 수 있다. 조금 철학적으로 가면 인간이라는 것의 본질 중 하나가 소통이기 때문.

- 인간이 다른 사람과 소통하지 않으면 우울할 수도 있다. 인간은 서로 함께 나누며 사는 존재이기 때문이다.

### 〈내 작품을 통해 던지고 싶은 질문〉에 대한 학생 답변

- 당신은 소통을 하려고 노력하는가?
- 나와는 어떻게 소통하는가?

학생들의 글을 통해 저 역시 고정되어 있던 생각에 균열이 나는 느낌이었습니다. '소통은 표정, 억양, 몸짓까지 보아야 한다.', '일방적인 소통은 폭력이다.', '남과 소통하는 것 뿐아니라 나와는 어떻게 소통하는가?' 등 다양한 메시지가 만들어졌습니다.

2차시에 걸쳐 소통에 대해 생각해 보고, 자신들이 생각해 낸 아이디어를 어떻게 구현해 낼 것인지 합의하는 시간을 가졌습니다.

그러나 실제로 '어떻게 구현해 낼 것인가'는 학생들에게 낯설었던 것 같습니다. 중1 학생들에게 피드백을 받아 보니, 초등학생 때처럼 학습지로 제작하는 수업을 하지 않으니 힘들다는 것이었습니다.

"선생님께서 우리에게 진짜로 만들어 보라고 하실 줄 몰랐어요."

이럴 경우 시간 안에 완성할 수 있도록 학습지, 도안 같은 적당한 디딤돌이 필요합니다. 하지만 종종 그것이 표현을 제약하는 틀이 되거나 단순히 그대로 완성하는 것으로 끝인 경우가 있습니다. 학습지가 진행에 도움을 주기 위해 필요한 것이지만, 미술의 어떤 부분을 알게 하고 어떤 경험을 하게 하고 싶은지에 대한 고민이 빠져서는 안 되겠지요.

완성을 통한 성취감은 미술 활동에서 매우 중요한 요소지만, 그것이 나오기까지의 과정은 더 귀한 것이기에 창작의 과정을 촘촘히 경험하길 바랐습니다. 그리고 실제로 해 보는 것과 머릿속에서 생각만 한 것이 다르다는 것을 알았으면 했습니다.

"아이디어라는 것은 원래 완성 상태로 떠오르지 않습니다. 오직 실행하는 과정에서만 명료해질 뿐입니다."

페이스북, 메타의 창시자 마크 주크버크의 말입니다. 학생들이 처음 생각해 낸 아이디어 역시 실제로 제작하는 과정에서야 명료해지고, 그 과정에서 수정하고 보완하여 완성될 것이기에 실행해 보기로 했습니다.

미술은 안전한 실패의 경험이 가능한 영역입니다. 생각한 대로 뚝딱 실현되지 않을 때 그 실패를 어떻게 받아들이는지, 어떻게 분석하고 이를 통해 무엇을 배웠는지, 어떻게 다른 대안을 생각하는지 등을 경험할 수 있지요.

과정까지 제대로 경험하게 하고 싶은 저의 첫 마음과 다르게 미술실은 점점 아수라장이 되어 갔습니다. 모둠별로 각각 다른 작품을 구상해서 정해지지 않은 방식, 각기 다른 재료로 진행하다 보니 미술실은 엉망진창이 될 수밖에요. 쉬는 시간까지 수업이 진행되었고, 아직 정리하지 못한 미술실에 다음 반 아이들이 밀려 들어왔습니다. 쓰레기가 여기저기 쌓였고, 치우는 것보다 어질러지는 속도가 빨랐지요.

정성껏 준비해 놓았던 준비물은 20여 개 반 수업을 진행하고 나니 메뚜기 떼가 습격한 것처럼 사라졌고, 작품이 짓밟히고 파손되기도 했습니다. 커다란 설치 작품은 더 이상 보관할 곳이 없어 미술실은 터져나갈 듯 꽉 차 버렸고, 미술실 앞 복도까지 작품들이 줄줄이 세워졌지요. 많은 인원과 함께하는 수업에서 과도한 욕심을 부린 것일까요? 힘들어서 눈물이 나기도 했습니다. 그런데 엉망인 줄 알았던 그 수업에서 학생들이 남긴 글은 다른 의미로 눈물이 나게 했습니다.

중2 남자반 학생의 글이었습니다. 사건 사고가 가장 많은 반의 아이였지요. 수업에서 이것저것 수습하느라 진행할 시간이 부족한데 매주 행사 때문에 빠져서 여러모로 어려운 반이었습니다. 특히 이 글을 쓴 학생의 모둠은 생각처럼 진행이 되지 않아 여러 시도 끝에 결국 작품이 공중분해되어 버렸고, 다른 제안을 할 여유도 없이 미완으로 끝났습니다.

교사가 힘들어도 수업에 열정을 쏟게 되는 원동력은 학생이지요. 학생의 글이 얼마나 큰 힘이 되었는지 모릅니다.

> 중학교 이후로 대부분의 일을 틀에 갇힌 채로 진행했던 것 같은데, 내 안에 있던 상상력을 오랜만에 꺼낼 수 있었다. 내가 모르는 내 자신을 찾을 수 있어 좋았다.
>
> 선생님^^ 이런 형식의 미술 수업은 처음이에요. 나이가 들수록 점점 좁은 새장에 갇힌 듯이 갑갑한 기분이 들었는데, 선생님 미술 수업에서는 자유롭게 하늘을 나는 기분이에요. 매주 미술 시간을 기다리는데, 한 시간 밖에 없어서 너무 아쉬워요 ㅠㅠ 선생님 재밌는 수업 준비해 주셔서 감사하고 앞으로 남은 한 학기도 잘 부탁드립니다!!

중2 학생 소감문

 이 모둠뿐만 아니라 작품이 공중분해되거나 아이디어와 완전히 다른 작품이 되어 버리는 경우가 많았습니다. 그런데 학생들이 생각한 것처럼 작품이 제작되지 않았을 때 정작 조급했던 것은 저였던가 봅니다. 많은 학생들이 수업 소감문에 자신들의 경험이 자랑스러웠다고 썼습니다. 제 의도대로 학생들이 그 과정을 즐겼다는 것을 알게 되었습니다.

 직접 「소통의 씨앗」이라는 퍼포먼스를 보여 준 학생은 자기 자신 또한 하나의 예술이라는 생각을 하게 되었다고 했습니다. 관객들이 준비된 씨앗을 뿌리면 작은 씨앗에서 뿌리, 줄기, 잎, 여러 방향 뻗어 나가는 나무가 자랍니다. 소통도 한 명의 사람, 노력으로 시작하여 세상으로 뻗어 간다는 것을 표현해 주었습니다.

 전문적으로 형식을 갖추어 설치해 놓은 것은 아니었지만 삭막했던 1층 로비는 학생들이 몰려와 머물며 소통하는 공간이 되었습니다. 학생들은 자신의 작품을 들고 내려와 설치할 때부터 의기양양해졌고, 친구들이 작품을 체험할 때 너무 기쁘고 신기했으며 학교가 작은 미술관이 된 것 같다고 했습니다.

과정의 오류까지 오롯이 경험하도록 했던 이 시간은 오히려 그 과정 속 학생들의 모습을 보고 교사인 제가 더 많은 것을 얻은 수업이었습니다. 잘못될 가능성을 포용하고 계획한 것과 다르더라도, 계속 시도한 학생들이 자랑스러웠습니다. 생각한 대로 나오지 않았지만 그마저도 즐거웠다는 글은 흐뭇한 웃음을 짓게 했습니다.

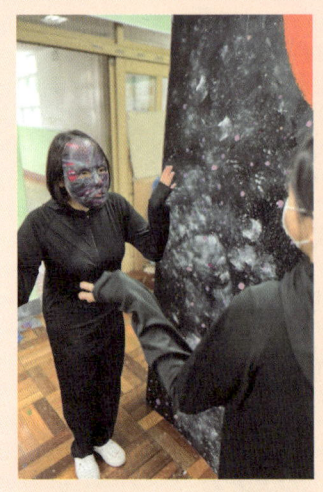

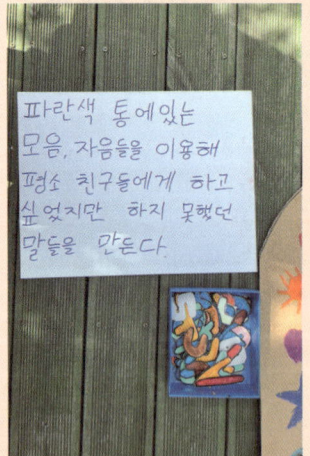

<소통하는 미술로 일상 회복하기> 학생 작품 모음

## 예술가와 만나는 경험의 미술 수업

예술가들은 자신만의 감각과 생각으로 새로운 세계를 보여 줍니다. 학생들이 예술가를 소개할 때 창의적인 작품과 더불어 그들의 삶까지 알았으면 합니다. 그들이 어떤 생각과 태도가 있었기에 존재하지 않았던 새로운 작품을 세상 밖으로 꺼낼 수 있었는지 말이죠. 사실 누구나 자신 있게 유명한 예술가의 이름을 말하더라도, 정작 왜 그들이 위대한지 모르는 경우가 많습니다. 대표적으로 피카소가 그렇습니다. 미술사의 큰 흐름 속에 위치시켜 놓고 이야기하는 것이 가장 좋겠지만, 시수가 많지 않아 어려움이 있기에 중학생 입장에서 밀접하게 만나도록 그의 학창 시절을 그린 영상으로 학생들을 초대합니다.

어린 피카소는 재능은 있는데 규율을 따를 줄 모른다며 질타를 받았고, 스스로 스무 살이 되던 해 스페인에서 파리로 떠나 자신만의 예술 세계를 개척합니다. 피카소가 어떤 문제 의식을 가지고, 무엇에 도전하려 했는지 영상을 보고 나누었습니다.

학생들은 사뭇 진지하게 시청합니다. 맹목적으로 '명화니까 훌륭한 것이지.'가 아니라 왜 위대한 명화로 인류 역사 속에 남았는지 그 의미를 알고, 자신과도 연결시켜 보았으면 합니다. 마음에 울림이 있었으면 하는 바람도 있습니다.

출처: 내셔널지오그래픽

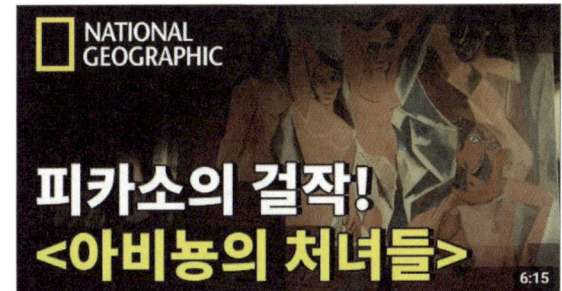

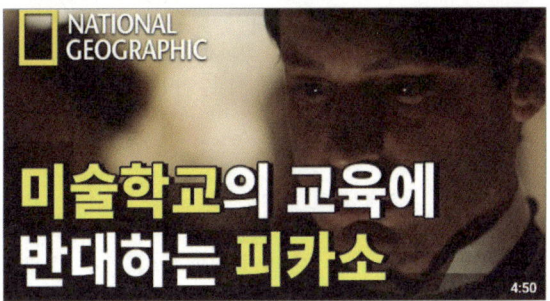

일종의 미술사 수업이지만, 지식이 아닌 예술가와 만나는 경험이 되었으면 합니다. 만남을 주선하는 입장에서 기쁜 순간은 학생들의 반응을 볼 때입니다. 영상을 통해 응축해서 전하고자 했던 메시지를 읽어낼 때입니다.

"얘들아, 자신의 삶을 스스로 만들어 가는 주체적인 사람, 고유한 사람이 되자."

"얘들아, 우리 삶은 도전의 연속이기에 끊임없이 나의 틀을 깨기 위해 노력해야 해."

이 메시지를 이해한 것인지 한 학생이 어깨를 들썩이며 다가왔습니다.

"선생님! 흑흑흑!"

토닥여 주었더니 더 크게 엉엉 웁니다. 자신도 왜 이렇게 눈물이 나는지 모르겠다고 합니다. 떨리는 목소리로 그동안 너무 답답하고 힘들었다며 자신의 이야기를 꺼내어 놓습니다.

"사람들이 저 보고 공부를 잘해서 좋겠대요. 그래서 잘해야 할 것 같아요. 그런데 그게 제가 원했던 것인지 잘 모르겠어요."

늘 밝았던 친구라 놀랐지만, 고유한 자신만의 것을 찾겠다는 피카소의 모습을 보고 자신의 모습까지 돌아본 것 같아 반가웠습니다.

예술가들의 삶과 작품을 알게 된 학생들과 직접 예술가가 되어 보는 활동으로도 연결해 봅니다.

작품의 특징, 일화, 인물의 성격이나 새로 알게 된 미술사조, 이론적 특징 등을 정리해 보고 소품도 직접 만들어 역할극을 해 봅니다. 작품의 특징을 아는 것보다 웃기는 소품 제작이 더 즐거운 학생들이지만, 지식으로 미술사를 접하지 않고 만남이라는 즐거운 경험으로 미술사를 접하길 바랍니다. 훗날 희미하더라도 이때의 경험을 떠올리면 좋겠습니다.

# 현재와 연결하는 경험의 미술 수업

미술 시간의 다양한 경험은 결국 자기 자신, 그리고 현재와 연결되어야 합니다. 미적 체험, 표현 활동은 직접 하는 것이기 때문에 연결이 쉽지만, 감상 영역은 지식으로 끝나는 것 같은 아쉬움이 있었습니다. 그래서 표현과 연계한 감상을 시도해 보았습니다. 역할극, 디자인, 종이 부조 등 다양한 표현과 접목하여 학생들이 감상을 통해 알게 되고 느꼈던 것이 드러났으면 했습니다.

실제로 감상 후 알게 된 것을 통해, 보다 밀도 높은 작업을 하는 모습을 볼 수 있었습니다. 잘못 이해한 것도 표현을 통해 드러났기에, 다시 피드백할 수 있어 좋기도 했습니다.

감상 영역 중 미술사는 우리 삶이 예술과 무관하지 않으며 매 순간 예

시대순으로 예술가의 자화상을 표현하기

술과 함께해 왔다는 것을 알 수 있습니다. 미술사는 현재 진행형입니다. 그렇기 때문에 역사라는 광활한 좌표 위에 현재의 자신을 위치하여 세상을 인식하고 사유하고 질문하는 것까지 이어져야 한다고 생각했습니다. 그래서 먼저 시대별로 왜 세상을 다르게 인식했는지 색안경을 써 보고, 렌즈에 따라 어떻게 다른 세상이 보이는지 체험했습니다. 그리고 지금 현재 내가 인식하고 있는 세상을 안경 프레임 안에 시각화시켜 보았습니다.

마지막으로 과거 인상적이었던 작가를 선택하여 나란히 위치시키고 현재의 나와 연결하여 질문하는 작업을 해 보았습니다. '말 풍선'이라는 장치로 예술가와 시대를 뛰어넘는 가상의 대화를 시도했습니다.

작가와 대화하기 위해서는 상대를 알아야 하기 때문에 각자 관심이 가는 작가를 선택하여 능동적으로 조사하고 대화를 만들었습니다.

1960년대 팝아트가 등장했던 미국, 리히텐슈타인에게 2020년대를 살아가는 한국 학생이 말을 건넵니다.

"오늘날 예술은 우리 주위에 있다고 하셨는데 맞는 말인 것 같아요. 막 머릿속을 스친 아이디어도 예술이니까요."

대중적인 만화 이미지를 배경으로 한 60년대 리히텐슈타인, 그리고 세상을 보는 모든 순간에 스마트폰이 등장하는 2020년대의 여학생의 모습에서 시공간의 틈이 느껴집니다. 앱 아이콘과 상표 들이 떠다니고, 손으로 공감하지 못하는 사람을 뜻하는 T 모양을 하고 있는 남학생도 지금 이 시대를 잘 말해 줍니다.

지금의 시각으로 보는
예술가의 모습(학생 작품)

## 교사에게도 필요한 경험의 중요성

    너무도 빨리 변화하는 세상을 살아가는 우리 학생들에게 과거의 경험치가 더 많은 교사가 가르침을 준다는 것은 쉬운 일이 아닐 것입니다. 도전하도록 장려받지 못한 삶을 살아온 기성세대 교사가 학생들에게 해 줄 수 있는 것은 많지 않습니다. 그럼에도 불구하고 미술 교사는 무엇을 할 수 있을까요?

    조금 더 유연하고 열린 태도로 학생들을 믿고 장을 열어 주는 일 아닐까요?

    창조 사회로 진화하는 과정 속에서 잠재력과 고유함을 끌어 낼 수 있도록, 학생들이 다양한 경험을 할 수 있도록 기회를 만들어 주는 것이죠.

    그것이 가능하도록 교사가 학생들의 경험하는 과정을 충분히 관찰하고 도울 수 있는 '여유'가 있었으면 좋겠습니다.

    예술 교육학자 맥신 그린(Maxine Greene) 또한 과정을 중시했으며 교사와 학생 모두 '되어 가는 상태'에 있다고 말했습니다.

    그녀는 '널리 깨어 있음'이라는 핵심어로 자신의 철학을 말합니다. 예술은 '쳇바퀴처럼 돌아가는 일상, 지루함, 불평등에 마취되어 있는 우리를 깨어나게 하는 것'이라고요.

    무감각함에서 벗어나 '널리 깨어 있음'을 통해 삶의 의미를 찾는 것. 이러한 과정은 떠먹여 주거나 강요할 수 없는 것입니다. 교사의 역할은 이러한 경험이 가능한 환경을 조성하고 돕는 것, 학생들의 세포 진동수를 느끼고 함께 출렁이며 그 세계 속에 같이 머무는 것입니다.

오늘도 애틋하고 광활한 시선으로 학생들과 함께하고 계시는 모든 선생님을 응원합니다.

# 미술 교사의
# 로봇 동아리
# 이야기

## 조철수

현재 경기도교육청 경기학교예술창작소에서
장학사로 근무 중입니다. 예술은 인문학과
과학 기술의 발달 과정을 수용적으로 받아들이는
상호 보완적인 관계 속에서 아름다움을 정의하며,
현대 예술로 발전할 수 있습니다. 우리 아이들에게
예술을 기반으로 한 과학 기술과 윤리적 사고를
융합하는 예술 체험의 기회를 제공할 때 인류애를
갖춘 창의적이고, 미래 지향적인 아름다움에 대해
재해석할 수 있고, 체득할 수 있다고 생각합니다.
이를 위해 '인문학'과 '과학'을 융합하는 장으로서의
융합 예술 교육에 대한 연구를 하고 있습니다.
cscho23@naver.com

# 로봇을 사랑하는 학생들, 모두 모여라

"안녕하세요. 저는 미래 신기술 연구 동아리 홍보를 맞은 2학년 김현수입니다. 우리 동아리는 로봇을 좋아하는 학생들이 모여 함께 로봇을 만드는 동아리입니다. 지난해 중소기업 기술 혁신 대전에 참여한 영상을 보면서 동아리 소개를 하겠습니다."

동아리 소개 영상 이미지(제21회 중소기업 기술 혁신 대전 온라인용)

신학기가 되면 대부분의 학교가 그렇듯 우리 학교에서도 동아리 홍보를 위해 학생들은 분주합니다. 기발하고 화려한 포스터로 신입생들의 이목을 집중시킵니다. 또 아침 조회 전 시간을 이용해 선배들이 1학년 각 반을 돌아다니며 동아리 홍보를 합니다.

미래 신기술 연구 동아리는 디자인 팀, 전자 회로 팀, 프로그램 팀으로 구성되어 있습니다. 신입생 모집은 학생들이 직접 홍보와 면접을 진행합니다. 희망자를 받아 면접을 통해 팀별로 3~4명을 선발합니다. 그리고 선발된 신입생은 2주 동안 동아리 인턴 생활을 합니다. 2주 후 팀별로 2명씩 총 6명의 신입생을 최종 선발합니다. 인턴 기간 신입생들은 팀별

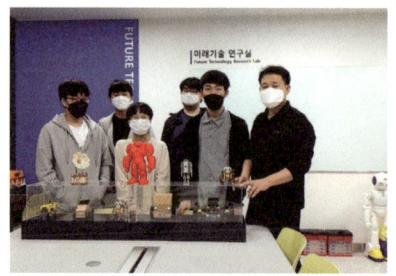
동아리 3년차 학생들

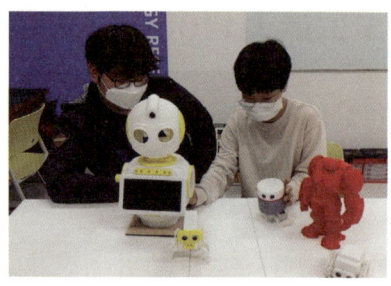
디자인 팀

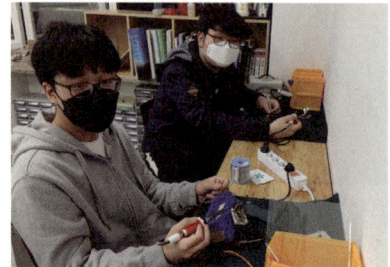
전자 회로 팀

프로그램 팀

로 돌아가면서 주요 학습 내용과 기초적인 실습을 체험합니다.

　체험이 끝나는 2주 후에는 관계가 역전됩니다. 모집 시기에는 선배들이 신입생을 선발했지만 이제 신입생들이 선배들을 결정합니다. 인턴 기간 동안 선배들에게 배운 내용을 토대로 관심 있는 팀을 선택합니다. 선배들은 똘똘한 후배가 자기 팀으로 들어오게 하려고 점심시간에 간식도 사 주고, 방과 후에 신입생들이 오면 최대한 친절하게 설명하기도 합니다. 의도한 바는 아니지만 서로를 존중하는 기회가 되었습니다.

　초기에는 서로 마음이 통하는 선후배끼리 팀이 되었다가도 시간이 지나면 대부분 자신의 전공과 관심 분야를 생각하고 팀을 변경합니다.

팀 이동은 원칙적으로 불가능하지 않습니다. 다만 너무 많은 이동은 심화 학습에 문제가 있어 1학년 1학기, 한 번의 이동 시간을 갖습니다. 불가피한 경우 2학년 올라가는 시기에 팀 간 맞교환이 가능한 범위 내에서 기회가 주어집니다.

제가 근무한 특성화 고등학교는 디자인과, 전기과, 전자과, 컴퓨터과, 화공과 총 5개 학과로 편성되어 있었기 때문에 디자인과 학생은 디자인 팀, 전자·전기과는 전자 회로 팀, 화공·컴퓨터과는 프로그램 팀에 합류하는 경우가 많았습니다. 간혹 앞에서 동아리 소개를 했던 동아리 대표인 현수와 같이 멀티 플레이가 가능한 학생도 있습니다. 현수처럼 배움의 속도가 빠르고 융합을 잘하는 학생은 다양한 전공 분야에서 심화 학습이 가능하도록 주도적인 프로젝트 진행과 다른 팀에서 활동하는 기회를 주어, 최대한 학생의 역량이 발현될 수 있도록 하였습니다. 이렇게 신입생 선발과 팀 배정이 끝나면 학생들이 스스로 진행하는 단기 프로젝트와 교사가 함께 참여하는 1년 단위의 장기 프로젝트를 동시에 진행하며 본격적인 동아리 활동을 시작합니다.

# 교학상장(教學相長)
## "가르치고 배우면서 함께 성장한다."

먼저 소개할 내용은 학생들이 진행하는 프로젝트 동아리 활동입니다. 우리 동아리는 방과 후와 반일제 시간에 진행됩니다. 매주 2일은 자발적인 의무(암묵적), 나머지 3일은 자유롭게 참여합니다. 동아리실은 항상 오후 10시까지 오픈되어 있기 때문에 학교에서 실시하는 전공 관련 자격증, 진학, 취업 등 보충 수업과 외부 학원 수업이 없는 시간이면 자유롭게 참여합니다. 우리 동아리 학생들은 배움에 의욕이 많은 편이라 학교에서 진행하는 각종 방과 후 활동에도 자발적으로 참여합니다. 보통 전공 관련 자격증을 2~4개까지 가지고 있는 경우도 있습니다.

프로젝트가 진행되는 동안에는 점심시간과 쉬는 시간에도 동아리실에서 시간을 보냅니다. 마감 때가 되면 팀끼리 협의해서 주말에 나오기도 합니다. 지도 교사가 필요하니, 저에게 학교로 나와 달라고 요청하는 경우도 많습니다. 즐겁고 보람찬 괴로움입니다. 이렇게 학생들은 동아리실에서 대부분의 시간을 보냅니다.

의무 참여 2일은 우리 동아리가 가장 중요하게 생각하는 'Teaching Day'입니다. 학생들은 매달 초 서로의 일정을 확인하며 의무 참여의 날을 정합니다. 학교 및 학원에서 이루어지는 교육 활동을 피해 모두가 참여할 수 있는 요일을 찾는 것이지요. 그렇게 정해진 일주일 중 2일이

'Teaching Day'입니다. 이 날은 팀별로 50분씩 다른 팀과 후배들에게 학습 지도를 합니다. 디자인 팀에서는 Fusion360 프로그램을 가르치고, 전자 회로 팀은 전자 부품 이해, 납땜, 기판 설계(PCB)를 가르치고, 프로그램 팀에서는 아두이노 IDE 언어인 C++과 파이썬을 가르칩니다.

"얘들아, 이번에는 팀별 TD 쌤이 누구지?"

TD 쌤은 Teaching Day 선생님을 지칭하는, 우리 동아리에서 만든 비공식 언어입니다.

"네! 전자 회로 팀은 제가 하고, 디자인 팀은 인경이, 프로그램 팀은 서원이가 TD 쌤입니다."

"그래, 어떤 것을 수업할 것인지 계획은 세웠어?"

"디자인 팀에서는 곤충 만드는 도면을 그리면서 2D 스케치 모드의 편집 기능을 학습해 보려고요."

"인경아, 아두이노 나노 보드가 들어가게 설계를 해 줘. 그러면 우리 팀은 나노 보드에 초음파 센서와 DC 모터를 연결하는 회로 설계를 학습하도록 준비할게. 그리고 너희 모델링을 3D 프린터로 출력하고, 회로 부품을 조립한 후 프로그램 팀에서 움직이도록 코딩하는 학습 내용을 준비하면 좋지 않을까?"

"그렇게 되면 2D 스케치 편집 기능을 50분 만에 설명하기 어려울 것 같은데······."

"일단 나노 보드와 DC모터 3D 규격 모델링을 제공해 주고 그 규격에 맞추면 가능하지 않을까?"

현수가 인경이의 수업 계획에 대해 의견을 내어 프로젝트로 발전시키고 있습니다. 팀별로 지식이 융합되는 과정이라고 할 수 있지요. 팀의 학습 내용을 연결하여 융합 프로젝트를 기획하고 있는 것입니다. 각 팀에서 필요한 교육 과정(성취도, 내용, 절차, 시간)에 대한 계획이 포함된 좋은 아이디어입니다. 이렇게 자연스럽게 시작한 이야기는 프로그램 팀의 서원이가 참여하면서 본격적인 프로젝트를 만들어 갑니다.

# <만들어 보면 알아!> 프로젝트

"그럼 프로그램 팀은 다음 Teaching Day에 DC 모터 구동 코드로 준비하면 되겠네. 다음 준비는 제가 할게요. 선생님! DC 모터의 방향과 속도 제어는 제가 잘 설명할 수 있어요."

"전자 회로 팀에서는 저항 읽기, 납땜 실습을 할 수 있는 다이오드 사용 LED 회로 제작 실습을 준비했는데, 바로 곤충에 들어가는 나노 보드에 초음파 센서와 DC 모터를 연결하는 PCB를 설계하는 단계로 넘어가면 되겠다."

"그럼 우리 프로그램 팀에서도 처음 아두이노 IDE 기본 문법과 스케치 활용 방법을 익히고, 바로 초음파 센서 데이터 가공과 DC 모터 제어 코드를 학습하도록 계획해 볼게."

"사용하려고 하는 데이터 입력 센서는 뭐로 하려고?"

"초음파 센서를 활용하려고 생각하고 있어."

"초음파 센서는 처음에 회로 구성이 어려워 후배들이 어려워할 수 있을 것 같으니, 간단하게 첫 시간에는 버튼 스위치로 하는 것이 좋지 않을까?"

"아! 그럴 수 있겠다. 복잡하지 않고 ON, OFF의 기능만 이해시키면 되겠다. 그리고 ON, OFF 작동을 이해한 다음에 시리얼 데이터를 디지털 데이터로 전환하는 과정을 학습하면 되겠네."

"모두 좋은 아이디어들이네! 그럼 이것을 현수, 인경이, 서원이가 함께 프로젝트로 기획을 해 봐. 프로젝트 이름은 뭐로 할까?"

"매년 신입생들이 오면 가르치는 기초적인 내용이고, 무엇보다 말로 설명하기 어려운 로봇 제작 과정을 해 보면서 이해할 수 있으니, 〈만들어 보면 알아!〉 프로젝트 어때요?"

그렇게 〈만들어 보면 알아!〉 프로젝트가 2개월 동안 진행되었습니다. 프로젝트가 진행되는 동안 신입생들은 각 팀의 지식을 두루 학습하게 되고, 개인 작품도 완성할 수 있지요. 선배들은 후배들을 가르치면서 정리

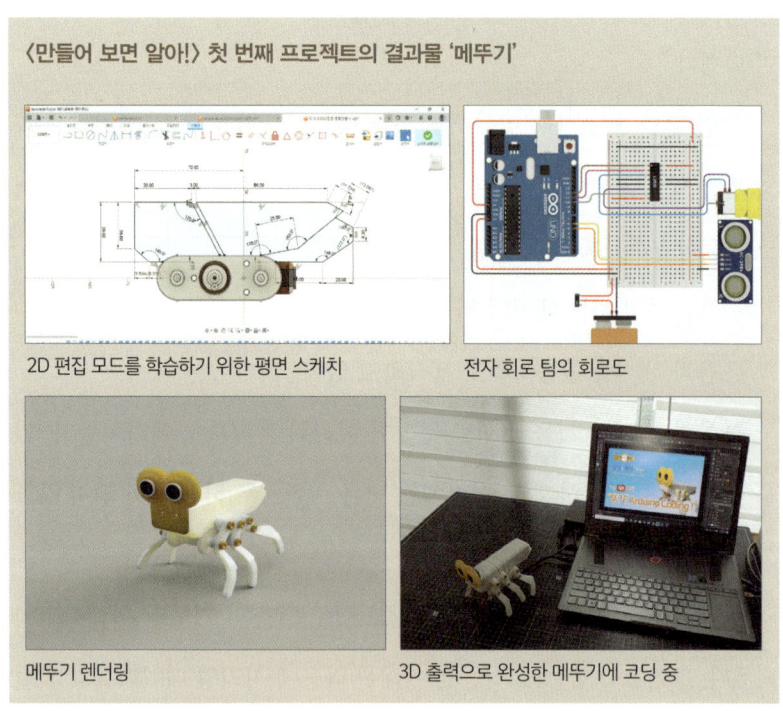

〈만들어 보면 알아!〉 첫 번째 프로젝트의 결과물 '메뚜기'

2D 편집 모드를 학습하기 위한 평면 스케치

전자 회로 팀의 회로도

메뚜기 렌더링

3D 출력으로 완성한 메뚜기에 코딩 중

한 것을 교재로 만듭니다. 일석삼조의 결과입니다.

매월 초 Teaching Day를 결정할 때 누가 무엇을 가르칠 것인가에 대한 질문을 하면 자연스럽게 하나의 프로젝트가 생겼습니다. 자신들이 스스로 학습 목표와 성취 수준을 결정하고, 학습 내용과 배움의 과정을 계획하는 자연스러운 흐름으로 말입니다. 아래 자료는 〈만들어 보면 알아!〉 프로젝트 결과물인 교재의 일부분입니다. 이 외에도 중학생 대상 디자인 체험 프로젝트에서 〈인공 지능 무드 등 디자인 체험 운영〉, 인근 중학교 선생님들을 대상으로 융합 수업을 위한 〈메이커 교육프로그램 소개〉 등 성공적인 프로젝트가 많았습니다. 물론 늘 이렇게 만족스러운 결과물을 내놓는 것은 아니지만요.

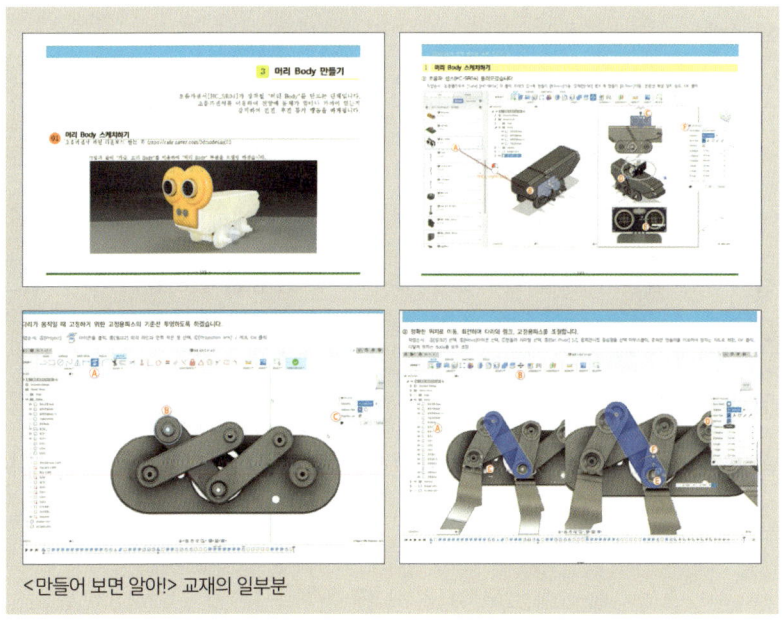

〈만들어 보면 알아!〉 교재의 일부분

보통 학기 초에 진행되는 프로젝트는 비교적 학습 난이도가 낮을 경우 협의가 잘 일어납니다. 간혹 초기부터 심화 프로젝트로 방향이 설정되면 논점을 잃을 때가 많습니다. 이때를 위해 적절한 배움의 방향을 제시해 주거나 틈틈이 팀별로 학생들이 학습을 할 수 있도록 필요한 온라인 강좌를 신청해 주었습니다.

사실 로봇 프로젝트는 학습량이 매우 많고 심화되어야 합니다. 만약 디자인 따로, 전자 회로 따로, 프로그램 따로 기초부터 심화까지 모두 학습한 후 이 '따로 따로 지식'을 하나의 프로젝트로 융합하여 완성하는 과정이라면, 3년도 부족합니다. 전문 분야의 단절된 지식만을 학습할 경우 배움의 결과물을 도출하지 못하지요. 그런 단절된 학습으로는 성취감을 갖기 어렵고 학습 동기가 낮아, 작은 문제에 직면하면 쉽게 흥미를 잃게 됩니다.

이런 이유로 시도해 본 'Teaching Day'는 매우 성공적이었습니다. 첫째, 학생들이 서로를 가르치면서 더 깊이 이해하게 되었습니다. 둘째, 학생 스스로 학습 목표와 교육 과정을 세웠습니다. 셋째, 문제 해결을 위해 협력적인 집단 지성을 발휘했습니다. 넷째, 완성된 결과물의 제작으로 성취감이 향상되었습니다. 다섯째, 기초에서 심화 과정으로 자연스럽게 성장하였습니다. 여섯째, 이해가 어려운 심화 과정도 선행 학습을 한 팀의 도움을 받아 쉽게 학습할 수 있었습니다. 일곱째, 고른 지식의 배움과 융합적 사고력이 함양되었습니다.

# 왜 우리 동아리는 미래 신기술을 배우는가?

다음은 교사가 함께 참여하는 장기 프로젝트를 소개하겠습니다. 보통 3월 신학기 첫 시간은 학생들에게 동아리에서 배우는 신기술이 세상에 어떤 영향을 미치는지 생각해 보는 프로젝트를 기획합니다. 소개할 프로젝트의 키워드는 유니버설 디자인(Universal Design), 소셜 로봇(Social robot), 개인 맞춤(Customizing) 디자인입니다. 이 프로젝트를 진행하는 과정에서 학생들은 자신들의 배움이 다른 사람들에게 도움을 줄 수 있고 그들의 삶을 변화시킬 수 있는지를 경험합니다. 이를 통해 예술이 추구하는 아름다움은 형태를 넘어 시대가 규정하는 가치와 개념을 표상화하는 것이라는 점과 진정한 배움의 의미와 가치를 깨닫기를 기대하였습니다.

"여러분, 안녕하세요. 저는 미래 신기술 연구 동아리 지도 교사 조철수입니다. 선배들이 적극 추천한 신입생들이군요. 함께하게 되어 반갑습니다. 여러분들과 저는 로봇을 좋아하는 공통점이 있습니다. 요즘 로봇이 공상 과학 영화 속에서나 등장하는 이야기가 아닌 현실의 이야기가 되었습니다. 첫날이고 하니 영상 하나 보고 갑시다."

"선생님, 〈아이언맨〉이요!"

"아니야! 〈트랜스포머〉요."

마블과 함께 만드는 슈퍼 히어로 로봇 팔
출처: https://www.youtube.com/watch?v=4VGRoUfa5R4&t=50s

　학생들은 저마다 자기가 선호하는 영화를 추천합니다. 스크린이 내려오고 조명이 꺼지면서 동아리실은 영화 감상실이 됩니다. 영상이 플레이되자 영상에 집중하는 학생들. 하지만 마냥 신나지는 않을 겁니다. 영상은 다소 무거운 주제를 담고 있기 때문이지요.

　영상은 마블과 함께한 사회적 기업이 선천적 또는 후천으로 손을 잃은 학생들에게 〈아이언맨〉, 〈겨울왕국〉 히어로의 로봇 팔을 만들어 기부하는 내용입니다. 로봇 영화를 본다며 환호하던 모습은 사라지고 학생들은 모두 침착하고 진지해집니다. 몇 편의 유사한 소셜 로봇(Social robot) 기술 중심의 영상이 끝나고 실내는 다시 환해졌습니다. 학생들 누구도 시작 때와 같은 장난스러운 분위기를 만들지 않습니다.

　"자, 우리 화장실 다녀오고 잠깐 쉬었다 10분 뒤에 진행합니다."

학생들은 서둘러 자리를 정리하고 이동합니다. '로봇 팔', '절단 장애' 등 영상 내용의 키워드와 왜 그런 영상을 보여 주는 것인지에 대한 궁금증을 담은 대화 소리가 간간이 들려왔습니다. 이제 다시 수업을 이어갑니다.

"영상을 잘 보았나요? 우리 소감을 한번 이야기해 보면 좋겠습니다."

"유니버설 디자인과 소셜 로봇(Social robot)이 불편한 사람들의 일상생활을 도와준다는 것이 참 인상적이었습니다."

"영상 속 사람들의 고통은 우리가 알 수 없겠지만 우리 동아리에서 배우는 디자인, 전자 회로, 프로그래밍을 활용한 로봇 제작 기술이 인간에게 어떤 도움을 줄 수 있을 것 같아요."

우리 동아리의 배움과 연결되는 의견이 나왔습니다.

"우리 동아리에서 로봇 팔을 만들어 볼 수 있을 것 같습니다."

"선생님, 너무 어려운 기술도 아닌 것 같은데 기업에서 이런 제품을 만들지 않아요?"

"그래, 좋은 질문이에요. 이 기술의 핵심은 근육의 수축과 이완 시 발생하는 전기 신호를 수집·가공하여, 각종 모터를 제어하는 출력 값을 만들어 내는 것입니다. 우리가 보아도 너무 어려운 기술은 아닌 것 같지요? 그런데 서원이의 말처럼 기업에서 제작하여 판매하지 않을까요?"

"경제적 이익을 주는 일이 아닌 것 같습니다. 만들어도 사는 사람이 별로 없을 것 같아요."

"그렇지! 맞아요. 우리나라에 상지 절단 장애인은 몇 명이나 될까요?"

"……."

"좀처럼 생각해 본 적이 없어서 답하기 힘들 거예요. 선천적으로 또는 불의의 사고로 손가락부터 어깨까지의 손을 잃은 사람들이 국내에는 대략 14만 명이 있고, 전 세계적으로는 1,000만 명 가까이 됩니다."

"그렇게 많다고요?"

"생각했던 것보다 많은 숫자이지요? 그중 잘 만들어진 의수를 제공받는 사람은 몇 명이나 될까요? 개인 맞춤형으로 제작하기 때문에 의수는 매우 고가입니다. 정확한 통계는 아니지만 5% 미만의 사람들만 이 혜택을 누린다고 합니다. 비싼 것은 스포츠카 한 대 가격이 나간다고 합니다. 그래서 일반적인 사람들은 쉽게 사용할 수 없지요. 이러한 맞춤형 의수를 만드는 데에 우리나라의 몇몇 사회적 기업들이 참여하고 있어요. 온라인 동아리 카페에 가면 관련 영상이 있으니 한번 보면 좋겠어요."

"선생님! 지금 실력으로는 로봇 팔을 디자인하고 제작할 수 있을지 자신은 없지만, 우리도 만들어 기증할 수 있다면 너무 감동적인 일일 것 같아요."

"너무 어려워 보여요. 우리가 할 수 있을까요?"

"가능할 듯해! 핵심 기술은 우리가 많이 사용했던 초음파 센서나 조도 센서, 카메라 센서 대신에 근전도 센서를 사용해서 근육의 움직이는 신호만 잡으면 될 것 같은데? 선생님, 그렇지요?"

현수가 학생들을 설득하는 데 힘이 필요한지 말끝에 저를 찾아 동의를 구하고 있습니다. 2학년은 지난해 허스키 렌즈와 일반 웹 카메라를 사용한 컬러 인식 프로젝트에서 '공장에서 자동으로 물건을 쌓는 로봇' 과 '야간 경비 로봇', '미술관 큐레이터 로봇'을 만들었던 경험이 있어 자신이 있나 봅니다.

"충분히 할 수 있다고 생각해요. 선배들이 지난해 만들었던 로봇에 근전도 센서만 부착하면 해결할 수 있습니다. 그런데 사람이 직접 착용하고 사용하는 것이라 동작이 매우 정밀하고 안정성이 보장되어야 하겠지. 그 지점이 가장 중요한 포인트야! 그래도 다 함께 문제를 해결해 보도록 합시다."

"네!"

학생들은 반신반의하는 눈빛으로 대답했습니다. 사실 저도 얼마나 성공적인 결과를 이끌어 낼 수 있을까 의문이긴 했습니다. 하지만 이 프로젝트 자체가 학생들이 배움의 목적과 의미를 체험할 수 있고, 무엇보다 예술이 인문학적 사고와 과학 기술을 융합한다는 것, 그 결과 제시되는 아름다움을 새롭게 정의할 수 있는 것만으로도 성공적인 프로젝트라 생각해 용기 내어 보았습니다.

"오늘 영상에서 소개된 기술에 대해 일주일 동안 조사하고 함께 이야기해 보는 시간을 갖도록 하겠습니다. 과제는 '유니버설 디자인, 근전도 기술에 대해 조사해 오기'입니다. 각 팀에서 학습해야 하는 내용을 중심으로 조사하고, 우리가 주로 사용하는 아두이노, 라즈베리파이를 제어하는 하드웨어와 소프트웨어 중심으로 자료를 조사해 오기 바랍니다. 선생님이 준 자료에 보면 검색 키워드가 있으니 주위 선생님, 부모님, 친구들에게 도움을 받거나 인터넷 검색 등 자유롭게 팀별로 조사하여 일주일 후 발표하세요."

　기본적인 검색 키워드와 정보만을 공개하여, 학생들이 직접 자신들의 생각과 학습 범위 등을 설정할 수 있도록 안내합니다. 학생들은 일주일 동안 시간과 장소에 관계없이 자유롭게 동아리 활동을 합니다. 조사는 개인별로 진행되고 조사 중간 서로의 역할을 나누거나 찾은 정보 중에 다른 팀에서 활용하기 좋은 자료는 공유하기도 했습니다. 서로에게 질문이 생기면 직접 상담과 동아리 카톡방을 이용하여 해결했습니다. 그리고 조사에 필요한 자료는 온라인 동아리 카페를 이용했습니다.

【과제】소개한 영상 속의 기술에 대해 팀과 관련하여 조사해 오기
○ 디자인 팀 관련 키워드 : 유니버설 디자인, 3D 모델링, 3D 프린팅
○ 전자 회로 팀 관련 키워드 : 근전도, 근전도 센서
○ 프로그램 팀 관련 키워드 : 근전도 신호, 데이터 수집 및 가공 방법

【유의 사항 및 참고】
※ 관련 자료를 인터넷에서 검색하고, 주위에서 자문, 도서관 등 자유롭게 조사하기
※ 디자인, 전자 회로, 프로그램 팀별로 팀 관련한 자료와 방법에 집중하기
※ 논문 자료는 메인 컴퓨터의 사지 절단 장애 관련 논문 참조하기
　RISShttps://www.riss.kr/index.do에서 관련 키워드 검색할 수 있음
※ 쪽수에 제한 없이 PPT 발표 자료 준비

【근전도 센스 제작 관련 검색 키워드】
#아두이노 #근전도 #근전도 센서 #Bio Medical Engineering #의수 #의족 #EMG #EMG모듈 #로봇암 #로봇 설계 #근전도 서보모터 제어 #다중 서보모터 제어 #아두이노 외부 전원 연결

# ＜개인 맞춤 로봇 팔 디자인을 위한 근전도 측정기 개발＞ 프로젝트

"오늘은 각 팀별로 조사한 내용을 발표하는 시간입니다. 어떤 팀부터 발표를 해 볼까요?"

"디자인 팀에서 먼저 발표하겠습니다. 저희 디자인 팀은 먼저 유니버설 디자인에 대해 살펴보았습니다. 유니버설 디자인은 '모든 사람을 위한 디자인(Design for all)' 혹은 '보편적 디자인'으로 불리며, 연령, 성별, 국적, 장애의 유무 등에 관계 없이 누구나 편안하게 이용할 수 있도록 건축, 환경, 서비스 등을 계획하고 설계하는 것입니다. 보통 장애를 가진 이용자의 문제를 해결하는 배리어 프리 디자인(Barrier free design)을 포함

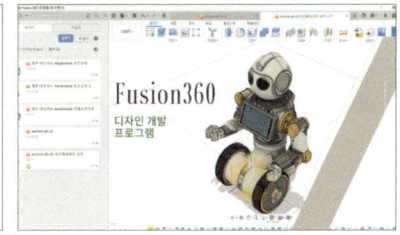

디자인 팀의 PPT 일부

하는 의미를 담고 있어 함께 사용하는 경향이 있습니다.

그 범위와 7가지 원칙에 대해 알아보았습니다.

(중략)

우리 동아리가 진행하는 프로젝트는 배리어 프리 디자인이지만 더 포괄적인 유니버설 디자인을 기초하여 진행되어야 합니다. 디자인 설계와 3D 프린터 모델링을 위해서는 우리 동아리에서 사용하는 Fusion360 프로그램을 활용하도록 하겠습니다. 기존의 모델링을 참조 및 활용하기 위해 3D 모델링 및 3D 프린팅 참조 사이트를 조사해 왔습니다."

"다음으로 전자회로 팀의 조사 내용을 발표하겠습니다.

저희는 근전도와 근전도 센서를 중심으로 자료를 조사하였습니다. 근전도는 EMG로 표기합니다. 전기의 Electro와 근운동 기록의 Myography

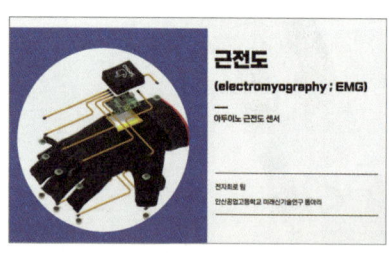
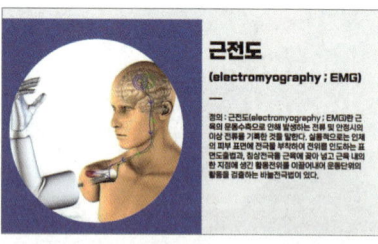

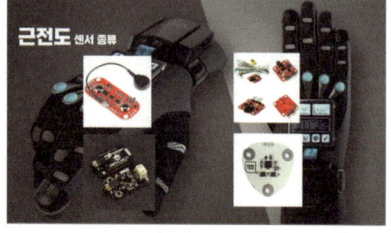

전자 회로 팀의 PPT 일부

합성어입니다. EMG 센서는 뇌가 근육을 움직일 때 보내는 신호인 미세전류를 감지하는 센서입니다. 우리 동아리에서 주로 사용하고 있는 아두이노와 라즈베리파이 등에 연결하여 사용할 수 있는 센서는 종류가 많지만 가장 많이 상용되고 있는 4종류를 조사했습니다.

(중략)

그중 우리 동아리가 활용하기 적합한 센서는 EMG Sensor Module #2라고 생각됩니다. 그 이유는 기존에 전극 패드와 연결하여 사용하던 방식에서 와이어 연결이 없이 바로 사용할 수 있는 방식이기 때문입니다."

"프로그램 팀에서는 근전도 신호에 대해 알아보고, 아두이노 스케치를 통해 학습해야 할 내용을 알아보았습니다.

근전도 신호란 근전도 센서를 이용하여 근육이 수축, 이완할 때 발생하는 전기 신호와 그 세기를 감지할 수 있는 센서입니다. 그리고 수집된 데이터는 크게 3단계의 과정으로 가공 후 사용할 수 있습니다. 아날로그 값을 그대로 받아들이는 원시 신호는 'Raw'라고 합니다. 'Raw' 값은 그래프에서 보는 것 같이 양수와 음수로 변동 값이 크기 때문에 사용하기가 어렵습니다.

Raw EMG Signal
근육의 "활성화-비활성화", "많음-적음"과 같은 정성적 특성 양극과 음극 폭의 대칭 분포

이를 1차적으로 양수의 값으로 변형한 것을 'Rectified'라고 합니다. 그래프와 같이 음수의 값을 모두 양수의 값으로 변환하여 최솟값을 0으로, 최댓값은 입력 신호의 크기로 변환한 것입니다.

Rectified EMG Signal
측정된 음수의 값을 양수 값으로 전환하는 과정으로 정량적 데이터로 표기

'Rectified' 데이터를 2차로적으로 수학적 공식을 대입하여 가공한 데이터를 'Integrated'라고 합니다. 이렇게 노이즈를 제거한 것으로 로봇의 모터를 제어하면 떨림 현상이나 기타 오작동을 줄일 수 있습니다.

Rectified & Integrated EMG Signal
수학적으로 신호를 가공하여 노이즈를 제거한 신호 그래프

프로그램 팀은 Raw ⇨ Rectified EMG Signal ⇨ Rectified & Integrated EMG Signal 변환 과정을 학습하도록 계획하였습니다. 조사하면서 느낀 점은 생각보다 코드가 어렵지 않아 보였다는 것이었습니다."

팀별로 조사한 자료는 기대 이상으로 훌륭했습니다. 동아리가 3년차에 접어들었기 때문에 기존 프로젝트를 진행하면서 기초적인 학습이

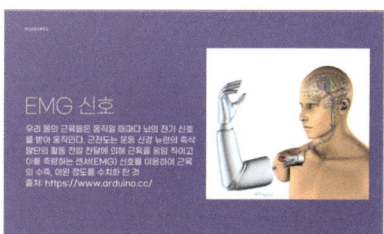
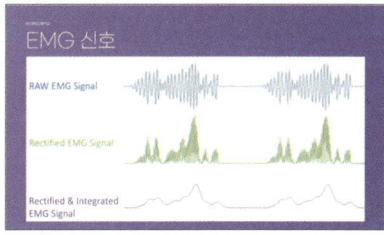
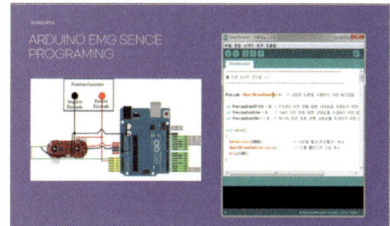

프로그램 팀의 PPT 일부

이루어지긴 했지만 새로운 프로젝트에서도 자신들이 학습해야 할 내용과 방향을 정확하게 이해하고 있었습니다. 학생들의 조사 내용 중에 학습할 내용을 자세하게 다루기에는 내용이 너무 방대하여 중략하였습니다.

디자인 팀에서는 경기도 유니버설 디자인 가이드라인, 서울 특별시 유니버설 디자인 센터, 한국 장애인 도서관 홈페이지의 자료들을 정리하여 발표를 했으며, 디자인 설계에 활용할 다양한 자료를 조사해 왔습니다. 전자 회로 팀은 EMG 센서의 종류를 조사하여, 다른 부품 및 디자인 팀과 프로그램 팀과의 호환성이 가장 높은 센서를 선택하여 구입처와 가격도 제시했습니다. 또한 기본적인 회로 구성과 기판(PCB)을 설계할 다양한 자료를 조사해 왔습니다. 마지막으로 프로그램 팀은 센서를 통해 수

집되는 데이터의 특성과 데이터 가공의 단계에 필요한 학습 내용을 조사해 왔습니다. 그리고 데이터의 가공 방법과 코드를 조사하며 '생각보다 어렵지 않다'는 결론을 내렸는데, 2차 데이터 가공은 박사 과정에서 주로 연구되는 매우 고난이도의 과정입니다.

자료 조사 기간에는 교사가 미리 많은 준비를 해서, 대부분의 방향 설정과 문제 해결을 위한 피드백을 줄 수 있어야 합니다. 그래서 교사는 혼자 작업을 할 때보다 더 많은 자료를 준비하고 문제점을 미리 예측하여 대비할 방법을 세워 두어야 합니다. 확실히 교사가 혼자 작품을 만드는 것보다는 까다롭습니다. 하지만 학생들에게 이 과정을 경험하게 하는 목적은 새로운 프로젝트를 진행할 수 있는 역량을 갖추는 데 있습니다.

이제 기초적인 자료가 조사되었기 때문에 다음은 함께 프로젝트의 주제와 각 팀별로 문제를 찾고 해결하는 과정으로 진행하는 단계입니다.

"자, 조사는 매우 훌륭합니다. 무엇보다 조사를 하면서 여러분들이 할 수 있다는 자신감을 가진 것이 제일 중요한 것 같습니다. 이제 조사된 내용을 바탕으로 프로젝트의 주제를 정해 봅시다."

# 프로젝트 출발점 찾기

　프로젝트 주제를 찾기 위해서 목표 설정 ⇨ 목적 수행을 위해 예상되는 문제 분석 ⇨ 문제 해결을 위한 주제 선정을 할 수 있도록 그 과정을 유도하였습니다.
　"우리가 프로젝트를 진행하는 목표가 무엇인가요?"
　"근전도 센서를 활용한 로봇 팔을 제작하여 상지 절단 장애를 극복하도록 돕는 것입니다."
　"그럼 그 목표에 도달하기 위해서 먼저 조사한 내용을 바탕으로 예상되는 문제점을 나열하고, 미처 조사하지 못한 내용이 있다면 인터넷 검색 등을 통해 모든 문제점을 제시해 보세요."
　"디자인 팀 조사에 의하면 상지 절단 장애는 개인마다 절단 위치와 절단 모양이 달라서 일정한 형태로 로봇 팔을 디자인할 수 없다는 생각이 듭니다."
　"맞습니다. 상지 절단 부위에 따라 상지 의지(절단 부위를 대신하는 의수)의 종류는 수부절단, 완관절이단, 전완절단, 주관절이단, 상완절단, 견관절이단으로 구분합니다. 그리고 절단 부위의 외관이 사람마다 다릅니다. 디자인 팀에서 제시한 문제를 해결하기 위해서 개인 맞춤형 디자인을 해야 합니다. 즉, 사용자가 없으면 출발점이 없고 어떤 형태를 만들어

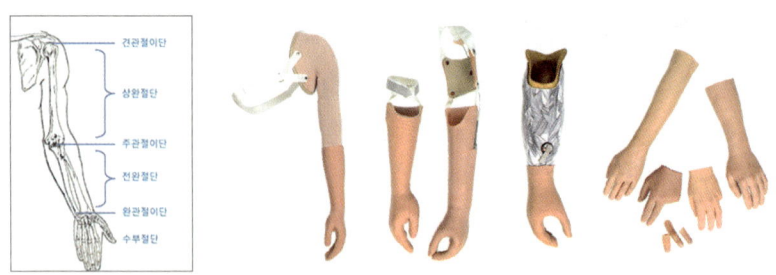

상지 절단 부위에 따른 분류 및 상지 의지의 종류
출처: https://www.ispokorea.org/data/guide_ui.html

야 하는지 결정할 수 없습니다. 그렇다면 어떤 방향으로 해결할까요?"

"6종류의 절단 장애 중 우리가 선택해서 임의로 진행하면 좋겠습니다."

"우리가 만든 것을 기증을 할 수 있는 사람을 먼저 찾아 맞춤으로 진행해 보고 싶습니다."

여러 아이디어가 공유되었지만, 이 날의 회의는 결국 방향을 잃은 채 하교 시간이 다가와 마무리되었습니다. 저는 학생들에게 이 수업이 의미 있는 배움이 되려면 기증 단계까지 완주해야 한다고 생각했습니다. 그래서 학생 대표와 A시 장애인 센터를 방문했지만 장애인과의 연결이 어려웠습니다. 일단 장애인이 노출을 꺼려 한다는 것과 고등학생들이 이런 고난이도 연구를 수행하기 어렵기에 결국 장애인들에게 또 다른 상처를 준다는 것이 이유였습니다. 일리가 있는 이야기였습니다. 제가 학생들의 배움에 대한 의미와 가치에만 집중하고, 정작 장애인의 입장을 고려하지 못했다는 반성을 하게 되었습니다.

며칠 동안 각자 문제와 해결책을 조사하고 다시 회의를 진행했습니다.

"선생님께서 주신 몇몇 논문을 보니 장애가 너무 다양하고, 또 상지 절단 장애인들이 없어진 부위까지 연결된 근육과 그 주변 근육을 사용하지 않아 해당 부분 근육이 퇴화되는 등의 문제를 미루어 보아 사용자 맞춤 로봇 팔을 만들기 위해서는 먼저 정확한 절단 부위와 근육 퇴화 등을 측정을 할 수 있는 측정기가 필요할 것 같습니다."

현수가 좋은 의견을 제시하였습니다. 솔직히 말하자면 비슷한 방향으로 유도하기 위해 상지 절단 장애 관련 의수 제작 논문을 읽어 보도록 미리 온라인 카페에 올려 두고 중요한 것은 형광펜으로 살짝 표시도 해 두는 등의 물밑 작업이 있었지요. 오랜 시간 동안 릴레이 회의를 진행하면서 다음과 같이 정리하였습니다.

【주제】개인 맞춤(Customizing) 로봇 팔 디자인을 위한 근전도 측정기 개발

【목표】프로토타입 모델까지 제작하기

【수행 과제】
  ○ 근전도 센서 값 측정 기능
  ○ 입력 데이터로 로봇 팔 움직임 테스트 기능
  ○ 입력 데이터 모니터링 기능
  ○ 신체 절단 부위 자동 측정 3D 스캐닝 기능

【수행 과제의 분석】
  ○ 근전도 센서 값 측정 기능
  - 근전도 신호의 세기와 패턴 측정
  - 근전도 입력이 가능한 근육의 위치와 가능 숫자 찾음

○ 테스트 로봇 팔의 목표 행동
- 물건을 잡고, 음료를 따르기가 가능해야 함
- 5개의 손가락이 개별 움직임이 가능해야 함
○ 입력 데이터 모니터링 기능
- 근전도 신호의 세기와 패턴의 시각화
- 근전도 최소, 최댓값 시각화
○ 신체 절단 부위 자동 측정 3D 스캐닝 기능
- 절단 부위에 맞춤 접촉면의 형태를 위한 3D 스캔 가능

【주제 완성을 위한 학습 범위】
○ 디자인 팀
- 수행 과제의 분석을 토대로 한 측정기 형태 스케치
- 측정기의 3D 모델링, 3D 프린터 출력하기
○ 전자 회로 팀
- 데이터 수집을 위한 센서의 종류 및 회로 구성
- 데이터가 모니터링 되도록 디스프레이 회로 구성
○ 프로그램 팀
- 데이터 가공 함수 코딩하기
- 데이터 조절 맵핑 작성하기

KJ(Kawakita Jiro) 교수 회의 기법(1964년 일본의 동경 공업 대학 교수이자 세계적인 문화 인류학자인 가와키다 지로가 고안한 것으로, 전체의 문제점을 알지 못하는 상황에서 다양한 각도에서 모은 개별적 자료를 조합해 나가면서 전체의 틀로 구조화시켜 진짜 문제점을 찾아내는 방식)을 처음으로 적용한 것이었지요. 하지만 아직 교수 회의 기법이 익숙하지 않고, 자료가 부족해서인지 매우 힘들었습니다. 다음에는 질문지를 만들어 채우기 방식을 함께

사용하면 더 효율적일 것 같다는 판단이 들었습니다. 그렇다 하더라도 학생 주도적인 배움에는 성공한 것 같습니다. 사실 지난 프로젝트까지는 미리 주제와 학습 내용을 제시하면 학생들은 관련 지식과 기술을 익히고 디자인하는 수동적 배움으로 진행했습니다. 이럴 경우 학생들은 동기가 부족하여 어려움이 있을 때 쉽게 포기하려고 하거나 문제 해결에 있어서도 지시하는 것만 받아들이는 소극적인 태도를 보였습니다. 하지만 이번 프로젝트는 해결하려는 의지와 성취하고자 하는 욕구가 확실히 강했습니다.

# 프로토타입 3D 모델 만들기

다음은 프로토타입 모델을 만드는 단계입니다. 디자인 과정에서 프로토타입(prototype) 모델은 완제품을 디자인하기까지 예상하지 못한 문제를 발견하고 보완하기 위한 실험 모델입니다. 이 프로젝트의 경우 디자인 팀은 목표 행동이 가능한 설계상의 문제점을 발견하고, 안전과 감성을 충족하는 형태의 적합성을 체크합니다. 전화 회로 팀은 목표 행동을 위한 부품의 규격과 수량, 위치, 회로 설계 등을 담당하고, 프로그램 팀은 올바른 목표 행동을 위한 프로그램의 데이터 수집, 출력, 오작동 등을 실험할 수 있습니다.

우리 동아리에서는 Fusion360 프로그램을 사용하여 3D로 모델링하고 3D 프린터기로 출력한 다음 후가공하여 프로토타입 모델을 완성했습니다. 만약 3D 프린터기, 레이저 커팅기 등을 사용할 수 없는 환경이라면 박스 종이, 나무, 실리콘 등으로 간단하게 제작하여 사용하기도 합니다.

프로토타입 모형 설계 단계는 3단계로 구성했습니다.

첫째, 수행 과제 분석입니다. 사전에 조사된 수행 과제는 ① 근전도 센서값 측정 기능, ② 입력 데이터로 로봇 팔 움직임 테스트 기능, ③ 입력 데이터 모니터링 기능, ④ 신체 절단 부위 자동 측정 3D 스캐닝 기능으

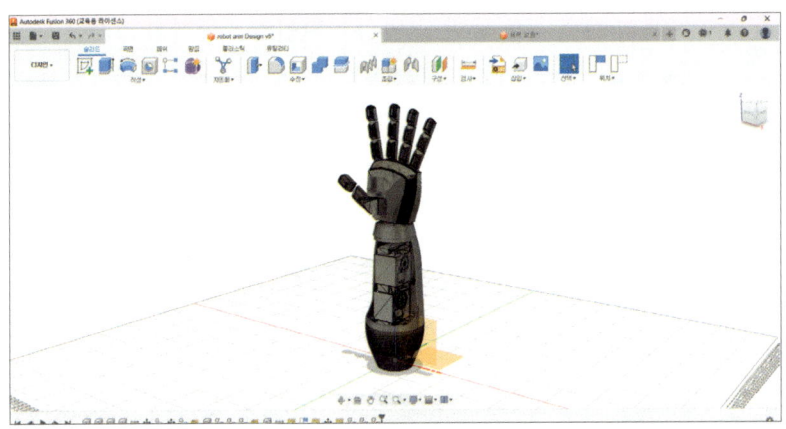

Fusion360 프로그램을 활용한 프로토타입 모델링 설계

로 조사되었습니다. 조사된 4가지 기능을 수행할 수 있는 측정기로 적합한 메커니즘 형태를 찾기 위해 먼저 학생들은 직접 상지 절단 장애인을 대상으로 측정하는 행동을 하면서 분석합니다. 전체 분석 내용을 기록하기에는 너무 내용이 많아서 그중 ② '입력 데이터로 로봇 팔의 움직임 테스트 기능'을 분석하는 과정 위주로 소개하겠습니다.

'입력 데이터로 로봇 팔의 움직임 테스트 기능'에서 로봇 팔을 착용하고 할 수 있는 행동을 목표 행동으로 정합니다. 그리고 '물건을 잡기', '놓기', '음료 따르기', '5개의 손가락이 각각 움직이기', '가위바위보하기' 등 5가지 구체적 행동을 설정하였습니다. 그 다음 모든 동작을 실제로 해 보면서 손가락과 손의 움직임을 분석합니다. 이때 동영상 또는 사진을 찍어 자료를 만들어 둡니다. 이미지 자료는 도면을 설계할 때 손가락의 굽

힘 정도 손목의 회전 각도 등 운동 범위를 확인하고 동작이 가능한 모양을 설계하는 기초 자료가 됩니다.

**1단계 수행 과제 분석**

테스트 로봇 팔의 목표 행동 분석하기

○ 기본 동작 : 물건을 잡고 놓을 수 있으며, 음료를 따른다.

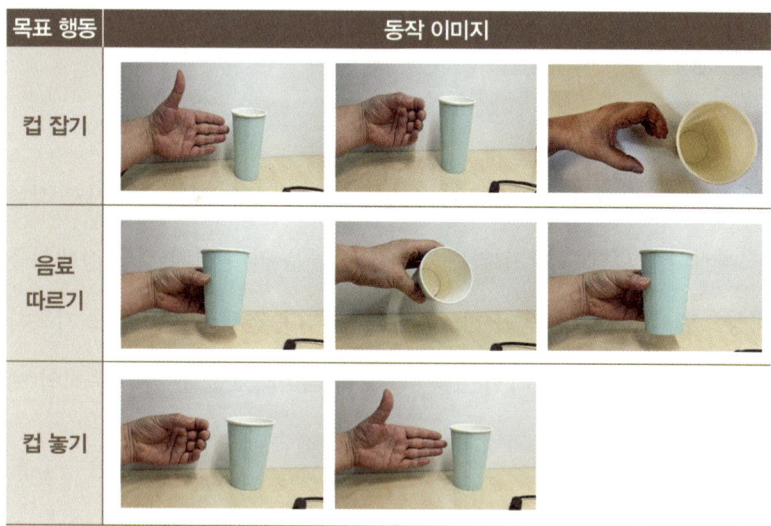

| 목표 행동 | 동작 이미지 |
|---|---|
| 컵 잡기 | |
| 음료 따르기 | |
| 컵 놓기 | |

○ 디자인의 유의점
- 엄지와 4개의 손가락이 동시에 물건의 크기만큼 구부러진다.
- 최소, 최대 구부리기 위해 손가락 관절 설계 주의가 필요하다.
- 최대로 구부려진 상태에서 손가락이 가지런히 배열되어야 한다.
- 테스트 로봇 팔의 응용 동작 분석하기

| 목표 행동 | 동작 이미지(개별 손가락 동작) |
|---|---|
| 숫자 세기 및 가위바위보를 할 수 있다. | 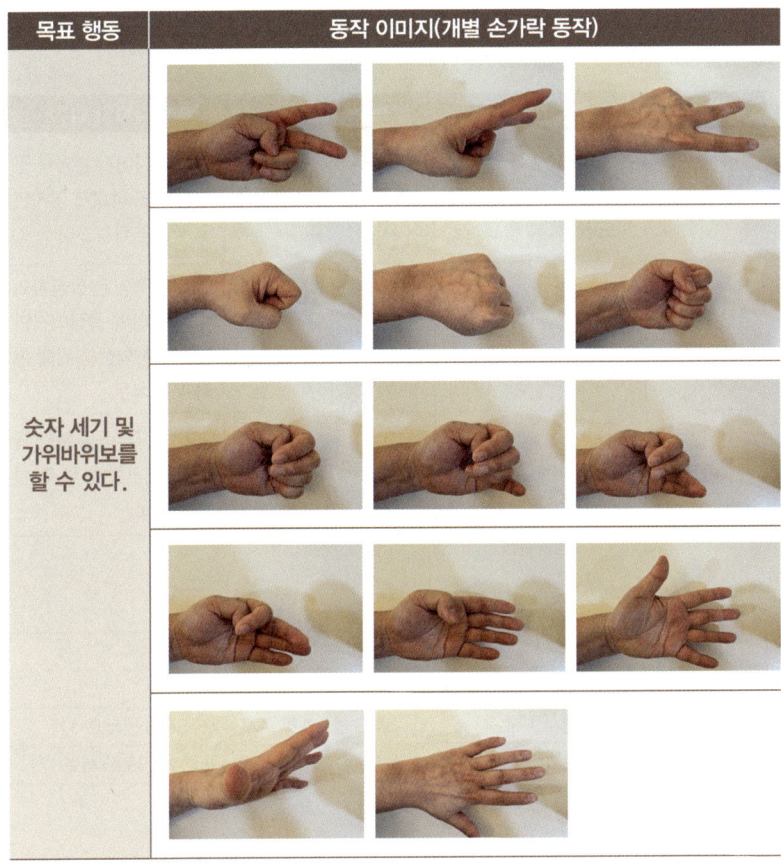 |

○ 디자인의 유의점

- 5개의 손가락의 개별 움직임이 가능해야 한다.
- 굽히고 펴는 동작에 손가락이 서로 간섭받지 않아야 한다.
- 회복 시 원상태로 복귀되어야 한다.

○ 팀별 세부 사항

| 구분 동작 | 전자 회로 팀 | 프로그램 팀 | 디자인 팀 |
|---|---|---|---|
| 물건 잡고 놓기 | 손가락이 각각 움직임으로 서보모터 5개, 근전도 센서 5개 필요 | 입력 데이터는 근전도 1개로 코딩하여 5개 제어 가능 | 엄지와 나머지 손가락 구부림 각도 다르게 디자인 및 부품의 위치 고려 |
| 음료 따르기 | 손목 회전을 위한 독립 서보모터 1개, 근전도 센서 1개 필요 | 특이 사항 없음 | 실제 움직임은 팔꿈치와 손목 사이가 움직이지만 작업의 편의성을 위해 손목 부분 회전 |
| 가위바위보 | 부품상 차이 없음 | 개별 코드 작업으로 해결 가능 | 손가락 구부림을 위한 홈 파기 및 관절 회전 축 설정이 중요 |

○ 부품 분석하기

| 분석 | 엄지손가락 | 4개의 손가락 | 손목 |
|---|---|---|---|
| 제어 | 아두이노 우노 보드 1개 | | |
| 입력 센서 | SMG 센서 1개 | SMG 센서 1개~4개 | SMG 센서 0~1개 |
| 출력 모터 | SG90 서보모터 1개 | MG_999R 서보 4개, | MG_999R 서보 1개 |

 둘째, 디자인 설계 단계입니다. 이 단계는 형태가 없는 무형의 아이디어에 형태를 찾아 현실로 나타나게 하는 것입니다. 디자인 작업에서 상당히 오랜 시간 공을 들여야 하는 중요한 작업 단계이지요. 이때 찾는 형태는 심미성과 기능성을 만족해야 합니다. 심미성은 로봇 팔을 착용했을 때의 감성적인 요소입니다. 착용했을 때 신체 접촉 부위(절단 부위)를 보호하는 안전 요소와 목표 행동이 가능하도록 기능적인 형태가 제시되어야 합니다.

## 2단계 디자인 설계하기

우리 동아리에서는 Fusion360 프로그램을 이용하여 스케치했습니다. 장점으로는 시뮬레이션 기능을 통해 조립 과정, 목표 동작 등을 미리 검토하고 수정할 수 있고, 잘못 설계된 점이 있으면, 2D 스케치에서 수정하면 3D 모델링을 자동으로 수정할 수 있습니다.

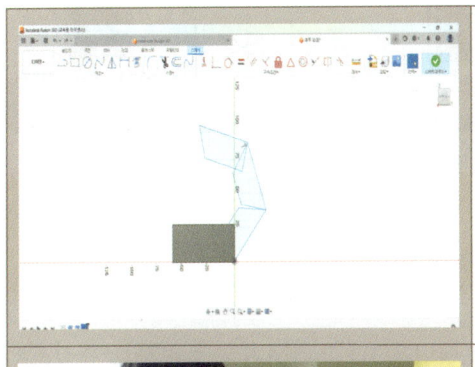

**시뮬레이션 수정**

손가락 측면도를 작도하고 잡기 동작 시뮬레이션 결과 손가락 겹치는 디자인 오류를 발견하고, 2D 스케치를 수정하면 3D 모델링에 바로 반영되어 작업 시간이 매우 단축됨.

**설계 시 유의 사항**

부품의 외관과 치수 반영(부품 리스트와 다른 경우가 많아 측정하는 경우가 많음)
3D 프린팅의 오차 범위, 부품 고정 방법 및 조립 순서 등을 고려하여 설계함.

Fusion360 스케치 모드를 사용의 편리성 및 설계 유의 사항

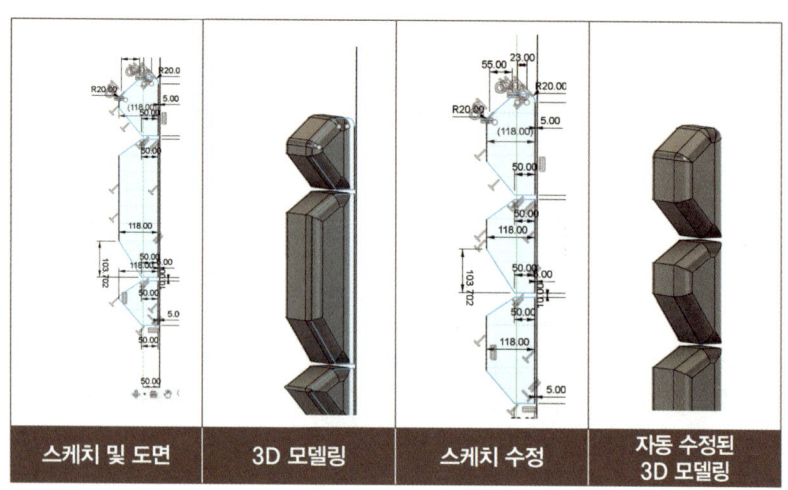

스케치-도면-3D 모델링-수정을 한 번에 해결

## 3단계 3D 프린터 출력 및 후 가공

이제 작업한 컴퓨터 3D 모델링을 3D 프린터기로 출력하고 조립하는 단계입니다. 사용한 3D 프린터기는 PLA(옥수수 전분), 또는 ABS(합성수지) 필라멘트 소재를 헤드가 녹여서 쌓아 올리는 방식의 FDM(고체/압출형)입니다. SLA 혹은 DLP 광조형(액체형)인 레이저 프린터기 2대도 활용하여, 총 14대의 3D 프린터기를 사용하였습니다. 레이저의 경우 정밀도와 속도는 빠르지만 후가공을 위해서는 별도로 고가의 장비가 필요합니다. 사용과 관리가 까다롭고 안전 문제 때문에 주로 FDM 압출 3D 프린터기에 PLA 필라멘트를 사용하였습니다.

3D 프린터기를 사용하거나 레이저 커팅기를 사용할 때는 교육부, 경기도교육청 등에서 제공하는 3D프린터 사용 안전 이용 가이드를 꼭 숙

지하여 사용해야 합니다. 학교에서 3D 프린터기를 구입할 계획이라면 프린터실을 먼저 안전하게 설계해야 합니다. 우리 동아리 출력실은 학생들의 작업 공간과 별도로 구분하고, 출력물을 걸 때와 출력물을 회수할 때만 출입이 가능하다는 규칙을 세웠습니다. 프린터실의 프린터기는 각각 밀폐와 환기를 할 수 있는 수납장 형식으로 만들어 프린터기를 넣어 사용했습니다. 그리고 출력실 전체를 환기하도록 설계했지요.

> **3D 프린터 사용자 안전 행동 요령**
> ① 3D 프린터 사용 중에는 창문과 환기 장치를 이용하여 환기 사용 전·후에는 창문을 통해 1시간 이상 환기
> ② 3D 프린터 사용 시, 사용 공간에 가급적 머무르지 않기. 사용 시 얼굴 부위(호흡기 부위)를 노즐에서 멀리하기
> ③ 3D 프린터 사용 공간 출입 시 개인 보호 장비 착용
> ④ 노즐 온도는 3D 프린터 및 소재별 권장 온도보다 높게 설정하지 않기
> ⑤ 3D 프린터, 안전 장비, 3D 프린터 주변 및 바닥 등 사용 공간 청소 철저

3D 프린터 사용 안전 이용 가이드(교육부)

　3D 프린터 출력을 하고 조립하는 과정에서는 예상하지 못했던 많은 문제가 다양하게 발생합니다. 10시간 넘게 출력하고 있는 출력물이 70% 정도에서 무너지는 경우도 있고, 출력은 잘 되었지만 오차 범위를 잘못 계산한 경우도 있습니다. 결합 방식, 조립 순서를 무시한 설계로 조립이 불가능한 경우 등 다양하게 문제가 발생하지요. 그때마다 학생들은 도면을 수정하고 새로 출력을 합니다.
　3D 프린터의 출력 시간은 크기에 따라 다르기는 하지만 비교적 많이

소요됩니다. 그래서 학생들은 출력물을 프린터기에 걸어 두고 하교를 하고, 다음 날 등교하여 다시 조립하는 작업을 반복합니다. 이때 학생들이 지치는 경우가 많습니다. 망연자실, 의욕 상실 등의 다양한 심리 상태를 경험하게 되지요. 이러한 오류를 줄이기 위해서는 출력 전 Fusion360 프로그램(다른 프로그램이 있으면 그것을 활용하여)의 시뮬레이션 기능을 활용하여 꼼꼼하게 디자인 검토를 하는 습관을 갖도록 해 주는 것이 좋습니다. Fusion360의 시뮬레이션은 조립, 작동, 디자인 기능 분석, 강도, 열, 사출 성형과 결합 등 실제 사업 현장에서 실물 제작 전 제품의 성능을 분석할 수 있을 정도로 매우 정교한 분석이 가능합니다. Fusion360 시뮬레이션 분석이 끝나면 이제 출력을 진행합니다.

**유니버설디자인 디자인 방법 참조 사이트**
문화체육관광부 국립장애인도서관 https://www.nld.go.kr/ableFront/index.jsp
서울특별시 유니버설디자인센터https://www.sudc.or.kr/main.do
공공디자인 종합정보시스템 https://www.publicdesign.kr/main
디노테코 공식블로그 https://blog.naver.com/dus000
한국전자기술 https://krnd.kr/

**3D 모델링 및 3D 프린팅 참조 사이트**
Fusion360: https://www.autodesk.co.kr/
Thingiverse: https://www.thingiverse.com/
Free3D: https://free3d.com/ko/
Furbosquid: https://www.turbosquid.com/ko/

## 프로젝트를 마무리하며

출력 순서는 다음과 같습니다. 첫째, 전자 회로 팀은 모든 회로 기판과 전자 부품을 준비하고, 프로그램 팀은 기본 펌웨어 코드를 완성해 두어야 합니다. 둘째, 가장 기본이 되는 본체부터 조립 순서에 맞춰 출력하고 정확한 치수를 항상 체크해야 합니다. 조립 과정상 중간의 출력물이 잘못됐을 때 마지막 출력물도 수정해야 할 수 있기 때문입니다. 셋째, 모듈별로 전자 부품을 삽입하고 기본 테스트를 합니다. 만약 기본 테스트를 하지 않으면 목표 행동이 작동하지 않을 수 있습니다. 넷째, 움직이는 부위에 플라스틱 윤활유를 충분히 넣어 조립합니다. 조립하는 과정에서 윤활유를 충분히 바르지 않은 채 조립할 경우, 조립 후에 윤활유를 바르기 위해 다시 풀기를 반복해야 할 수 있습니다. 출력 후가공은 이번 프로젝트의 경우처럼 움직이는 형태라면 더욱 복잡한 과정과 꼼꼼한 처리가 필요합니다.

학생들이 만든 이 프로토타입 모델은 상지 절단 장애인들을 위한 맞춤형 로봇 팔을 제작하는 데 필요한 근전도 데이터 수집 측정, 절단 유형과 형태 측정, 목표 행동의 성공 정도를 측정할 수 있습니다. 이 모델이 맞춤형 디자인을 할 때 측정할 수 있는 것은 다음과 같습니다. 첫째, 절단 부위의 모양에 맞춰 형태를 측정하고 스캔할 수 있습니다. 둘째, 장애인

## 프로토타입 모델 제작 작업

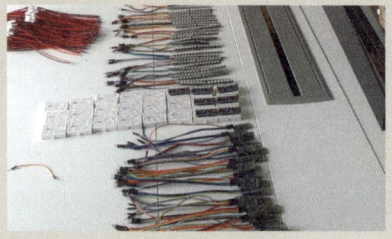

조립에 필요한 재료 준비

디자인 팀(부품을 측정, 설계 반영)   전자 회로 팀(PCB에 부품 납땜)

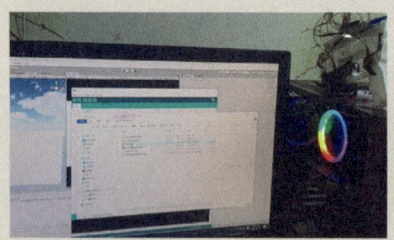

프로그램 팀(프로그램 코딩)   프로그램 팀(코딩 테스트)

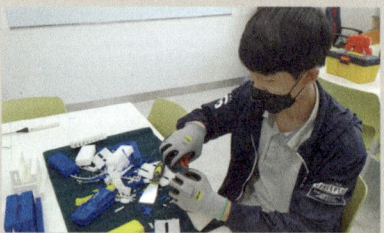

조립 부품 출력 중   출력 후가공 중

마다 다른 근육 위치를 측정할 수 있습니다. 셋째, 근육의 퇴화 등으로 개인적으로 다른 신호의 크기와 패턴을 측정할 수 있습니다.

완성된 〈상지 절단 장애를 위한 로봇 팔 맞춤 디자인 측정기〉 프로토타입 모델은 팔에 센서를 부착하고 손가락을 움직이면 로봇의 손가락이 움직이기 때문에 자신들이 제작하고도 너무 신기해하며, 그동안의 힘든 시간들을 모두 잊고 즐거워하고 있습니다. 이 배움의 즐거운 순간이 학생들에게 더 큰 배움으로 도약하고, 그 과정에서 주어지는 어떤 어려움도 극복할 수 있는 힘이 될 것이라 기대합니다. 저와 학생들은 다음 프로젝트로 이 측정기를 활용하여 기증할 수 있는 로봇 팔을 제작할 것을 계획하며 1차 프로젝트를 마무리하였습니다.

프로토타입모델 완성품(상지 절단 장애를 위한 로봇 팔 맞춤 디자인 측정기)

# 학교, 예술가, 지역이 함께하는 미술 수업

## 노진영

현재 과천고등학교에서 미술 교사로
근무 중입니다.
교육 과정, 지역+예술인+학교 파트너십
교육 과정, 융합 수업에 관심이 많습니다.
교사 생활을 하면서 동료 교사들과
넘어지고, 다치고, 행복해하고 감동하며
달려왔습니다. 미술 교육된 관련된
새로운 것을 발견하고 탐구한 결과를
학생들과 공유하고 이야기 나누는
그 시간이 소중합니다.
essusi@naver.com

# 박OO 선생님, 감사합니다!

늘 그렇듯이 출근 후 하루를 시작하기 위해서 업무 메신저를 켜고 오늘 할 일을 살펴보려고 하는데, 대화에 '1'이라는 표시가 보였습니다. 급하게 메신저를 살펴보니 작년에 학교를 떠난 원로 국어 박OO 선생님의 메시지였습니다.

"얼마 전 아트스페이스에서 전시회를 했어요. 노 선생님이 참 좋은 일을 하셨다고 생각했습니다."

이게 무슨 말이지? 전시회?

머릿속에 과거가 스쳐 지나갔습니다. 일반 고등학교에서 다른 교과에 피해를 줄까 봐 미술 활동 때마다 눈치를 보고, 학교 내 설치 미술 수업을 하는 주간에 너무 시끄럽다고 지적받고 긴 시간 아파했던 일 등이지요. 그런데 이 문자를 받고 '박 선생님의 메시지를 평생 잊지 말아야지!'라고 소심하게 다짐했습니다. 박 선생님이 기억하는 2019년, 미술 교사로서 저에게는 가장 중요하고, 전환점이 있는 해였습니다.

중학교에서 동료 교사들과 '흙과 불'을 주제로 전 교과 융합 수업을 하면서 수업에 푹 빠져 있다가 문득, '고등학교에서도 융합 수업이 가능할까?'라는 궁금증에 고등학교로 내신서를 제출했습니다. 처음 가 본 고등학교는 일반, 진로 선택 과목이라는 교육 과정 편성·운영 체제를 따르고 있었습니다. 제가 가게 된 학교는 과학 중점 일반계 고등학교로 학생들 대부분이 과학, 수학 과목에 관심이 많고 예술, 특히 미술 쪽에는 관심이 현저히 부족했습니다. 2학년 학생들은 미술, 음악을 선택하여 배우는 교육 과정인데 총 8반 중 3반만이 미술을 선택하는 상황이었습니다. 그럼 내년에는 2반에서 1반으로, 점점 선택 반이 줄어들 수도 있겠다는 생각에, 즐겁고 삶에 의미 있는 미술을 경험하게 해 주고 싶었습니다. 미술을 사랑하는 마음으로 학생들의 마음을 변화시키려면 어떻게 해야 할까 고민에 빠졌습니다.

# 첫 번째 시도_ 지역 미술관의 연계

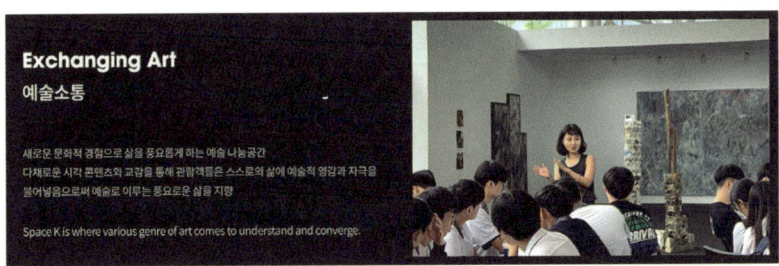

https://www.spacek.co.kr/about/index.do
스페이스 K 홈페이지 소개 부분 - 양자주 작가와 과천중앙고 학생들

2015. 7. 27(월)~31(금) 더운 여름 〈2015 문화 예술 코디네이터 연수〉에 참여했습니다. 연수 중 고영직 문학 평론가는 우리는 생각하는 손의 퇴화를 당연시하는 사회에서 살고 있고, 우리가 생각하는 손을 갖게 될 때 생각하는 머리와 생각하는 가슴도 갖게 된다고 이야기했습니다. 이제 생각하는 손의 부활을 위한 예술 교육(또는 예술 캠프)이 필요하다고 강조하며, 윤재철 시인의 '자족과 상상'의 기억 또는 미적 경험을 간직하고 있는 사람은 누구나 예술가라고 말할 수 있다고 이야기합니다. 단, '체험'이 '경험'이 되려면 '사건'이 필요하다고 이야기하며 '의미 있는 타자들과의 만남'이 필요함을 강조했습니다.

'그럼 우리 학생들도 예술가로서 생각하는 손을 가질 수 있도록 '미적

인간'이 될 수 있는 경험을 제공해 보자! 그리고 학교 안과 밖에서 동시에 미적 경험을 제공해 보자. 그리고 내가 사랑하는 미술을 학생들에게 전해 보자!'

그때 당시 마음의 생각을 지금 글로 써 보니 부끄럽지만, 처음 시작은 참으로 거창했습니다.

우선은 학교 근처의 국립현대미술관, 추사박물관, 과천미술협회, 과천문화재단 등 예술 단체, 예술가, 예술 기관을 찾았습니다. 우선 학생들과 일일 체험으로 컨서베이터 활동을 했던 국립현대미술관에 연락을 했습니다.

"학생들에게 좋은 경험을 하게 해 주고 싶어서 연락드렸습니다. 현대미술관과 함께 활동하며 미래 학생들이 미적 인간으로 성장할 수 있게 프로그램을 개발하고 싶습니다. 학교와 국립현대미술관이 함께 협력해서 활동을 할 수 있을까요?"

"저희 사이트에 들어가 보시면 교육-청소년 감상 프로그램이 있어요. 그걸 신청해 주시면 됩니다."

"혹시 현대미술관에 작은 공간이라도 학생들이 작품을 전시할 수 있는 곳이 있을까요?"

"저희는 국립 기관이어서, 전시는 국내·해외 작가들이 최소 3년 전부터 기획하고 준비하신 후에 전시를 합니다. 학생들이 할 수 있는 곳은 없습니다."

이번엔 과천시민회관에 위치한 과천문화재단 담당자를 만났습니다.

"축제에 참여하려면 야외에서 전시를 해야 합니다. 실내에서 하려면 과천시민회관 내의 갤러리를 사용하셔야 하는데 현재는 축제로 마감되었을 겁니다."

학생들과 추사박물관, 국립현대미술관 체험 활동은 했으니 다른 미술관은 없을까 해서 검색을 해 보았습니다. 그리고 발견한 곳이 '문화 예술 나눔 공간 스페이스 K'였습니다. 과천에 5~10분 걸어서 갈 수 있는 문화 예술 나눔 공간이 있었던 것입니다.

학생들과 전시를 관람하고 있을 때 이OO 에듀케이터님이 조용히 다가오셨습니다. 늘 그렇듯이 미술 전공자와의 대화는 즐겁습니다. 학생들과 미술관을 오게 된 계기, 앞으로 하고 싶은 예술 수업, 일반고 학생들의 미술 경험 기회의 부족함 등 다양한 이야기를 나누었지요. 그때 갑자기 '이거 기회가 아닐까?'라는 생각이 들었습니다.

"에듀케이터님, 혹시 스페이스 K와 학교가 함께 협업해서 학생들이 예술가가 되어 보는 경험을 할 수 있을까요?"

"음, 그럼 제가 수석 큐레이터님께 이야기해 볼까요?"

"네, 제발 그렇게 해 주시면 감사합니다. 제가 미술 교사를 하면서 꼭 해 보고 싶은 활동이에요. 우리 학생들에게 평생 잊지 못할 예술 경험을 제공해 주고 싶어요."

며칠 후 연락이 왔습니다.

"선생님, 혹시 PPT나 자료 등 발표를 하실 수 있으세요? 선생님의 생각을 큐레이터님들이 듣고 싶어 하세요."

"그럼요. 언제든 날짜만 잡아 주십시오."

 2019년부터 2024년, 벌써 6년째 이어지고 있는 예술가들과의 인연이 바로 이때 시작되었습니다. 큐레이터님들은 스페이스 K 내부적으로 논의를 해 본다고 하셨고, 2019.09.09.~2019.10.24. 'materials'라는 주제로 양자주* 작가 개인전과 과천중앙고등학교 학생들의 연계 전시가 개최되었습니다. 정말 감사하게도 스페이스 K에서는 전시 기간 중간에 학생들의 워크숍도 개최해 주셨습니다. 자신들의 작품을 지역 사회 주민, 지역 학교 교사, 학생들이 감상하는 것을 지켜보는 경험, 이보다 더 좋은 미적 경험이 있을까요?

양자주_ 독일 베를린을 기점으로 활동하는 양자주는 공공장소를 심오하게 변주하는 개념에 흥미로운 팔레트의 혼합으로, 우리가 사는 공간과 우리 자신의 관계에 의문을 제기한다. 그는 인간의 본래 감각이 도시의 빠른 변화 속에서 어떻게 달라지고 있는가를 고찰한다. 그 도시를 구성하는 물질에서부터 인간과 더불어 서식하는 자연으로 이르기까지 작가는 회화, 설치를 비롯해 라이브 페인팅, 공공 예술 등 다양한 장르를 실험적으로 넘나들며 작업 영역을 확장해 나간다.(출처 : 부산 비엔날레 조직 위원회 홈페이지)

스페이스 K 워크숍 <테이핑 아트>

스페이스 K 2층 학생 작품 전시

스페이스 K 2층 과천중앙고 학생들의 작품 전시회 <앙고 아트 스튜디오> 감상 장면(학생+작가)

스페이스 K 1층 양자주 작가 개인전 <사이트 콜렉티브(Site Collective)> 전 워크숍 장면(학생+작가)

앙고 아트 스튜디오 전시 소개

# 두 번째 시도_ 학교로 온 예술가

"선생님, 선생님께 제가 소개해 드리고 싶은 예술 재단이 있어요. 선생님이 하고 싶은 교육을 위해서 많은 도움이 될 것 같아요."

스페이스 K 신 큐레이터님은 전교생의 예술가 프로젝트 진행이 혼자는 힘들 것 같다고 하면서, 한국예술인복지재단(http://www.kawf.kr/)을 소개시켜 주었습니다.(이후에도 큐레이터님은 재단 인터뷰, 예술 기관 인터뷰에 저를 많이 추천해 주셨습니다. 정말 감사한 일입니다.) 그렇게 만나게 된 퍼실리테이터 정기훈 작가님, 참여 예술인 김병준, 박해선, 정순주, 표영은 작가님과 2019년 〈학생들 예술인 되기 프로젝트〉를 진행했습니다

〈 예술인과의 만남으로 기대되는 효과 〉
○ (학생 & 교사) 예술인과 대화하며 창의성을 높이고 세상을 다르게 보는 힘 기르기
○ (학생 & 교사) 왜 예술이 존재하는지, 예술의 가치를 이해하기
○ (학생 & 교사) 자신의 이야기를 예술가와 함께 예술로 소통하기, 작품으로 제작하기
○ (학생 & 교사) 예술가의 아뜰리에로 방학 중 학교 문화 바꿔 나가기

예술가들이 학교로 오면서 다양한 효과를 기대하였는데 그중에는 학교 내 교사들의 예술에 대한 인식 변화도 있었습니다. 학교 문화가 예술가들을 통해서 변화하길 기대했고, 이를 위해서 사람들이 가장 많이 드나드는 복도, 계단에 갤러리를 꾸며 다양한 활동을 전시했습니다. 보기

<예술가의 아뜰리에> 전시 준비

싫어도, 관심이 없어도, 볼 수밖에 없는 공간이었지요. 교사와 학생들이 지나다니면서 궁금해하고 잠깐씩 눈길을 주면서 북적북적 예술 활동이 소문 나기 시작했습니다.

7월 초 한창 하계 방학을 준비하느라 땀을 흘리고 있을 때 망설이다가 '예술가의 아뜰리에 가정통신문'을 발송했습니다.

2학년 설치 작품 작업

"노 선생님, 저도 참여해도 될까요?"

교장 선생님의 문자였습니다. 기쁘면서도 한편으로는 미술실을 깨끗하게 청소해야 한다는 생각에 부담스러운 마음도 생겼습니다.

"진영 샘, 저 물감으로 그림 한번 그려 보고 싶어요."

타 과목 선생님도 연락을 주셨습니다. 연속으로 두 분이나 관심을 가져 주신 겁니다.

'그래, 좋은 경험이 될 수 있도록 노력해 보자.'

예술가와 함께 방학 때 예술을 체험하는 〈예술가의 아뜰리에〉. 우왕좌왕 재료도 급히 추가 주문하는 등 서툴렀지만 교사, 학생 모두 열심히 참여해 주었습니다. 개학 후 학교 갤러리에서 작은 전시도 열 수 있는 기회가 되었습니다.

16

## 기관, 예술인을 만나다.
## 과천중앙고등학교

과천중앙고등학교의 노진영 교사는
올해로 교사가 된 지 12년 차인 베테랑
교사다. 노진영 교사는 우리나라의 교육
과정이 예술기반 창의적 교육 과정으로
변화해야 한다고 생각하고 그것을
실현하기 위해 적극적으로 행동한다.
교육부에서 진행하는 예술드림거점학교
사업을 신청해 지원받고, 입시 위주의
교육에서도 학생들과 함께 다양한
프로젝트를 진행하는 것을 주저하지
않는다. 지역의 미술 기관과 연계한
수업을 모색하던 중 알게 된 예술인
파견지원 사업을 통해 학생들이 수준
높은 예술인들과 만나 창의성을 높이고
세상을 다르게 보는 힘을 갖기를
원했다. 과천중앙고등학교의 사례를
통해 학교(기관), 선생님(기관 담당자),
학생(참여자), 그리고 예술인들이 조우한
순간을 들여다본다.

• 인터뷰이
  노진영 교사, 정기훈 퍼실리테이터

### 사업과정 살펴보기

학생들이 예술에 대한 이해와 경험을 키울 수 있도록 전문 예술가와
함께하는 교육과정을 마련해보고 싶었다는 노진영 교사의 아이디어에
따라 과천중앙고등학교와 예술인 파견지원 사업이 처음 만나게
되었다. 참여기관으로 선정된 후 학생들과 함께 작가의 포트폴리오를
보며 퍼실리테이터와 참여예술인을 선정하였을 만큼 사업에 열의가
있었다. 예술인을 선정하는 과정에서 시각 예술 분야에 초점을
맞추었다. 미술 수업을 중심으로 사업이 진행되었기 때문이기도
하지만, 짧은 시간이니만큼 하나의 장르에 집중하는 것이 필요했기
때문이다.

예술인들은 선정 이후 6월부터 함께하였다. 작가들은 본격적인 수업에
들어가기에 앞서 선행활동으로 '나는 무엇을 하는 사람이고 학생들은
어디에 관심을 두고 있는지' 알아보는 시간을 가졌다. 이후에는
'학교'의 한계, 교육을 넘어서 예술 작업으로 만들기 위해 고민하였다.
협업을 강조하기 위해 학생들에게 선생님이 아닌 '작가님'으로 호칭을
유도하였다. 학교의 배려로 퍼실리테이터가 학생들을 1시간씩 먼저
만나서 작업을 보여주고, 궁금한 것을 알아가고, 마음을 열어가는
시간도 가졌다. 6개월여간의 시간을 학교라는 공간에서 함께하면서 왜
예술이 존재하는지 몰랐던 아이들은 예술의 가치를 알아가며 자신의
이야기를 예술로 소통하였고, 예술에 관심이 적었던 선생님들과 함께
아틀리에를 만들었다.

**과천중앙고등학교**

경기도 과천시 갈현동에 위치한 일반계 남녀공학 공립 고등학교로 2000년에 개교,
2012년에 과학중점고등학교로 지정되었다. 학생 수 574명, 25학급으로 54명의 교사가 재직하고 있다.

| 참여기관 | 사업유형 | 퍼실리테이터 | 참여예술인 |
| --- | --- | --- | --- |
| 과천중앙고등학교 | 공모사업 | 정기훈(미술) | 김병준(미술), 박해선(미술), 정순주(미술), 표명은(미술) |

예술인 파견 지원 사업 '예술로' 결과 보고서 중 발췌

● ○ ○ ○                                                                              17
기관_예술인과의 첫 만남                                      만나다: 서로 다른 시선에서의 만남

과천중앙고등학교 노진영 교사

프로젝트의 결과로 9월부터 과천시민회관 갤러리(9.11~9.20), 스페이스 K(9.9~10.24), 과천중앙고등학교 아트스페이스(9.11~9.20)에서 전시를 진행했다. 명쾌하게 설명하고 답을 내리는 것이 최상의 교육이라 믿는 오늘날 정답이 정해져 있지 않고 자세한 설명이 굳이 필요하지 않은 예술 작업은 누구에게나 낯설다. 그러나 각자의 편견을 깨고, 다양성이 존재한다는 것을 인정하고, 정답이 아닌 새로운 길을 찾아 나가는 모든 사람에게 예술은 언제나 흥미롭다.

노진영 교사에게 예술인 파견지원 사업과의 만남을 묻는다.

**예술인 파견지원 사업을 어떻게 알게 되었나?**
지역 미술관 큐레이터로부터 소개받았다. 해당 미술관도 예술인 파견지원 사업에 참여하고 있다.

**정기훈 퍼실리테이터를 선택한 이유는 무엇인가?**
학생들과 예술인들의 포트폴리오를 함께 보며 선정했다. 정기훈 퍼실리테이터가 작가로서 활동한 포트폴리오와 딱 다섯 줄만 쓴 지원서가 인상적이었다. 내용이 정확했다. 아이들을 사랑하는 마음도 중요하지만, 예술인으로서 전문성과 창의성이 더 중요하다고 판단했다.

정기훈 퍼실리테이터

**'만남의 광장'에서 자신에게 맞는 예술인을 찾는 노하우가 있다면?**
퍼실리테이터가 꼭 왔으면 좋겠다고 해서 참여했다. 물론 예술인들이 궁금했고 현장에서 직접 만나보니 함께하고 싶다는 마음이 들면서 좋았다. 우리 사업에 맞는 예술인을 찾는 데 많은 도움이 되었다. 개인적으로는 관심 가는 예술인 목록을 함께 만드는 것을 추천한다.

# 세 번째 시도_ 예술로 표현하는 우리들의 이야기

1년 동안 1, 2학년 학생들이 자신들의 이야기를 예술적 표현 방식으로 타인에게 전달하는 과정을 경험하도록 수업을 진행했습니다. 이 경험을 통해서 학생들의 내재된 예술가적 감각을 끌어내고 즐겁게 예술로 소통할 수 있는 방법을 조금이라도 알 수 있는 기회가 되길 바랐습니다. 교사로서 이것이 이루어졌는지 확신하기는 어렵습니다. 그래도 언젠가는 삶 속에서 미술을 기억해 주는 날이 오겠지요?

〈예술로 표현하기 과정〉
예술인과 만남 ⋯ 모둠원과 친해지기 ⋯ 모둠별 전시 주제 선정 ⋯ 예술 작품 감상을 통한 전시 재료 및 방법 선정 ⋯ 아이디어 시각화 ⋯ 전시 작품 제작 ⋯ 전시 도록 스케치 ⋯ 작품 촬영 ⋯ 전시 ⋯ 전시장 감상

학생들에게 1년 동안 작품을 창작할 예정임을 알린 후 진로, 관심사가 비슷한 학생들끼리 모둠을 형성할 수 있도록 안내하였습니다.

"자, 여러분! 선생님이 섬네일 스케치 종이를 줄 거예요. 원래 섬네일 스케치는 엄지손톱만 한 스케치라는 뜻이고, 작은 종이에 전체적인 모습을 간추려 그린 그림이에요. 하지만 이번에는 모둠원과 함께 작품의 주제를 정해야 하니, 조금 크게 여러 개의 스케치를 하는 것으로 합니다."

"선생님! 각자 원하는 건 다 스케치하나요?"

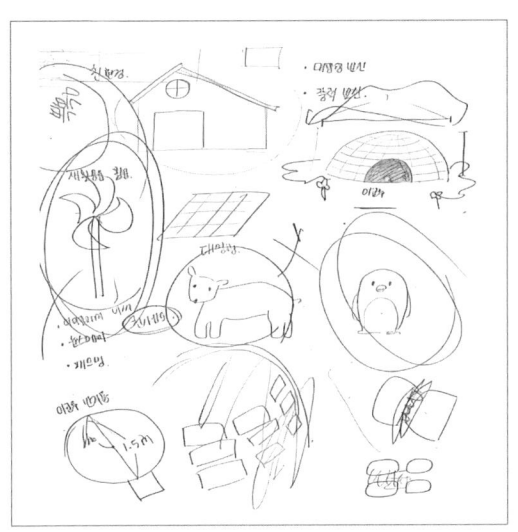

"네, 우선 모두 한 장의 종이에 함께 스케치하고 서로 의견을 나누는 시간을 가질 거예요. …… 자, 의견을 모두 나눴으면 앞을 한번 봐 주세요. 이 스케치는 어떤 관심사를 가진 모둠일까요?"

이글루, 집, 북극곰, 펭귄, 빵 등 여러 의견이 나옵니다.

"자, 이 모둠은 건축에 관심이 많은 모둠이에요. 이 모둠은 오른쪽 이글루를 버려지는 페트병으로 제작하기로 했어요. 무슨 이야기를 여러분에게 하고 싶은 걸까요? 앞으로 이 모둠이 만들어 갈 작품이 기대됩니다."

"선생님, 그럼 재료도 저희가 정해야 하나요?"

"네, 작가이니 작품의 재료도 고민해서 주제를 가장 잘 나타낼 수 있는 것으로 선정해야겠죠? 세상의 모든 것이 재료가 될 수 있어요."

이렇게 모둠이 하고 싶은 이야기를 주제로 정하면서 작품 활동이 시작되었습니다. 하지만 한 학기 동안 제작을 해도 하고 싶은 이야기를 온전히 표현하기에 부족했습니다. 2학기가 시작되고서도 제작 기간을 좀 더 가졌고, 작품을 마무리한 후 학생들의 소감을 받아 보았습니다.

- 중학교 때까지는 그림에 관심이 있었어도 미술 시간은 재미가 딱히 없었던 것으로 기억한다. 그러나 고등학교에서 미술 시간을 접하고, 식었던 미술에 대한 감정이 다시 살아나는 계기가 된 것 같다. (1학년 이OO 학생)
- 정말 1년 동안의 예술 수업을 통해 많은 지식과 경험을 얻게 되었고, 내가 한층 더 성숙해진 기분이 든다. 지금까지 배우지 못했던 새로운 예술에 대해 배울 수 있어서 좋은 경험이 되었던 것 같다. (2학년 박OO 학생)
- 예술적으로 배우는 시간들이 많아 미술이라는 것에 한 걸음 다가갈 수 있었고 수업 또한 재미있었다. 학교에서 받은 스트레스를 학교에서 풀 수 있는 재미있고 유익한 시간이었던 것 같다. (2학년 이OO 학생 )
- 작품을 만들면서 끈기도 생기고 이 작품에 우리가 어떤 의미를 담을까 진지하게 고민해 보았다. 해 본 결과 너무 재미있었고 신이 났다. 너무 흥미로운 활동을 했고 미술 작품을 만드는 것이 가장 좋았다. 예술 활동 시간에 진로와 관련된 활동을 할 수 있어서 재미있었다. (2학년 김OO 학생)

다음은 학생들이 모둠 활동을 통해 작품을 완성하기까지의 과정을 정리한 것입니다. 작품 전시만큼이나 이 과정을 기록하고, 감상까지 정리하는 것은 학생들이 직접 미술 활동을 하는 데 있어서 꼭 필요한 부분이라 생각해, 공유해 봅니다.

**Moon and** what were you wearing?

작품 자료 Mixed media(혼합 매체)

작품 사이즈 행거 99×47×153cm / 인체 마네킹 49×23×150cm

참여 인원 김O현 외 3인

정보 탐색 소셜 미디어, 인터넷을 통한 직업 및 옷 조사

작업 노트 행거에 특정 직업에 해당하는 옷을 무작위로 걸어 놓고, 철사 옷걸이로 드레스를 만들어 보이지 않는 계급과 차별을 비판한다. 전시를 보는 사람들은 행거에 걸려 있는 옷을 입어 보고 거울을 통해 옷을 입은 자신의 모습이 어떤지 볼 수 있다. 그렇게 함으로써 바뀌는 건 옷의 종류일 뿐, 옷을 입고 있는 사람은 자기 자신 그대로라는 것을 느꼈으면 하는 데에 의의를 두려 한다.

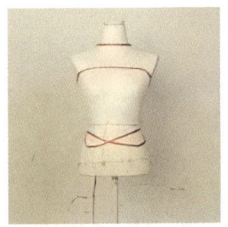

주제_ 사회적 계급과 차별 비판

## 붕숭 잊혀 버린 시대

**작품 자료** Mixed media(혼합 매체)

**작품 사이즈** 61×83×12cm

**참여 인원** 김O재 외 4인

**정보 탐색** 뉴스, 기사 검색으로 정보 수집

**작업 노트** 뉴스에서 이런 기사를 본 적이 있다. '국가 유공자 고독사…….' '6·25 전쟁 참전 용사가 생활고에 시달린다…….' 이 기사를 보고 우리는 국가 유공자는 목숨을 바쳐 나라를 위해 싸웠지만 정작 나라는 국가 유공자를 외면하는 현실을 보고 이 작품을 만들게 되었다. 이런 현실을 드러내기 위해 한쪽은 어둡고, 다른 한쪽은 밝고 가볍게 표현하여 어두운 쪽에는 6·25 전쟁 실제 참전 전투기인 P-51을, 밝은 쪽에는 현재 대한민국 주력 전투기인 F-15를 프라모델을 사서 직접 만들었다. 이를 통해 국가 유공자의 대우 개선에 대한 메시지를 전하고 있다.

주제_ 국가 유공자 대우 개선 메시지

**사랑과 평화** 기억해 주세요

**작품 자료** 티셔츠, 운동화, 아크릴 물감

**작품 사이즈** 144×100×5cm

**참여 인원** 최O 외 2인

**정보 탐색** 뉴스, 신문 기사, 소셜 미디어 정보 수집

**작업 노트** 잘 보이지 않는 곳에서 사건 사고가 있을 때 항상 목숨 걸고 도와주시는 소방관님들. 최근 강원도 산불 사건 때 몇 시간 동안 불을 끄며 고생하신 분들을 시간이 지나도 잊지 않고 기억하자는 의미에서 바지를 태워 불에 탄 느낌을 주고 바지에 소방관님이 불길 속으로 들어가는 그림을 그렸습니다.

또한 옷에는 깊은 바다에 빠져 있는 배를 그려 세월호를 기억하고 잊지 않겠다는 의미를 담았습니다. 세월호 참사는 2014년 4월 16일 여객선이 침몰하여 승객 304명이 사망·실종된 사건인데, 이날의 참사를 잊지 않고 같은 일이 되풀이되는 일이 절대 없도록 기억하고 반성하자는 의미를 담았습니다. 또한 물통에 신발을 빠뜨려 학생들의 신발에 의미를 넣었고, 옷에는 세월호를 그려서 깊은 바다에 빠진 것을 표현했습니다. 옷은 세월호를 기억하자는 의미를 담고 있습니다.

그리고 바지는 최근에 있었던 강원 산불입니다. 소방관 분들의 희생정신과 정의로움 그리고 감사함을 기억해 달라는 메시지가 담겨 있습니다. 그리고 신발과 옷은 세트인데, 이것 또한 세월호 참사 때 또래 아이들이 많이 떠났기에 학생들이 많이 신는 컨버스화를 준비했습니다.

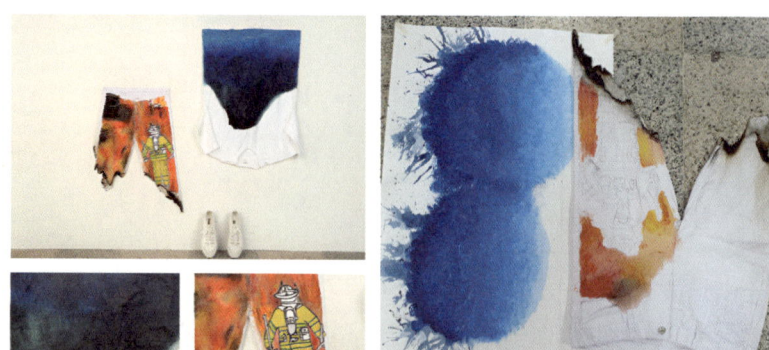

주제_ 강원도 산불, 세월호 참사로 목숨을 잃은 사람들을 기억하자

　우리 모둠원들이 모여 의견을 나눈 결과, 모두 패션 쪽에 관심이 많다는 결론을 내려서 옷 위에 우리가 전하고 싶은 메시지를 담아 보았습니다. 자연재해, 사건 사고 등 여러 가지 주제가 나왔지만, 그중 사건 사고로 목숨을 잃은 사람들의 이야기를 전하기로 했습니다. 우리의 작품을 보았을 때 일상 속에서 그분들을 기억하며 살아갈 수 있도록 하는 것이 목적이었습니다.

S-pass 소망

작품 자료　Mixed media(혼합 매체)

작품 사이즈　가변 크기

참여 인원　김O민 외 3인

정보 탐색　각자의 진로 관련 인터넷 정보 수집

작업 노트　우리의 꿈들을 표현한 작품이다. 우리가 마음 깊숙이 소망하는

주제_ 약사, 교사 진로

것들을 투영하는 장치로 거울을 사용하였다. 거울에 비치는 자신의 모습과 우리의 꿈을 겹쳐 볼 수 있도록 우리의 소망을 공유하고자 하였다. 거울 상자 안은 우리의 꿈을 표현할 수 있도록 약봉지, 분필 등의 오브제를 채워 넣었다. 이것들을 관객이 가져감으로써 우리의 꿈을 공유하여 꿈을 더욱 키워 나가겠다는 의지를 담았다. 배경에는 밤하늘에 떠 있는 보름달을 설치하여 소망의 의미를 부각하고자 하였다. 배경의 밤하늘은 우리의 불확실한 미래를 나타낸다.

**F = ma**  Plastic-gloo

**작품 자료**  2L 페트병, 0.5L 페트병

**작품 사이즈**  160×140

**참여 인원**  공O재 외 4인

**작업 노트**  "가장 현대적인 재료로 가장 원시적인 건축을 재현하다." 이글루는 예로부터 추운 극지방 주민들의 안식처로서의 역할을 수행해 온 독특한 건축물이다. 건축의 주재료가 얼음이기 때문에 내부가 몹시 추울 것이라는 예상을 제치고, 이글루 안의 실제 온도는 20~25도로 유지된다고 한다. 이외에도 이글루는 장소와 용도에 맞게 다양한 형태로 변형되어 왔다.

　이처럼 에스키모족의 삶에 밀접한 영향을 주는 이글루를, 산업화 이후 시작된 기후 변화로 자연 파괴와 생태계 교란 등 극심한 피해를 겪고 있는 북극 환경을 대변하는 상징으로 이용하자는 아이디어를 생각하게 되었다. 또한 그 재료를 자연적 재료인 눈이나 얼음이 아닌 인공적 재료인 플라스틱병으로 대체함으로써 전 세계적인 폐기물 문제를 재조명하고자 하였다.

　특히 2L 페트병을 모으는 과정에서 조원들이 각자 집 근처의 분리수거장에서 버려진 페트병을 모았고, 페트병과 초콜릿을 바꿔 준다는 작은 캠페인을 벌여 관객 참여형 제작을 유도하기도 하였다. 미술 작품을 제작하는 과정에서 그 작품이 가진 환경 보호의 메시지를 관객들이 직접 느낄 수 있도록 장려한 것이다.

주제_ 건축, 환경 문제

또한 사람이 직접 들어갈 수 있는 실제 사이즈의 이글루로 제작한 것은 관람객들이 직접 내부에 들어가 작품을 체험해 보며 환경 문제에 대한 경각심을 가지게 하기 위해서였다. 약 240개에 달하는 플라스틱병을 모으고 수작업으로 부착하는 과정을 여러 달에 거쳐 진행하며, 우리 조원들 스스로도 현대 사회가 직면한 환경 문제에 대해 다시 한번 고찰하는 시간과 경험이 되었다.

전체 활동 사진

3개 전시장 사진(입체 전시장, 평면 전시장, 관객 참여 전시장)

팸플릿 및 도록

예술인 워크숍 및 전시 관람

# 네 번째 시도_ 매년 새롭게 만드는 이야기

2020년부터 2024년. 매년 예술가들과 함께 '올해는 학교의 문화를 어떻게 바꿔 나가 볼까? 무엇에 도전을 해 볼까?'를 고민하면서 끈끈한 연을 이어 나가고 있습니다. 물론 상황에 따라(예술가들의 대학원 진학, 교수 활동, 개인 작업, 출산 등) 예술가들이 바뀌고 새로운 예술가들이 참여하지요. 그리고 몇 분의 예술가는 학교의 문화를 예술로 바꿔 나가는 협업 활동에 공감하고 늘 함께해 주고 계십니다. 같이 고민해 주시니 얼마나 감사한 일인지 모르겠습니다.

요즘에는 학교 자율 과정 시간에 학생들과 어떤 예술 활동을 할지 고민을 많이 합니다. 두드리면 열린다는 말처럼 포기하지 않고 끝까지 두드리니 문이 조금 열리는 것 같습니다. 앞으로 어떻게 학교 문화를 바꿔 나갈지 제가 좀 더 전문성을 쌓아 나가야 할 것 같습니다. 매년 예술가들과 만나면서 학생들뿐만 아니라 교사인 나 자신도 예술 교육의 범위를 확장하고 새로운 에너지를 얻고 있습니다.

5년 동안 예술가들과 함께한 협업 활동이 어떤 미술 수업을 할지 끊임없이 고민하는 미술 교사들에게 작은 아이디어를 줄 수 있기를 바라며 공유합니다.

## 2020년 과천 아트 스튜디오 운영

예술인, 지역 사회 기관과 함께 학생들에게 현대 미술을 경험하게 해주는 프로그램 운영하였습니다.

### [학생 소감]

- 추상적인 개념을 많이 사용하시는 것 같다. 자유롭게 그리고 만드는 수업이어서 재밌고 스트레스 해소도 되었다. 현대 미술에 대해서와 각종 작가들의 작품을 감상할 수 있던 것이 좋았다. 옛날 미술과는 다르게 일정한 틀에 갇혀 있는 것이 아니어서 흥미로웠다. 현대 미술이라는 것이 자유로운 표현과 자유로운 해석을 바탕으로 한다는 것을 배웠다. 작가님 작품을 보고 현대 미술에 대해 느낀 점은 옛날 미술 같은 경우에는 사람의 그림이거나 풍경 등 정해진 것들을 그린 것이라면 현대 미술은 어떤 것에도 속해 있지 않고 자유롭게 그리는 것이 옛날 미술과 다른 점 같다. 현대 미술에 대해서 더욱더 잘 이해할 수 있었다. 더욱 전문적인 수업을 배울 수 있어 좋았다. 현대 미술에 대해 처음 접했는데 너무 좋은 경험을 한 것 같다.

플레이온 컴퍼니, 서울문화재단 예술인과의 아트 스튜디오 협의

과천 아트 스튜디오 운영

- 작가님과의 미술 수업은 처음 해 보는 것 같아서 새로웠고 평소 접해 보지 못한 다양한 작가와 작품을 접해 봐서 좋았다. 여태껏 접해 보지 못한 수업의 형태여서 신선하면서 재밌었던 것 같다.

- 매일 하던 진부한 미술 수업이 아닌 작가님과의 직접적인 활동을 해 봄으로써 현대 미술의 작품에 대한 관심도가 높아졌다. 내 주변을 둘러볼 수 있던 기회였던 것 같아서 좋았다.

- 현대 미술은 결과만 중요시하는 게 아니라 과정과 그 안에 담긴 의미 또한 중요시한다는 생각이 들었다. 현대 미술은 내가 이해하기 어려운 부분이 많지만 그래도 작가님과의 만남을 통해 나와 다른 생각의 방식을 경험해 본 것은 유익했다고 생각한다.

- 전문적으로 예술을 하고 계시는 작가님과의 수업으로 인해 조금 더 전문적인 미술에 한 단계 가까이 간 것 같고 예술이 어려운 것이 아닌 누구나 할 수 있다는 메시지들을 주셔서 좋았다.

### 2021년 지역 연계 <각각> 전시 개최

과천고등학교, 타샤의 책방, 과천시 사회적 경제 마을 공동체 지원 센터와 연계한 전시를 개최하였습니다. 학생들이 관심 있는 예술인과 함께 모둠을 이루어서 작품 제작을 진행하였지요.

| 전시 공간 | 전시 일정 | 전시 공간별 특징 |
|---|---|---|
| 타샤의 책방 | 10월 14일(목)~27일(수)<br>11시~18시(평일) | 독립 서점 타샤의 책방에서는 출판된 책과 함께 책장 속에 액자 작품을 전시함. 관내 학교 학생들과 주민들에게 무료 책 배포함. |
| 과천시 사회적 경제 마을 공동체 지원 센터 | 10월 14일(목)~15일(금)<br>9시~18시(평일) | 여유 공간과 공동체실에 작품들을 전시함. 관내 학교 학생들과 주민들에게 무료 책 배포함. |
| 과천고 돋할 Art space<br>(본관 1층 갤러리) | 10월 14일(목)~27일(수)<br>9시~17시(평일) | 학교 갤러리에서는 펜촉과 잉크로 작업한 다른 그림 찾기 작품들을 전시함. 서로의 작품을 따라 그리면서 선과 감정을 공감하고 재해석한 작품들을 전시함. 교직원 및 전교생에게 무료 책 배포함. |

**[학생 소감]**

- 작가님의 피드백을 받으면서 내가 원하는 것을 그릴 수 있어서 너무 좋았고 재미있었다. 다음에 또 할 수 있다면 같은 작가님과 팀을 이뤄서 또 해 보고 싶다. 정말 좋은 경험이 되었다.

- 막막함을 이겨 내고 스토리를 써 내려갈 때 가끔 뒤에서 응원해 주시던 부모님이 큰 힘이 되었고 그 후 완성된 작품들이 책으로 나왔을 때 칭찬해 주셔서 더 기분이 좋았다. 무엇보다 그림을 그리며 중간중간 피드백과 응원을 해 주셨던 김병준 작가님께도 감사한 마음이 든다. 첫 단추는 끼우기 어려울 수 있으나 시간과 노력을 들여 완성한다면 무엇이든 할 수 있음을 깊이 깨닫는 시간이 되었다.

- 처음으로 내가 그린 작품들을 전시해 봤는데 재미있었고 뜻깊은 시간이 되었다. 처음에는 내가 그린 것을 전시한다고 하니 부끄럽기도 하고 한편으로는 '내가 잘할 수 있을까?'라는 생각이 많이 들기도 했지만 작가님들과 학교 선생님께서 편하게 해도 된다고 격려를 해 주셔서 작품을 잘 완성할 수 있었다.

- 그림들을 그리고 내가 무언가 지역을 위해 작품을 제작한다는 점에서 의미가 있었던 것 같다. 동아리 활동을 통해서 새로운 경험을 한 것 같아서 감회가 새로웠다. 1년 동안 짧은 시간이었지만 뜻깊은 시간이었고 다양한 대외 활동도 나에게 큰 도움이 되었다.

### 2022년 <아지트 프로젝트> 전시

학생들이 즐겁게 예술을 할 수 있는 공간으로 본관 건물과 분리된 과천고의 미술실을 아지트로 제작하는 프로젝트를 진행하였습니다. 미술실에 있는 유휴 공간, 안 쓰는 공간들을 활용해서 예술가들이 학교와 협업하여 새로운 예술 공간인 '아지트'를 제작하였습니다.

아지트 프로젝트- 벽화 아지트 프로젝트

예술 도서관 구축

<대롱대롱> 전시 포스터(2학년 학생 작품)

**[학생 소감]**

- 대부분 한 명이 아니라 함께해야 완성되는 활동이 많았는데 함께 작품을 만들며 좋은 경험이 된 것 같다. 서로를 그리거나 여럿의 작품을 모아 하나의 작품을 만들었을 때 생소하고 재미있었다. 털실로 그림 그리기, 벽에 그림 그리기, 철사로 만들기 등 평소에 많이 해 볼 일이 없는 활동이라 하면서 즐거웠다.

- 예술인 협업 활동을 하면서 예술이라는 분야 안에서도 여러 종류의 일과 직업이 있다는 것을 알게 되었다. 그리고 예술인들처럼 나도 나의 일을 하며 빛나는 사람이 되고 싶다고 생각하게 되었다. 미술실 안에 새롭게 만들어진 도서관에서 예술 관련 책을 구경하고 읽어 보았던 시간이 제일 기억에 남는다. 평소에 잘 읽어 보지 않았던 책들이었기에 더 새로웠고 앞으로는 내가 관심 있는 분야뿐 아니라 여러 분야의 도서에 관심 가져야겠다고 생각하게 되었다.

- 미술에도 여러 가지가 있으며 평소 지나쳤던 사소한 하나하나가 모두 예술이 될 수 있음을 알게 되었다. 평소 입시 미술만을 준비하며 함께하는 작품은 제작하기 힘들었는데 이번 기회로 좋은 추억이 된 것 같아 좋았다. 예술은 보는 이들에게 내가 말하고자 하는 것을 문자 없이 전달하는 방법의 하나이지만 동시에 나를 표현하는 방법이라고 생각한다. 따라서 이번 활동을 통해 내가 무엇을 좋아하는지와 같은 사소한 것부터 내가

가진 생각까지 전부 담을 수 있도록 노력하였기에 더욱 의미 있었다.

- 예술인과 협업하면서 평소 학교에선 하기 힘든 활동들을 해 보니까 색다르고 좋은 기회가 된 것 같다. 동시에 예술인들과도 친해질 기회가 되었고, 예술인들이 생각하는 예술이 어떤 것인지 알 수 있어서 좋았다.

### 2023년 〈아티스트북 프로젝트〉 전시

〈아티스트북 프로젝트〉는 책이란 무엇인가, 현재 책의 형태와 책의 구성과 내용에 있어 우리는 어떻게 정의할 것인가에 대한 탐구 전시입니다. 각 예술가의 작업 방식과 기획에 따른 프로그램 진행으로 자신만의 책을 만드는 다양한 관점의 결과물로 전시가 되었습니다.

〈책장〉 전시 포스터

[예술인 소감]

- 이야기는 누구에게나 존재함을 알게 한 프로젝트였습니다. 말을 하기 위해서가 아니라 자연스럽게 책을 읽고 그림을 그리고 글을 쓰면서 이야기를 하게 되는 아이들의 '책장' 작품은 참여한 작가 모두에게 함께하는 소중한 작업의 시간이 되었습니다. _ 신하정(회화)

AI & 디지털 드로잉

전시 설치 I

- 17세 학생들은 가을과 닮았다. 누군가는 여전히 너무 덥고 또 다른 누군가는 벌써 너무 추운 것이 제각각이다. 학생들은 모두 같은 옷을 입지 않고 자신의 온도에 맞추어 자신만의 이야기를 풀어 나갔다. 누군가는 아직 못다 한 말이 많은 여름 같은 책이었고 누군가는 고요한 침묵의 가을 같은 책이었다. 혹은 지난 봄의 화사함을 기억하는 책이었다. _ 강다민(문학)

- 이번 〈책장〉 전시에서는 물질적으로 종이를 넘기는 책이 아니라 책장 그 자체가 책이 되는 것을 목적으로 기획하였다. 학생들이 상상력을 발휘한 그 순간 자체를 담아 보고 싶었다. 그들은 누구보다 빛나는 존재였다. _ 김병준(회화)

- 학생들이 ChatGPT로 자신의 발상을 확장하고 Playground, CLIP STUDIO PAINT 등을 활용하여 AI & 디지털 드로잉을 해 본 경험이 앞으로의 삶에 도움이 되었으면 좋겠습니다. _ 이은아(설치, 영상)

[학생 소감]

- 예술인과 수업하며 정말 새로운 경험들을 많이 해 볼 수 있었다. 미술 수업이라 해서 그냥 그림을 그리는 것이 아닌 다 같이 상상하고 창작하는 수업을 하며 창의력을 키울 수 있었다. 한 가지 그림 속 여러 친구들의 생각이 담긴 작품을 보고 의견을 나눴던 것도 기억에 남는다.

- 그림을 통해 나만의 세계를 표현하고 상상력을 발휘할 수 있었던 것이 기억에 남습니다. 그림을 그리는 과정에서는 시간이 가는 줄도 모르고 몰입할 수 있었고, 작품이 완성되었을 때의 성취감은 이루 말할 수 없었습니다. 또한 다양한 스타일과 기법을 탐구하면서 자신의 그림 스타일을 발견하는 과정은 큰 도움이 되었습니다.

전시 설치 II

[도판 저작권]

33쪽 - ⓒ 2024 - Succession Pablo Picasso - SACK (Korea)
38쪽 - ⓒ Association Marcel Duchamp / ADAGP, Paris - SACK, Seoul, 2024
41쪽 - ⓒ Piero Manzoni / by SIAE - SACK, Seoul, 2024
122쪽 - ⓒ René Magritte / ADAGP, Paris - SACK, Seoul, 2024
183쪽 - ⓒ The Estate of Francis Bacon. All rights reserved. DACS - SACK, Seoul, 2024

\* 이 서적 내에 사용된 일부 작품은 SACK를 통해 ADAGP, Picasso Administration, SIAE와 저작권 계약을 맺은 것입니다. 저작권법에 의하여 한국 내에서 보호를 받는 저작물이므로 무단 전재 및 복제를 금합니다.